美国简史

从殖民时代到21世纪

【美】罗伯特·瑞米尼（Robert V. Remini）著 朱玲 译

A Short History of THE UNITED STATES

图书在版编目（CIP）数据

美国简史 /（美）瑞米尼著；朱玲译．—杭州：浙江人民出版社，2015.8（2016.3 重印）
书名原文：A Short History of the United States
ISBN 978-7-213-06922-2

Ⅰ．①美… Ⅱ．①瑞… ②朱… Ⅲ．①美国－历史－通俗读物 Ⅳ．①K712.09

中国版本图书馆 CIP 数据核字（2015）第 238690 号

浙江省版权局
著作权合同登记章
图字：11—2015—272 号

书　　名	美国简史
作　　者	（美）罗伯特·瑞米尼 著　朱玲 译
出版发行	浙江人民出版社
	杭州市体育场路 347 号
责任编辑	陈巧丽
责任校对	张志疆　张彦能
印　　刷	北京京都六环印刷厂
开　　本	700mm×990mm 1/16
印　　张	19
字　　数	263 千字
版　　次	2015 年 11 月第 1 版
	2016 年 3 月第 2 次印刷
书　　号	ISBN 978-7-213-06922-2
定　　价	39.80 元

如发现图书质量问题，可联系调换。质量投诉电话：010-82069336

献给琼，她给我的生命带来了欣喜

序

多年前，在哈珀·柯林斯出版集团做编辑的朋友休·凡·杜森跟我说，美国简史已经有六七十年没人去写了。他建议我应该试着写一本。

这个想法立刻吸引了我，我开始着手准备一部关于美国的历史读物——它得控制在一定长度内，页数不会超过400页，一般读者也能读得饶有趣味。在有限的篇幅内，故事还得从印第安人部落登陆西半球演绎到现在，大事、要事不能落下；故事里的事，得关乎国家进步及国家机构完善的某些核心议题。我想阐明，一个典型的美国式演变如何跨越数百年；我想厘清，一个共和国如何蜕变成一个民主国家；我想描摹，一代又一代的美国社会是什么模样。此外，我还想确保，这本书中，政治史、社会史、经济史、外交史、科技史、文化史的基本史实准确无误。我所有的汗水，都已滴落到这部作品的字里行间。

2008年，该书付梓之时，美国总统大选正如火如荼。民主党和共和党的总统候选人，当时尚不明了。我也懒得去猜测或预计候选人会是谁，以及谁将会成为最后的胜利者。

到这一版时，选举结果早已大白于天下，在此序中不妨说一下。

经过一场漫长而痛苦的“疲劳战”，伊利诺伊州参议员奥巴马赢得了民主党提名，从他与纽约州参议员希拉里·克林顿的竞争中胜出。相较之下，共和党决定总统候选人的动作更加利索，他们选择了亚利桑那州参议员约翰·麦凯恩。在竞选搭档这件事上，奥巴马挑选了特拉华州参议员约瑟夫·拜登，希望以其外交成就能给民主党拉票。为巩固共和党对宗教右翼保守派人士的号召力，麦凯恩尝试着选择了阿拉斯加州州长萨拉·佩林。佩林在竞选中一度成为明星，只不过很快就“昭告天下”，她绝无成为总统左膀右臂的资质。

“提名”之后，是一场让人生厌，有时甚至让人觉出居心不良的角逐。其间，奥巴马试图尽力保持着“更像总统”的言行举止，呼吁政府运作层面做出改变；麦凯恩则发起了一场目的暧昧不明的“搅局运动”，并在日后变得越来越“苦情”，回应者寥寥。

在高效的组织之下，奥巴马及其援手形成合力，他在年轻人和独立选民中有强烈的号召力，这从他的助选集会参与者数以十万计的规模，以及助选志愿者工作的勤恳程度中可见一斑。而麦凯恩一边，直到富有个人魅力并手腕强硬的佩林加入他的团队，这边的助选集会才有了一个体面的规模。但麦凯恩，非得跟一位不受人待见的总统——乔治·沃克·布什搅和在一起。雷曼兄弟破产，加上几个“巨头”公司的财务危机，导致美国经济状况急剧恶化，也由此注定了麦凯恩的败局。

2008 年 12 月 4 日，美国人以新的投票纪录，选出奥巴马为新一任总统，麦凯恩落败。奥巴马取得了 66,882,230 张选民票和 365 张选举人票，对比麦凯恩的 58,343,671 张选民票和 173 张选举人票，堪称完胜。此度选举真正的历史性意义在于，奥巴马是第一位赢得总统大选的非裔美国人。他于 2009 年 1 月 20 日就任。

至 2008 年岁末，当美国经济越来越不景气，国会为解困砸出数以亿计的美金之时，人们普遍认为，一个新时代已然开始。

此时，自“里根时代”就倡导的“有限政府”“放松管制”和“赤字开支”等老旧观念，已经名誉扫地了。这个“新时代”究竟意味着什么，会走向何方，仍有待观察。不过，毫无疑问的是，它势必在这个国家非凡的历史中，写下令人兴奋的一笔。

目 录

第一章
发现与定居新大陆

人们是如何发现西半球的？这个问题看上去奥妙无穷。谁是第一批南北大陆的定居者？他们为何而来？怎么来的？他们的迁移持续了多久？一个可能的说法是，新大陆最早的造访者穿越了今天连接着西伯利亚和阿拉斯加的“大陆桥”，现称作白令海峡，已因冰山融化而被水域覆盖。这一次造访，可能为觅新的食物源，或为寻更佳的气候环境，也可能是为规避宗教迫害而逃亡至此，寄望于这里是践行其特定信仰的适宜之地。

当然，一些学者认为，先人经由海路而来，已有几位现代冒险家试图证明这是如何达成的。但是，如果大陆的确提供了到达新世界的通道，这会是什么时候的事呢？具体是多久之前呢？最合理的猜测是，这一切发生在至少五万年之前——当然，这仅仅只是一个猜测。这一持续数万年的迁移，是长期迁徙的个案吗？学者称，这场迁徙持续到两千年前，直至一个个家族涌现。随着时间的推移，这些人渐渐觅得定居之所，定居点从近处绵延至最南端的地区，甚至包括许多外海的，尤其是东部沿海的岛屿。定居者们在南北向 1.1 万英里长、东西向最宽可达 3000 英里乃至更宽的范围内，确立了自己的属地。这些人的文化是多样化的，主要原因是原住民说着至少三百种语言。氏族，成为部落抑或国家的雏形。当时的“政府”，通常由长者和长者挑选的氏族领袖组成。最高统治权的拥有者选自最大的氏族。不过，许多“政府”职能，通常由一个氏族或一个家族来行使。

经济形态以农业为主，即狩猎和采集。彼时，原住民能作为的空间非常有限，他们没发明车，也没有马、牛之类使得上劲儿的牲口。他们不太会冶金术，即便敲敲打打，无非锤出件拙笨的铜制工具或者黄金、白银质地的小饰品。

当年驻扎在今墨西哥北部地区的数百个部落中，没有哪个部落有字母表或书面语。他们采用象形文字记录重要事件，远程沟通主要靠手语和烟雾信号完成。在南方，一个更文明、更先进的社会形态，在阿兹特克人和印加人的部落中出现。阿兹特克人有自己的书面语，甚至掌握了数学和建筑学。在他们的城市和集镇中，有巨石垒砌的庙宇。这一切都意味着，8世纪，南方部落的文明程度，比任何西欧国家都要先进。既然如此，问题来了，这一进步为何会画上句号？文明的进程又为何止步呢？以目前已有的蛛丝马迹，无法就此给出一个让人信服的解释。

北欧的传奇故事，说得更神秘。据称大约1000年的某个时刻，一拨维京人从冰岛一路向西，航行至格陵兰岛，后在新大陆扎根。只是，他们到底在哪儿发现了避难所，是不确定的。之后不久，雷夫·埃里克森和他那帮人重走了这段旅程，可能抵达了今天的纽芬兰，或者新英格兰沿岸的某个地方。他们安营扎寨，开拓出一块广袤的领地。毋庸置疑，这些地域，后来一部分成了美国的领土。另一拨维京人可能沿着圣劳伦斯河去了。

不过，维京人无论如何是未曾久居新大陆的，他们也并无什么重大发现。几个世纪之后，西欧开始重大社会变革，才导致大量西欧人移居新大陆。

十字军东征，无疑对西欧人移居新大陆有推波助澜之效。1095年，教皇乌尔班二世号召基督徒解放穆斯林控制的圣地。成千上万的欧洲人响应，并前往东方，浸润了一种与之前迥异、更为奇特的文化，一种更让人有想象空间的生活方式。之后，冒险家们重回故土，便对吃穿用有了新的品位、新的想法、新的兴趣点和新的诉求，因为他们在东方已经见识过香料、棉花、丝绸等一切。13世纪出版的《马可·波罗游记》，对在中国所见所闻的描述，更是吊足了他们对东方的胃口。黄金白银，以及香料、丝绸服饰……马可·波罗讲得欧洲人心旌摇摇。欧洲人马上开辟了针对“理想国”的贸易路线。紧接着，中世纪封闭的农庄经济让位给了以货币和信贷为基础的资本主义经济。城市蓬勃发展，新城不断涌现。城市发展，吸引了形形色色的手艺人，随着他们的技艺日渐精湛，一场技术革命接踵而至。印刷术使书籍广为传播，并激起了人们学习的热潮。一些城市出现了大学的雏形。指南针和星盘的流行，增加了航海的安全系数，鼓舞了海员寻求新航线的热忱。

这一系列显著变化，导致中世纪专制者那信仰与实践的僵化体系慢慢瓦解。教皇和主教失去了对天主教徒的控制力，在新兴的单一民族国家中，君主和显贵取而代之。自马丁·路德在一座教堂大门上张贴出“九十五条论纲”之后，基督教不复单一的宗教信念。资本主义的经济制度、“新教”这一宗教信仰、君主牢牢把控下的单一民族国家，这些因素混合发酵，催生了现代欧洲的基本面目。

待航海家手持星盘，可以通过测量太阳和水平线之间的夹角，来确定船只在海上的经度，勇敢的探险者们便沿着非洲海岸愈走愈远。当时，有“航海家亨利”之称的葡萄牙王子亨利，更是斥重金资助了远征的航海队，此次航行最终横跨赤道，行经了整个非洲。1498年，瓦斯科·达·伽马绕过好望角，横渡印度洋，到达印度，在那儿他对当地人宣称，他经商来了。

抄捷径去东方，满载金、银、香料等舶来品回西方，成为许多船员的一致追求。意大利航海家克里斯托弗·哥伦布认为，如果不绕非洲大陆航行，而是径直由西向东而去，可以更快抵达东方。这一航海计划，得到了卡斯蒂利亚女王的资助——尽管反对意见称，以一叶扁舟长途跋涉，实乃恐怖至极的冒险之举。卡斯蒂利亚女王——伊莎贝拉一世，是一个虔诚的天主教教徒，她与阿拉贡国王斐迪南通婚，意欲建立单一民族国家西班牙。1492年8月3日，约90名水手驾驶“尼尼雅”号、“平塔”号、“圣玛丽亚”号三艘大船，离开了西班牙的巴罗斯港，在加那利群岛短暂停顿后，沿着非洲海岸，朝着冉冉升起的太阳驶去。如此航行，需要巨大的勇气和高超的航海技术。10月12日凌晨二时左右，哥伦布带领船员登陆了巴哈马群岛的圣萨尔瓦多。随后，一座更大的岛——伊斯帕尼奥拉岛，进入他的视野。哥伦布称呼向自己打招呼的当地人为“印度人”——他误以为已抵达印度，再往西一点，中国不过咫尺之遥。哥伦布英雄一般“凯旋”，后又往返新大陆三次，不过一直未能发现他期待的珍宝和香料。直至生命的最后一刻，哥伦布都笃信自己到过亚洲。

随后，葡萄牙和西班牙冒险家对新大陆的系列探索，促使两国君主在1494年签署了《托德西利亚斯条约》，条约在加那利群岛以西1100英里处划了一条南北向的分界线，线西归属西班牙，线东归属葡萄牙。

对通往亚洲道路锲而不舍的探索，随着冒险者确信会找到宝藏的念头而绵延了一个世纪。另一位意大利探险家亚美瑞格·韦斯普奇，沿着西半球的南部海岸几度往返，生动描述了所谓的“新大陆”。这些在很大程度上不真实的描述，却吸引了地图制作者和地理学家的眼球。1507年，德国制图师马丁·瓦尔德泽米勒（出版过《韦斯普奇报告》），以个人名义建议，这一“新大陆”应被称为美国。由此，西半球的陆地拥有了新名字——美国。

很快，又有西班牙探险者，为了财富和荣耀，向西进发。这群心狠手辣的士兵，因为对财富和荣誉的欲求，所以不惜对印第安人甚至西班牙人下手。远征军的脚步遍及新大陆。在上下求索中，他们为西班牙建立了一个帝国，并把基督教传播至异教徒中——传播者确信自己是在执行上帝的旨意。

埃尔南·科尔特斯，一个相当残忍但不缺本事的领导者，在1504年开辟了通往新大陆的道路。他参与了远征军对古巴的征服，随后指挥一支探险队前往尤卡坦半岛。就在这个半岛，他了解到，再往西去，流传着阿兹特克人关于巨大财富的传说。他带上500人去了。阿兹特克皇帝蒙特祖玛认为，科尔特斯是阿兹特克神话中的羽蛇神转世。为了迎接这一重生的“神灵”，蒙特祖玛除了送予他食物，还赐予他一个大盘。这个盘子，尺寸与车轮相当，形若太阳，纯金质地。阿兹特克人很快意识到，他们是冲着难以计数的财富而来，他们有意占有一切。科尔特斯揣着诡谲与计谋，扮演完“羽蛇神”的角色之后，于1519年抓捕了蒙特祖玛。蒙特祖玛为求“羽蛇神”放自己一马，支付了不菲的赎金。在阿兹特克周边敌对部落的帮助下，科尔特斯不仅征服了阿兹特克族，也拿枪支和大炮瞄准了原住民，并大肆屠戮。科尔特斯部队带来的诸多病菌，也在征战中助了“主人”一臂之力，因为原住民对天花、流感、麻疹、伤寒之类毫无免疫力。

入侵阿兹特克，点燃了野心家的掠夺欲，他们开始在大陆东奔西突，南蹿北跳，寻找贵重金属。其中一名叫弗朗西斯科·皮萨罗的冒险者获知，往南再去一点，至如今秘鲁所在地，有一种文明能让他得偿所愿。

在几次不成功的远征之后，皮萨罗获得了西班牙国王查尔斯五世的信任。他把自己发现的所有宝物的五分之一献给了国王，以换取支持。1531年，他率几百人出征，后在秘鲁发现了印加文明。皮萨罗力排众难，干掉了皇帝阿塔瓦尔帕，卷走了大量的黄金和白银。

掠走的财宝和发掘的矿藏，催富了西班牙，使其在欧洲扩张有了强劲的经济支持。但如此大量的财富涌入西班牙，也导致了通货膨胀——商品价格不住攀升，甚至达到史上最高点。

在美洲，西班牙人蜂拥而至。1565年，西班牙国王派遣佩德罗·梅嫩德斯·德阿维莱斯沿着北美海岸建立定居点。同年9月，梅嫩德斯在现在的佛罗里达州建立了圣奥古斯丁。这是第一代常驻北美的欧洲人。西班牙人也在加勒比地区、中美洲和南美洲，建立了殖民地，任命了总督——代表君主意志，行使管理殖民地的职能。但绝对权威还是在国王手里，国王在西班牙把控着印度群岛理事会。理事会决定官员任命，并负责起草管辖殖民地的法律法规。

当时的西属美洲社会，分化成好几个阶层。最顶端是西班牙土生土长的，被称为“半岛人”；生于美洲的纯种西班牙后裔次之，他们被称为“克里奥人”，其中大部分是地主。这两类人，构成了西属美洲的上层社会。仅次于这一阶层的，是西印混血儿，所谓“墨斯提索人”。再次之，是那些已然接受西班牙生活方式和文化的原住民，他们构成了广大劳工阶层，在社会地位和经济地位上都稍为逊色。接下来，是“穆拉托人”，他们是欧、非混血。种族序列的末梢，是从非洲带来的黑奴，他们在西班牙殖民者的矿井和田地里劳作着。

罗马天主教堂的地位很重要。跟西班牙一样，教堂和国家错综复杂地交织在一起，彼此间互惠互利。

西班牙人的探险之旅，使得瓦斯科・德・巴尔沃亚在1513年发现了太平洋，同年胡安・庞塞・德莱昂发现了佛罗里达。1519年，一支从圣罗卡出发的探险队，在斐迪南・麦哲伦的率领下，甚至开始了环球航行。这一载入史册的航行，原本5艘船，250人同去，1522年归来时仅剩了1艘船和18人。领头人麦哲伦也在其间一场和今菲律宾群岛原住民的交战中阵亡。

赫南多・迪・索多于1539年至1542年间在佐治亚州和卡罗来纳州杀出一条路来，紧接着西行，穿过田纳西州、亚拉巴马州、密西西比州和阿肯色州。1540年，弗朗西斯・科罗纳多率领着墨西哥的一支军队，打入北美内陆，寻找锡沃拉传说中的七个城市，传说称这些城市遍地是金子。1542年，胡安・德富卡发现了加利福尼亚州，随后天主教牧师建立了多处布道所，将印第安人感化成基督教徒。

西班牙享受着建立全球性帝国的巨大成就感。这一神话般暴富的传奇，刺激了欧洲其他新兴国家，它们纷纷效仿之，开拓起自己的殖民地来。1534年，法国国王委派贾可・卡地亚寻找通往印度群岛的西北通道，法国由此开启“帝国计划”。卡地亚并未找到通道，但数度航行之后，他声称对加拿大东半部，以及阿巴拉契亚山脉与密西西比河间的一片土地拥有了主权。紧接着，塞缪尔・尚普兰的触角，伸向圣劳伦斯河地区，并建立了魁北克和蒙特利尔这两座城市。大湖地区利润丰厚的毛皮贸易，俨然一株摇钱树，但这对很多法国殖民者而言，并无吸引力。在印第安人占人口绝大多数的法属美洲，尚普兰帮着休伦人击败了旧敌易洛魁族，成功与休伦族结盟。

相较其他小一些的部落，易洛魁族可能更为文明一些。他们占领了圣劳伦斯河和安大略湖以南的地区。易洛魁人先是分为塞内卡、奥内达加、莫霍克、卡尤加和奥奈达五个部落，后来塔斯卡洛拉加入，呈“六足鼎立”之势。

在圣劳伦斯河以北，居住着阿尔冈琴部落，这一部落主要是法国的盟友休伦人。这一盟约也来得自然，因为就法国人的需要而言，阿尔冈琴无疑是最佳选择，无论是毛皮质量，还是海狸数量。易洛魁人力图打败休伦人，以获得毛皮，再拿毛皮去换取枪支。在间歇性的印第安战争中，易洛魁族在北美开始了驱逐法国人的运动。

荷兰人也开始摩拳擦掌，有意扩大属地，攫取财富。1609 年，亨利·哈得孙溯河而上，沿线建立贸易点。今天，该河已以哈得孙命名。荷兰的西印度公司控制了许多据点，诸如最重要的曼哈顿岛的新阿姆斯特丹——今纽约，以及奥兰治堡——该堡因荷英之战而被英国人夺去，后得以重新命名为“奥尔巴尼”。跟法国一样，荷兰致力于攫取毛皮，不过并非以殖民的方式，而是通过和易洛魁人的频频交易，以枪支换取毛皮。

彼时，英国人已有动静。这些盎格鲁-撒克逊人，栖于北海岛屿之上，为其掌控的水域所庇佑。他们驾着坚固的大船，揣着比船还要坚不可摧的意志，试图找到一个新世界，来建立自己的帝国。早在 1497 年，一位叫约翰·卡博特的意大利人，便受命于亨利七世，开始寻求去往东方的通道，先是沿着纽芬兰航行，一年后又染指北美海岸线，由此声称拥有了后来美国一大段海岸的主权。不过，直到身为新教徒的伊丽莎白一世开始执政，英国才对新大陆产生浓厚兴趣。英国频频对西班牙往来公海的商船下手，以此灭灭西班牙的威风。一些海盗，诸如约翰·霍金斯、弗兰西斯·德雷克之流，给女王陛下带回了大批黄金和白银。当然，伊丽莎白是不承认自己与劫掠有关联的，也不会承认此后德雷克受封勋爵与他环球航行后捞到实实在在的财富有什么关系。

西班牙国王菲利普二世，在1588年用坚船利炮予以了回击。这支舰队130艘战船，载着成千上万门大炮，对英国人开火，同时奢望使他们恢复天主教的传统。但是，英国水兵的生猛、战船的高机动性，加上海上的强悍风暴，使得“无敌舰队”战斗力大为削弱，最终只有约一半西班牙战船得以在港口平安靠岸。此刻英格兰对北美大陆的占领，已无后患。

数年之前的1585年，沃尔特·雷利爵士派一小撮人，途经今北卡罗来纳州，登陆一个小岛屿，并命名小岛为罗阿诺克。西班牙舰队的攻英企图，延迟了英国对罗阿诺克的给养。到1591年，英方的援手总算到了，却发现罗阿诺克已彻底沦为荒岛。迄今为止，无人知晓这个小岛的第一批定居者身上究竟发生过什么。

尽管历经此劫，具有冒险精神的英国商人，依然寄望于效仿西班牙人的壮举，对赞助新大陆的殖民地心存幻想。一家股份制公司——“伦敦公司”宣告成立，股份售卖所得12英镑10先令，全赞助给了北美的殖民计划。斯图亚特王朝的第一位国王詹姆斯一世，在伊丽莎白1603年辞世后继位，特许伦敦公司从海岸线开始开发土地，所允范围西至太平洋。该地区在伊丽莎白统治落幕后被命名为弗吉尼亚州——伊丽莎白被称作“处女皇后”，她从未结婚。（弗吉尼亚州英文名为Virginia，取自处女Virgin一词。）“永恒苏珊”号、“成功”号和“发现”号这三艘大船，1606年12月从英格兰起航，1607年4月在弗吉尼亚州登陆，是谓“詹姆斯敦登陆”。

殖民者试图找到金子，但一无所获。他们自建的三角堡，状况也逐月变糟。约翰·史密斯在1609年至1610年冬天控制了这一殖民地。那个可怕的季节被称作“饥荒时代”，人得吃树根、橡子、浆果，甚至自家的马匹，方得以存生。波瓦坦族帮了这群“饥民”，教他们怎么种玉米，到哪儿捕鱼最好。但印第安人和英格兰人之间的关系却日趋紧张。终于有一天，双方撕破了脸皮——因为英格兰人的贪婪，史密斯在一次探险途中沦为狩猎者的俘虏。他被移交至欧佩坎诺手中，面临着死亡的威胁——欧佩坎诺是波瓦坦酋长同父异母或同母异父的兄弟。孩提时代的欧佩坎诺曾于1559年被西班牙人绑架。他被带到西班牙学习西方习俗与文化，还学习西班牙语，极有可能被培养成一名印西互译的行家里手。他还被起了个西班牙名字：唐•贝拉斯科。16世纪70年代末，他回到家乡，随后摒弃了和西班牙的关系，在波瓦坦部落里重新确立了自己的权威地位。在屠杀陪他回到弗吉尼亚的传教士这件事上，他可能也起了点作用。

要不是波瓦坦酋长最爱的女儿波卡洪塔斯，欧佩坎诺很可能会杀了约翰·史密斯。当时，波卡洪塔斯只有十一岁，所以她的所作所为，不大可能出于某个浪漫的原因。一些历史学家猜测，她恳请饶史密斯一命，是基于阿尔冈琴的惯例。波瓦坦酋长手握生杀予夺大权，在允许史密斯及其同僚扎根詹姆斯敦这一点上已被证明。史密斯他们认可酋长至高无上的地位，酋长便对他们给予保护。不管波卡洪塔斯此举的真实原因何在，总之她试图维系自己和其他英殖民者之间的友好。她皈依基督教，并在1614年嫁给了殖民者之一的约翰·罗尔夫。这一婚姻，巩固了波瓦坦族和外族的友谊。之后波卡洪塔斯旅英。由于在印第安人中地位特殊，波卡洪塔斯受到了额外的礼遇，并被国王和王后接见。不幸的是，后来她感染了天花，在二十二岁时逝世。

殖民者没发现金子，但发现烟草是个好东西，这玩意儿印第安人已经抽了好几个世纪。这一被詹姆斯国王视作“肮脏”的习惯，介绍到欧洲后，风靡一时。对烟草持续不断的需求，无疑让殖民者们多了一株可以赖以生存的“摇钱树”。贸易的吸引力，给美洲引来了越来越多的英国殖民者。可以想见的结果是，大型种植园开始致力于烟草种植，弗吉尼亚由此富了起来。

伦敦公司派遣一名叫托马斯·戴尔的军人去掌管弗吉尼亚，他以铁腕捍卫着殖民地的生命力。接着，1619年，公司授意总督，去召集2名在殖民地拥有土地的代表，到詹姆斯敦会面，进言献策。22个人在城里的教堂聚集，把公司授意抛到了九霄云外，着手制定了一系列反对赌博、酗酒、怠惰、安息日违规的殖民地法律。这就是后来所谓的“下议院”。接下去，休会了。

不过从一开始就很明显，英国殖民者准备自行其是，解决自以为关乎安全和生活的重大问题。这一举措，证明了他们一定程度上的独立。坚决维护以自己方式解决自己问题的权利，这点日后为北美的立法体系所效仿。

随着詹姆斯敦及其周边定居者的兴旺发达，殖民者人数稳步增加，1620 年约达 2000 人。欧佩坎诺沮丧地看到，白人控制稳步强化，这于波瓦坦部落有损。因此他决定对此画上个休止符。1622 年 3 月 22 日一大早，一些手无寸铁的印第安人，散布在几个定居点，看上去和颜悦色的。紧接着风云突变，他们拽起了滑膛枪和斧头，开始大规模杀人。

这是典型的印第安式手法：以面上的和气消除顾虑，再突然来袭，瞬间化身“杀人狂魔”。他们干掉了约三分之一的殖民者，殖民者开始以致命武器回击，试图把部落进一步往西驱赶。双方屠戮及混乱升级，以至于1624年，詹姆斯国王撤销了伦敦公司的章程，把弗吉尼亚州划归皇家殖民地。但是，政府的改变，并未终止屠杀。

波瓦坦酋长死后，大概是在 1628 年，欧佩坎诺成为“派拉蒙酋长”。这场争斗换了副面孔，尽管变化只是零星的。接着，1644 年，欧佩坎诺对殖民者发动了“大袭击 1644”，这一次杀了 500 多名殖民者。但酋长毕竟老矣，大概一百岁了，元气锐减。不久后，他被捕，在狱中被杀。波瓦坦战争由此结束。此间，下议院尽可能地定期会晤。1639 年，国王号召总督每年召集众议员聚会，每年一聚由此成为惯例。

并非所有对美洲的造访，都是为了淘金或得到点别的财富。大量的人是为了寻求宗教自由而来。继新教改革和教派战争之后，迫害异教徒成为家常便饭。在英格兰，罗马天主教统治的反对者，建立了圣公会教堂，尽管英国圣公会保留了很多天主教的典礼和仪式。

因此，一定数量的新教徒感觉英格兰教会需要纯化，他们变成了所谓的清教徒。其他思维更为激进者，感到应该脱离圣公会教堂。

一群英国分离主义者，为寻求更多的宗教自由，于 1608 年逃亡到荷兰，却发现异国生活完全不对他们的胃口和需求，他们决定搬迁。伦敦公司准许他们定居弗吉尼亚。由此，他们离开荷兰，乘坐“五月花”号抵达新大陆。不过，他们从未到达过弗吉尼亚。

1620 年 11 月 21 日，他们在普利茅斯的科德角登陆。上岸建立殖民地之前，他们中的 41 人签署了条约，他们发誓效忠“国王陛下”，同时结盟建立“一个公民自治团体”。签约者还进一步承诺，服从任何被认为是“满足和有利于殖民地总体利益”的法律。《五月花号公约》由此树立了权威地位，殖民者由此制定了自己的法律，选出了自己的官员。然后，他们下船了。

值得一提的是，这些殖民者签订白纸黑字的协议，明确了他们在政府中的位置及其社会构成方式。《五月花号公约》之后，同类文件层出不穷，新大陆移民公开阐明他们可以接受的管理方式以及政府应当秉持的原则。以书面文件确立权威，后来成为美国人阐述原则和实践的习惯。不管社会如何更迭，法治的惯例延续了下去。

遇见 2 个会说英语的印第安人，真是这批“朝圣者”的运气。帕图西特部落的斯匡托和佩马基德的萨默塞特，为这批人和印第安部落“睦邻友好”助了一臂之力。印第安人也教会他们怎么种玉米，以及哪里是狩猎捕鱼的最佳去处。殖民地活下来了，还富起来了，殖民者对他们的“好运”感天谢地。

在英格兰，“国王陛下”詹姆斯一世的继任者查理一世，1629 年准许清教徒成立联合股份公司——“马萨诸塞湾公司”，在弗吉尼亚北部，约翰·史密斯笔下的“新英格兰”建立殖民地。约翰·温斯罗普，跟别的清教徒一样，已深深为英格兰地区的道德生活和宗教前景所扰。他决定带着直系亲属离开。因约翰·温斯罗普在马萨诸塞湾殖民公司的影响力，清教徒选举他为“大迁徙”的领头羊。

总计约 1000 名清教徒，男男女女、老老少少，装了满满当当 17 艘船，在约翰·温斯罗普的率领下，于 1630 年 5 月 22 日离开英格兰，同年 6 月 12 日抵美，最终扎根波士顿。一到那里，温斯罗普就对追随者保证，如果他们拧成一股绳，上帝便会眷顾他们，并庇佑他们走向繁荣富强。“我们将成为山巅之城，全世界人民的眼光都在注视着我们……（否则）我们终将只给人们留下一个故事，并成为全世界的笑柄。”他们确信已经达成“与上帝之约”，来建立一个以《圣经》为基础的社会。教堂、国家、家庭和个体，结合在了一起，以求创造一个需求与供给一致的政府和社群。许多移民都接受了良好的教育，有了做生意和发展种植业的本钱。

马萨诸塞湾殖民公司已决定把整个公司业务迁至美洲，同时带来的，还有《宪章》。这意味着，殖民地政府决策时，不需要向英格兰一派咨询或纳谏。公司最大限度地实现了自治。殖民地管理权归总督和 18 位自由选举产生的助理法官，是谓“常设法院”。1634 年，一阵批评声过后，常设法院允许每城都选出代表，和助理法官同处一席。十年后，法院分成两院，马萨诸塞湾的殖民地由此开创了一种“两院制”的立法机构。

不过，总是有异见分子的，他们要么反对特别裁定或举措，要么反对政府体制。年轻清教徒罗杰·威廉姆斯，是其中之一。他在塞勒姆带领会众，宣扬着不可接受的异端——至少对波士顿的神职人员而言是异端。威廉姆斯由衷地尊重印第安人部落和他们的文化。他无意将他们转化为基督徒。他认为，在他们信仰的上帝面前，别人可以不信。他甚至包容对《圣经》的不同诠释。他宣扬，信仰上帝当秉持的良善，是践行信仰唯一的救赎。因质疑一国政府推行宗教统治的权力，威廉姆斯被逐出了殖民地。但是，用船把他运回英国的企图落空了——他逃进了旷野，逃往了南部。他和一批追随者建立了罗得岛的第一个社区——普罗维登斯城，这里使宗教信仰自由、政教分离成为可能。1644 年，他为这一殖民地接受了一份《宪章》。

另一位异见分子安妮·哈钦森在家集会，探讨宗教问题和布道者的个人价值。她宣扬“恩典之约”，强调在神的恩典之下个人与上帝的直接交流。这一论调，吸引了相当数量的追随者。1637 年，她招致“唯信仰论”的谴责，被驱逐出殖民地。追随着罗杰·威廉姆斯的脚步，哈钦森及其信徒逃至罗得岛。此后，印第安人杀了她，还有她的家人。

在马萨诸塞州，托马斯·胡克是非常受欢迎的传教士之一，为其他布道者忌恨不已，表现最明显的是殖民地的最高长官约翰·科顿。与其被人开了，不如带人横穿丛林荒野，迁往康涅狄格河谷——在那里，胡克及其追随者建立了哈特福德、温莎和韦瑟斯菲尔德。胡克本人参与拟定了殖民地政府的规章制度——所谓《康涅狄格州基本秩序法》。跟罗得岛一样，但与马萨诸塞不同——教堂成员不能投票，神职人员也不能参与政治。1662 年，这一法令通过。

费迪南多·戈吉斯爵士，试图建立一个对圣公会教堂忠诚，并对马萨诸塞州产生制衡的殖民地，后来终被特许在缅因州建立定居点。不过，他还没来得及聚拢移民就去世了。特许令被其后嗣卖给了马萨诸塞州。因此，马萨诸塞州和缅因州合二为一。此外，在新英格兰北部，今新罕布什尔州建立殖民地的愿望也落空了。1638 年，终于有另一传教士在此地扎根，这个人就是安妮·哈钦森的妹夫（或姐夫）约翰·惠尔赖特，他曾被马萨诸塞州驱逐。特许令随后被撤销。1679 年，新罕布什尔州成为皇家殖民地。

天主教徒也到新大陆寻求避难所。巴尔的摩勋爵一世乔治·卡尔弗特，获许为天主教徒建立殖民地，他自己也皈依了天主教。按他的如意算盘，他将成为一地之主，数百万亩土地将成为他的私有资产。在此地扎根的人，都得给他土地税。作为回报，他每年复活节都得给国王进贡两支印第安箭。卡尔弗特有权任命总督、法官、议员，组建法院系统，授权议会制定法律。然而，国王来不及最终通过其所有权，乔治·卡尔弗特便去世了。1632 年，卡尔弗特之子塞西尔继位，成为巴尔的摩勋爵二世，很快便远征，去建立马里兰殖民地。不幸的是，这一地区侵犯了对弗吉尼亚的特许令，挑起了两地当权者持续不断的矛盾。尽管卡尔弗特期望对殖民者可以发号施令，但殖民者难遂其愿。当马里兰州议会在 1635 年碰头的时候，议会坚持认为自己有立法的权力，卡尔弗特明智地同意了这一点。但是，天主教徒们并未如巴尔的摩勋爵所愿蜂拥而至。相反，新教徒利用自由土地奖励吸引同道者，到 17 世纪末，他们的人数比天主教徒多出了九倍。1649 年，马里兰州会议采纳了巴尔的摩勋爵的建议，通过了《宽容法案》，法案称，任何基督教信徒都不会因宗教派别而受到迫害。但是，由于非基督徒被殖民地排除在外，这一立法也只能“法如其名”，是有限的“宽容”。

因此，在一个相对较短的时期内，美洲英属殖民地政府分成三种形式：皇家的、法人的和专有的。

念及清教徒革命后助自己恢复王位有功，查理二世批准建立了另一个专有殖民地，把欠下那 8 个“助手”的系列债务一笔勾销。1649 年，清教徒革命处决了查理一世，建立了奥利弗·克伦威尔独裁统治。这块殖民地于 1663 年被批准建立，地处弗吉尼亚州和西属佛罗里达之间。土地的拥有者们，期盼引来巴巴多斯、弗吉尼亚和新英格兰的殖民者，以及大米、生姜、丝绸等贸易带来的丰厚利润。这块地区因查理之妻卡罗琳王后而得名，被命名为卡罗来纳州。土地拥有者之一沙夫茨伯里伯爵安东尼·艾希礼·库珀，偕同其秘书约翰·洛克，拟订了殖民地政府管理计划，这一点，堪称专有殖民地的一大显著特征。《卡罗来纳州基本法》试图在美洲嫁接封建制度，社会结构被清晰界定，包括社会成员的头衔，以及一个类似按等级划分的司法系统。尽管奴隶制一直被认可并合法化，但把这一点暴露在光天化日之下，卡罗来纳州是第一个。这简直就是为宗教自由和代表集会所特设的。殖民者被吸引到这块诱人的土地上来了，但他们不会理会“封建因子”。事实上，封建制从未在美洲扎根，因为广袤的土地享有《基本法》赋予的自由魅力。到 17 世纪末，约 5 万殖民者在此扎根。不过，他们的焦点在两处：一处是阿尔伯马尔湾周边以北，今北卡罗来纳州就在这一块；另一处是阿尔伯马尔湾周边以南 300 英里，此地因国王查理二世而得名，即今天的查尔斯顿。这两地儿富了，其他英国殖民地区的人，都往这移。在北卡罗来纳，居民种植烟草，给造船者提供海军给养。在南卡罗来纳，因为湿润、气温和土壤条件，殖民者种植水稻和靛青，后者被用作染料。

许多卡罗来纳的殖民者，都有苏格兰和爱尔兰血统，在宗教信仰上他们主要是长老派成员，已经从最初的苏格兰低地搬到了北爱尔兰，直到横渡大海在北卡罗来纳州扎根前的数年，他们都待在那里。他们把不同的印

第安人部落卷入与佛罗里达的西班牙人的领地保卫战中。这些部落包括沃特里、康加里、桑蒂、沃克斯华和卡托巴，他们都是苏族人。但是，最强势的部落，是力最足、劲最大的切罗基族，他们主要集中在西面的山脉，北面和易洛魁人接壤。

卡罗来纳的殖民者，在印第安人的族裔交战中，频频施以援手，还不时把抓到手的当地人卖作奴隶。没多久，在卡罗来纳，殖民者就让不同部落的印第安人要么灭绝，要么被奴役，要么把他们弱化到完全从属的地位。

查理二世和他的弟弟詹姆斯——约克公爵，后来继承了查理王位成为詹姆斯二世——对新尼德兰的荷兰殖民地虎视眈眈，尤其是曼哈顿岛脚下引人注目的港口，那里也是哈得孙河的入海口。在建立殖民地上，荷兰人从来就没有英国人成功，因为其臣民缺乏移民美洲的动力。譬如，新阿姆斯特丹的人们，总不把荷兰西印度公司及其专制统治者放在眼里。最后的独裁者彼得·史蒂文森，在1647年5月11日走马上任，看上去孔雀一般。他俨然敛尽了所有的浮华与尊严。因为数年前的一场酣战，折了他一条腿，他戴着假肢，专断独裁十七年之久，严苛的法令为他树了不少敌人，殖民地秩序“谨严”到他几乎没什么朋友。

由于英格兰和荷兰是商业上的对头，没过多久查理就发起了一场战争，为了让康涅狄格州和特拉华州之间的土地全归他弟弟詹姆斯所有。紧接着，一支英军舰队现身新阿姆斯特丹港，要求曼哈顿岛投降。虽然总督彼得·史蒂文森誓言永不投降，但其子民否决了他。他们知道自己无法对抗装备精良、意志坚定的英军，于是说服史蒂文森对殖民者投降。

新的殖民地拥有者詹姆斯，将之更名为纽约。他轻率地以为，用“空降”的长官，降服得了那些荷兰殖民者。他选总督，没和当地任何人交流过意见。很快，他便发现，使用这一跨千山涉万水而来的招数，大家准保“绝不服从”、无法无天。因此，当他继承兄长的王位之后，这位詹姆斯二世容下了民众要求立法的呼声。不过，他对纽约殖民者需求的经常性忽视，只导致了进一步不和谐。源于荷兰殖民者的半封建土地所有制，使问题恶化了。这在政府和新的英国移民之间，导致了社会、经济、伦理等多层面的紧张局势。

詹姆斯将部分权力下放给两位朋友——约翰·伯克利勋爵和乔治·卡特里特爵士。卡特里特出任英语地区泽西州州长，他命名该区为“新泽西”。伯克利负责州东部，卡特里特执掌西半部。不久后，两人卖掉了土地所有权。清教、圣公会和贵格会的教徒们，在这个一分为二的地区扎根，直到1702年国王将东泽西、西泽西统一为一个皇家殖民地。

建立专有殖民地的成功尝试之一，是查理二世特批新大陆土地给威廉·佩恩。在牛津学习的时候，佩恩就加入了激进的宗教派系“公谊会”。该会成员谴责战争，否认牧师和主教的权威，憎恶礼仪崇拜，只尊崇他们所谓的“内在的良善之光”。这些贵格会教徒甚至拒绝在皇室面前向国王敬礼或脱帽。他们宣称，人与人之间完全平等，无一例外。

威廉·佩恩拥抱着自己的信念，直至热忱使他锒铛入狱。这让他的父亲——海军的佩恩上将大失所望。一从监狱出来，他就开始在荷兰和德国布道，组织贵格会社团。由于查理二世欠了佩恩上将一大笔账，因此他同意给上将的儿子一块土地，将债务抵清。威廉·佩恩意识到，这块地，将成为受迫害的贵格会教徒的避风港。1681年，他获颁特许令，这块土地就是今宾夕法尼亚州。年轻的佩恩也说服约克爵士割让特拉华河下游的三个县给他。这三个县是多年前荷兰人从瑞典人手里攫取的，直至美国独立战争宣布成立特拉华州之前，都归佩恩专有。

佩恩时期捍卫的自由，对宾夕法尼亚而言，是意义非凡的。在1682年《政府框架》中，佩恩就任命了一个起草法律、召开议会的委员会，它最初缺乏实权，但日渐自信。尤为重要的是，佩恩在英格兰刊登广告，称这块陆地盛邀所有国籍的来宾，并以极低的价格提供土地。荷兰、威尔士、瑞典、法国、德国和英国移民都响应了他的呼吁，宾夕法尼亚很快成为全美洲风头最健、最有钱的殖民地。

1732年，佐治亚成立，当时詹姆斯·奥格尼松获得了一块土地长达二十一年的特许权——这块萨凡纳和奥尔塔马霍河之间的土地，从乔治二世手里一直流转到一群董事手里。

因气候不同、土壤有别、人群各异，以及造访新大陆的缘由林林总总，所以一种独特的文化，很快在新英格兰、中部殖民地、南部殖民地这三个地区推衍开来。譬如说，新英格兰致力于造船业，因为此地随处生长着粗壮、笔直、高大的松树。渔业也已经成为新英格兰经济的重要组成部分。不过，许多居民在海港集中的地方，或者靠近河流、溪水的近陆，建造了小型农场。每个聚居地都形成了村落，村里会有一块公共地域，供周边居民共同使用，譬如养养牲口之类。既然来者主要是清教徒，那么自然而然，他们的生活重心落在亲手建造的教堂上，总是围绕在确保道德规范的布道者周围。新英格兰殖民地，最初主要是出于宗教原因而建立的。

在中部殖民地，小麦、玉米和蔬菜的一些产地，种植业和商业发展起来。与此同时，来自纽约和费城的商船，经常从这里进口海狸、浣熊等动物毛皮，这些商品不仅运到欧洲，也运到南部殖民地和西印度群岛。

多数居民都有小型或中型的农场，除了纽约，那里荷兰人已经在整个县域范围内置办了大量资产，譬如横跨哈得孙河两岸的伦斯勒地区。荷兰人对纽约的影响，体现在建筑、语言和习俗等方方面面，这一影响直到英国人的到来才终结。宾夕法尼亚的德国人也给殖民地文化添了新的风味。尽管宾夕法尼亚是因为宗教和理想的原因而建立的，有一些殖民者，还是为了财富在此扎了根。这一地区的人们就此开始“多元化”。

在南部殖民地，烟草、棉花、稻米、靛青的耕种和丰收，催生了规模种植和大量劳动力的需求。新大陆南部的生活和北部的生活，出现了相当大的差异。南方出现了大量依赖以劳抵债的雇工以及那些签约承诺为对方工作四五年、对方提供去美洲通道的个体。在 1619 年，一艘荷兰的大船到达弗吉尼亚，船上载着 20 名非洲人，这些人是奴隶或者以劳抵债的雇工。最初他们的地位身份暧昧不明。无论如何，随着越来越多的非洲人被运到美洲，奴隶制迅速制度化。到 1700 年，在南方，奴隶阶层和奴隶主阶层已经形成。奴隶的生死再也由不得他们自己做主，而是全部掌握在奴隶主手里。

一小批中产阶级开始在南部的港口城市涌现。这些人为庄稼汉们提供诸如法律援助类的服务。南部殖民地的人们，相较中部殖民地和新英格兰殖民地，更具有合作意识。

英属殖民地的政府，在与皇室关系的紧密程度上有所差异，有的完全隶属皇室，有的是专有，有的则是自治，但还是有一些共性。每个殖民地都有一位总督，或代表国王，或代表土地所有者，或代表法人。总督负责执行议会通过的所有英国法律，落实进谏国王的枢密院设计的政策。在纯粹的当地事务中，总督享有广泛的自行决定的自由。拥有特定地位的常驻土地所有者，对总督有建议权。当选议会或立法机关可以颁布当地法规，但是，由于其举措可能被殖民地政府或英国皇室废除，理论上权力十分有限。然而，在真正的实践中，当选议会行使着相当大的权力。既然制定了地方税，纳税人便有权迫使总督响应他们的需求。纳税人可以不给总督薪水，或者不给其助手薪水。相应地，总督可以解雇他们，再举行新的选举；但总督不能以强迫手段，通过他们反对的法律条款。

1686年，詹姆斯二世创建了包括马萨诸塞州、康涅狄格州、罗得岛和新汉普郡在内的“新英格兰统治”，试图在北部几个殖民地享有更大控制权。随后，他又加上了纽约和新泽西这两处殖民地。他任命埃德蒙·安德罗斯爵士为“新英格兰”总督，并授予总督制定法律包括税制的权力。殖民者拥有的相当大的自由度已经消失了，由此催生了怨恨和愤懑。安德罗斯自己也犯了个错误。他对个人权利和传统的无视与轻慢，对移民实行独裁统治，很快使他败下阵来。

詹姆斯国王既被美洲憎恶，又为英格兰厌烦，尤其是他对议会和法律的蔑视。1688年，他在“光荣革命”中被推翻。作为一名精神上的天主教徒——也许事实并非如此，詹姆斯国王让很多新教徒恐慌。当詹姆斯王后生出了王位继承者，并且极有可能还是一名天主教徒，新教信徒们起义了。因此，议会邀来詹姆斯的女儿玛丽——一名新教徒，及其丈夫——奥兰治的威廉，双双登上英国王位。当詹姆斯被剥夺王位的消息抵达波士顿，殖民者逮捕了安德罗斯，终止了“新英格兰统治”。殖民地政府进行了重建，当地官员自然也是“一朝天子一朝臣”。英国议会无意夺回统治权。

詹姆斯二世建立“新英格兰统治”之举，使得北方殖民地处于更严密的监管之下。其前任查理二世，创建了贸易委员会和种植园委员会，以此实现和殖民地的贸易顺差，这所传递的，就不单纯是政治野心或目标了。实际上，他们表达了经济诉求。统治者们期望为英格兰攫取财富，这意味着，要来点真金白银。敛财，得维持良好的贸易平衡，其间欠款要用实物偿还。因此殖民地必须提供给英国好卖的商品——卖出多，买进少，才能有贸易顺差。美洲殖民地能提供大量原材料，譬如烟草、海军军备物资、棉花、稻米、靛青、毛皮和糖。原材料被英国人转卖给其他国家。同时，殖民地对英国商品而言，是一个巨大市场，此谓“重商主义”。通过一系列航海及贸易法案，英国议会在十七八世纪垄断了殖民地市场，并排挤了他国贸易的可能性。

在波士顿，凭借运送毛皮、海军物资和鱼类给其他殖民者和加勒比口岸，一个特殊的商业阶级发展起来。波士顿商人拿着木料、毛皮去交换可以用来调制朗姆酒的西印度糖。新英格兰的承运商们，带着货物抵达英国和欧洲大陆，再行至非洲载上奴隶，送到南部殖民地。这种非洲、西印度群岛和北美之间的三角贸易，长年累月触犯《航海法案》，但这些商人很强悍，对法案视若无睹。

他们迅速攫取巨额财富，并取代了早先新英格兰清教徒的精英地位。赚钱多少，是人们在美洲能否步入上层阶级的唯一门槛。这一点，不仅适用于新英格兰地区，也成为“全美通则”。金钱或财富直接决定社会阶级。拥有的物质，比出身和遗传因素，更大程度上决定了一个人的社会地位。

宗教，一度是让人扎根美洲的首要因素。事实上，某些殖民地，就是信奉某一特定信条或教派者的“避风港”。清教和贵格会就是这样的例子。

清教徒常年为一些既定的律令所统治，也就是说，会众决定社会和经济规则。但是，当新英格兰的商业行为弥散开来，牧师们开始意识到这将对他们的权威性造成威胁，马上召开世界主教会议寻求防御之道。主教会议上，他们辨析着教义中的谬误，以求合乎对“全能的神”之意志的理解。

要想在教会获得选举权并出任职位，得历经一场漫长的考验，以确保个体已然蜕变到能感知神的存在。1662 年，神职人员达成所谓“半途契约”——如果一个人是圣徒的后人，即被赋予“半途”资格，这意味着选举权和担任要职的可能。

在贵格会控制的宾夕法尼亚，诸多问题中有个问题已经成了事实，贵格会信徒拒绝宣誓，坚持认为宣誓冒犯了《圣经》。这使得法律纠纷难以取证，并赋予了效忠君主的宣誓之举更为复杂的意味。此外，贵格会是和平主义者，拒绝参与针对印第安人的战争。在宾夕法尼亚，贵格会对政府的支配“失灵”了，威廉·佩恩的“神圣实验”结束了。18 世纪中叶，伴随着所谓“第一次大觉醒”，一场轰轰烈烈的宗教复兴运动在美洲兴起。它始于 18 世纪 20 年代的新英格兰和新泽西，后将影响辐射至社会各阶层和这一国度的所有地区。许多牧师，诸如马萨诸塞州北安普顿的乔纳森·爱德华兹，新泽西州的西奥多勒斯·弗里林海森，1739 年从英格兰来的年轻人乔治·怀特菲尔德，为所有愿意悔改、相信耶稣基督的人布道。

怀特菲尔德在殖民地巡游，迷住了聆听过他的人们，助推了这一席卷全国的复兴运动。他曾在费城为 1 万饥民的救赎布道。乔纳森·爱德华兹及其他复兴者，所谓新英格兰“新神启派”，把人类视作众生中最低等的生物——无一不处在对救赎的饥渴之中。在一篇讲章中，爱德华兹说，“落在愤怒之上帝手中的罪人”，“那将你们悬于地狱火坑之上，如将一只蜘蛛或某条可憎的虫子悬在烈火之上的神……被你们大大地激怒了”。“唯有仁爱，常驻神的手心，才能让恶人免于堕入地狱之火。除非众生悔改，终止罪过，否则难逃毁灭的命运”。大觉醒引发了牧师和信徒们心中激情的宣泄。耳朵里，常常是“尖叫、歌唱、大笑、祈祷”一并涌来，一阵癫狂过后，旋即呆滞。狂热至此，史上罕见。

许多牧师窜来窜去，坚定不移地传播着罪人和上帝之间有着直接而紧密的联系，此举破坏了当地神职人员的权威性。他们表示，对救世而言，个体与个体之间的关联才是必要的，而非牧师的援助。牧师强调一个事实，每个人都应对自己生命的终点负责。毋庸置疑，个人主义的推崇，也是大觉醒运动的一大成果。大觉醒运动的另一成果，是反独裁，这么一来，削减了地方长官在宗教事务和世俗事务上的权力。此外，大觉醒运动还催生了一大批新式大学，这些大学帮助个体寻求救赎之道，也培育了新生代的布道者。普林斯顿大学、达特茅斯大学、布朗大学、罗格斯大学、哥伦比亚大学就是在这一期间建校的，乔纳森·爱德华兹成为普林斯顿大学首任校长。

到 18 世纪 70 年代，大觉醒运动的热潮开始退去，但它成功地让美国人确信，个人可以选择宗教，自己才是自己的救世主。这些观念也渗透到政治领域。殖民者臆测，他们的政府应该建立在民意的基础上；他们可以选择中意什么样的政府，也可以选择什么样的政府满足他们的需要。

远在伦敦的英国皇室，没能给美洲殖民地指明方向。当殖民者刚在遥远的西海岸驻足，就遇到了亟待解决的问题。印第安人联手经由加拿大进入的法国人，抵抗英国的侵略。在毫无外人点拨，也无外人干扰的情况下，英殖民者不得不自己面对问题，主导自己的事务。他们依靠议会解决他们关心的问题，也在必要时通过相应的律令。既然认为议会无人代表他们，他们靠征税来运营地方政府、支付官员工资、增强军备规模，抵御印第安人和法国入侵就情有可原了。就此，英国遵循了“有益忽视”政策。正是此举，迎合了“英人自治”的权利意识，切实满足了当地居民需求。

印第安人反感殖民者对土地贪得无厌，最终爆发全面战争。17 世纪 30 年代，清教徒搬到康涅狄格河谷，1637 年发生了和佩科特人的全面冲突，给这一部落带来了灭顶之灾。

紧接着，是 1675 年菲利普国王战争。印第安万帕诺亚格酋长梅塔科迈特，也是英国人所封的“菲利普国王”，以普利茅斯为中心发起了一场战争。当这群新移民第一次到达科德角之时，万帕诺亚格部落还欢迎了他们，并对这群殖民者颇为友好。但这一关系，随着时间推移恶化了。英殖民者绞死了包括梅塔科迈特的兄弟在内的数名万帕诺亚格人，此举引爆了战争，很快几个周边部落就掺和了进来。最终，战争以菲利普国王一命呜呼而告终，彼时是1676年8月，他的头颅被斩下示众。

法国人构成了英殖民者的另一个问题。他们先是寻找毛皮，找着找着就沿着加拿大越过了阿巴拉契亚山脉，“找”到了山脉以西的五大湖地区。在法属加拿大总督杜肯·梅内维尔侯爵的领导下，他们在伊利湖到俄亥俄河沿线建造了系列堡垒，以确保其控制权。

英法帝国之争，在17世纪后期开始，其后蔓延成一场百年战争。欧洲、美洲均有战事。1689年，奥格斯堡联盟之战，也就是美国所说的威廉王之战，在欧洲开始。殖民者在威廉·菲普斯爵士的指挥下，获得了诺瓦·斯科舍的皇家港口，但一年后又被法国占据。西班牙王位继承战争始于1702年，也就是殖民地所谓“安妮女王之战”。紧接着是1740年的奥地利王位继承战争，又叫“乔治国王战争”。最后，法国将纽芬兰、阿卡迪亚和哈得孙湾割让给大不列颠。

在所有这些战争中，不管是法国人还是英国人，都曾和印第安人结盟。法国人武装了阿冈昆族，易洛魁族则成了英国人的盟友。

七年战争，的确是从美洲发端的。1754年，弗吉尼亚州总督罗伯特·丁威迪，派遣乔治·华盛顿率兵，在莫农加希拉河和阿勒格尼河的交汇处，形成一个堡垒——两河交汇处，现在是俄亥俄河所在地。在两河交汇处驱兵直下，弗吉尼亚人在50英里远的地方安营扎寨，这里被称作内塞西蒂堡。当法国人及其印第安盟军对美洲的军事打击接踵而来，前线对西部殖民者而言变成了地狱。

接下来，局势陡变。当威廉·皮特荣膺首相，他彻底改变了英国的战时政策。他把欧洲大陆的冲突交由普鲁士的盟友腓特烈大帝解决，而将注意力集中到殖民地的战争上。他向美洲派遣精兵良将——包括詹姆斯·沃尔夫和杰弗里·阿默斯特在内。阿默斯特因为向印第安人派发感染天花病毒的毛毯，而在英军中赢得了自己的位置。在一系列举措之后，法国人放弃了杜肯堡，也就是今天匹兹堡的所在地。路易斯堡、提康德罗加、魁北克和蒙特利尔被英军控制。在魁北克围城一役，沃尔夫将军和法方的蒙卡尔姆侯爵并殁。

在1763年签署的《巴黎和平协约》中，法国作为战败国将加拿大割让给英国。为了补偿盟友，法国又将路易斯安那州割让给西班牙，因为此前西班牙已将佛罗里达州割让给了英国。获得加拿大的领地，使毛皮贸易兴旺了起来，因为加拿大给狩猎提供了广阔的天地。同时也使殖民者大受鼓舞，他们不再惧怕法军和前线被法国人煽动的印第安人。法国的舒瓦瑟尔公爵艾蒂安·弗朗索瓦敏锐地预见到，一旦加拿大被割让，殖民地将从大英帝国独立出去。

美洲殖民者和法国人在前线的一连串冲突初露端倪，尤其是在杜肯堡，就有人尝试统一行动。1754年6月，来自马萨诸塞、罗得岛、康涅狄格、新罕布什尔、纽约、宾夕法尼亚、马里兰这七个殖民地的代表，和易洛魁族的100位首领在奥尔巴尼会面，签署了《奥尔巴尼联盟计划》。计划大部分经由宾夕法尼亚的本杰明·富兰克林之手修订过，建议各殖民地代表组建大陆政府。总统——通常由国王任命，将承担立法否决的最高行政权。议会每年召开一次，处理种种事务，譬如印第安人事务、公共属地和殖民者用兵问题。这是美洲居住者们的首次尝试，以形成一个适用于包括殖民地在内的所有英语人口的大陆政府。但让富兰克林失望的是，国王和一些殖民地的立法机关拒绝了这一计划。

因为常年地方自治的历史，所以殖民者们确信他们只是在行使英国人的权利。此外，英国议会奉行的“有益忽视”政策，也让他们更加笃定。对他们而言，立法会议，只是一种权力的诉求——一种制定契合当地需要的法律的诉求，而不是对那个权力被消解的、超负荷的议会的馈赠。

议会对此当然有不同看法。由于殖民者隶属英国，因此应该尊重伦敦政府制定的法律。虽然在殖民地召开会议尚可，但不能僭越于议会权力之上，当执行的律令与皇室需求有悖，都应予以修订或废止。这种对地位与权力概念的认知差异，必然导致冲突。冲突演变成暴力，也为时不远了。

第二章 独立与建国

英法大战尽管以英军胜利而告终，可还是给伦敦方面带来了领地管理方面的大问题。虽然法军已从阿勒格尼山脉以西被清除，但成千上万住在这里的印第安人，对英殖民者不断侵占狩猎区心怀愤懑，格外抵触。不过，印第安人寄望于英国人跟法国人一样，提供武器和军火，以及必要的低价商品。但英国人无意效仿法国人所为。1763 年夏天，印第安人不干了。在渥太华首领庞蒂亚克的领导下，印第安人把英国人往海边驱逐。从北美五大湖到墨西哥湾的沿线部落，都加入了这场叛乱，并摧毁了英军在阿勒格尼山脉以西的每一座前线堡垒。

英政府决定，在北美驻扎至少 1 万人的军队，以求维稳。此外，《1763 年公告》通过，禁止殖民者在阿巴拉契亚山脉以西落足。山顶俨然“划”出了一条南北向的分界线——以东是英国人的保护区，以西是印第安人的驻扎地。此举意在让印第安人部落安心，不料却让殖民者心里发毛了，他们觉得公告束缚了自己的手脚。

英法停战带来的另一个问题，和钱相关。英国国债高达 1.47 亿英镑，首相乔治·格伦维尔决意减少它。管理疆土日益扩张的帝国，是他非常头疼的事之一。议会取缔了“有益忽视”原则，通过了一系列英格兰从美洲进口时征收关税的法案，部分关税用作了英属殖民地官员的工资。首当其冲的，是1764年通过的《糖税法》，规定从国外进口糖、纺织品、咖啡、靛青、朗姆酒等要加收关税。这是议会通过的第一部在殖民地敛财的法案。格伦维尔盘算着，来这么一招，获利至少4.5万英镑。《糖税法》绝非海关关税问题那么简单，而是涉嫌破坏美洲贸易以及成千上万人的生计。

翌年，《驻兵条例》通过。这一法案需要殖民者设常驻部队以自保。数日后，《印花税法》通过。报纸、法律文件、合同、扑克牌、结婚证、地契等一切印刷品，新增了印花税。这是议会第一次在殖民地赤裸裸地征税。《糖税法》《驻兵条例》和《印花税法》，引发了殖民地骚动。法律阶层被《印花税法》打击得尤为厉害。马萨诸塞州的詹姆斯·奥蒂斯有意召集各殖民地的代表，采取行动反对《印花税法》。这一提议，得到了各殖民地的响应，代表们于1765年10月相聚纽约，联合反对这一带有歧视与偏见的立法行为。不过，这次代表会议，只有四个殖民地派了人。以宾夕法尼亚的约翰·狄金森为主要撰稿人，代表们起草了《殖民地人民权利及其不满的宣言》。宣言称，除非殖民地正式参与了立法，法律才有权对殖民地征税。殖民地代表坚决认为，议会根本不代表他们，无权把税务强加于人。代表们宣称，在无人代表其权利的情况下对其征税，与暴政无异。在伦敦，来自宾夕法尼亚的本杰明·富兰克林警告议会，任何强制执行《印花税法》的军事企图，都可能导致叛乱。

1765年，“自由之子”“自由之女”等组织纷纷成立，骚乱接踵而来。“自由之子”毫不犹豫地诉诸暴力。所有印花税代理人都申请告退。暴力，及其对商业产生的灾难性后果，最终促使议会在1766年废除了《印花税法》。此后的《宣示法案》再度宣称：“不论如何，政府具有权力和权威……以约束殖民地和美洲殖民者，约束大英皇室的统治。”

美国人正因迫使议会废除《印花税法》而沾沾自喜，自然不会把《宣示法案》放在眼里。如果说还有点什么值得高兴的，那就是“《印花税法》

国会”已经证明，殖民地统一行动，可以迫使议会尊重其权利。让议会的税征得更猛烈些吧，反击指日可待。

用“国会”这个字眼去描述这个组织，有点意思，且意义非凡。这个词的意义，跟今天不可同日而语，今天它是一个立法机构。国会在18世纪、19世纪时通常是指主权独立的州府召开的“外交会议”。因此，《印花税法》国会的代表们，代表的是一个个独立的、不同的实体，这些实体无一不认为自己拥有英国公民的权利和权力，他们的力量足以让各殖民地颁布有益于民生的法律。

在弗吉尼亚州，一位极富口才的年轻律师——帕特里克·亨利，在下议院混得风生水起，上骂国王，下骂议会。他为殖民者权利所做的辩护慷慨激昂，又有理有据，让伦敦政权对这个小子懊恼不已。有要人咆哮：“逆贼。”他迅速给予了回应，称如果为他人权利代言是逆贼，那殖民者倒该好好“谋反”。他公开介绍了七项条款，条条指向君主政体和议会制度。尽管议员们最终只通过七项中不那么极端的四项，报纸还是对七项条款给予了详尽的报道，并将此举诏告其他殖民地。

就在这个节骨眼上，伦敦政府有了变故，财政大臣查尔斯·汤曾德摇身变作政府首脑，这个家伙对美国人争取权利的每一次据理以争都持反对态度。为证实他的轻慢，他说服议会对大量从英国进口的货品征税，即所谓冲击“国内”行情的“外来”税，包括玻璃、纸和茶在内。更糟糕的是，部分税收，要用作支付殖民地皇室官员的工资。这些税不仅没有经过殖民者允许，而且此举消灭了殖民者僭越皇室政权的权力杠杆，即殖民者工资以及顾问和其他官员工资的拨付。

在议会1767年10月1日通过的另一法案里，纽约会议因为拒绝给驻扎在殖民地的军队提供给养而被叫暂停。这是对美国人所认同的最基本权利的极力冲击。此度暂停，可以说导致了依法集会的废止。他们抗争，结果以殖民者的“实质奴化”而告终。宾夕法尼亚的约翰·狄金森在《一个美国农民的信》中，发泄了殖民者的怨气。他写道，纽约会议暂停，是“意在让所有殖民地的自由见鬼的节奏。……这一缘由，便是所有缘由”。此外，“不经同意便被征税的人，是奴隶”。他大声疾呼，“我们没有同意征税便被征了税……因此，我们是奴”。

1770年，伦敦的另一位首相，诺斯勋爵接棒汤曾德，下令废除关税，但保留了一磅茶叶三分钱的税，这一税收，是议会权力的象征性存在，对财政收入无甚贡献。

激进的行动主义者，他们正计划革命，不断地表达对英国律令的愤慨。约翰·亚当斯的侄子山姆·亚当斯，在报纸上撰文号召“吾国吾民对要自由还是要被奴役做出清晰的表态”。他敦促建立通讯委员会，1772年，在马萨诸塞州的每一个城镇都建立了类似组织。这个念头，促使弗吉尼亚的托马斯·杰弗逊，对殖民地建立类似组织施以援手。

1771年，托马斯·哈钦森被任命为马萨诸塞州总督。他不是被皇室任命来保障英属殖民地受绝对控制的英国贵族，而是一个受教于哈佛的第五代美洲人，一位兢兢业业的忠臣，曾在立法会就职，后来成为马萨诸塞州最高法院的首席法官。由于哈钦森对示威游行咬牙切齿、试图镇压，并以围攻应对公众诉求，所以，这个家伙，被波士顿人视作宣泄对英国法律之痛恨的“头号人物”。尽管反感《印花税法》的愚蠢，但他还得保全议会对殖民者征税的权力。1765年，大家已对他痛恨至极，当他还是大法官的时候，他的房子就被洗劫一空了。

哈钦森也准许使用正当的搜查和扣押理由，此谓“援助令状”，原本是用来遏制战时殖民地走私的。詹姆斯·奥蒂斯冲着令状发表了激烈的长篇演说。这一演说，影响力之大，大到约翰·亚当斯在美国独立战争开始之初要对之致敬。“彼时此地，独立之子已然诞生。”

英国政府和波士顿市民之间的敌意越来越浓，1770年3月5日冲突终于爆发。托马斯·普雷斯顿率领的驻守海关的英国士兵，被不怕事的家伙们扔了石头和雪球，还遭到嘲弄和诘问。士兵以枪炮予以了还击，致五死六伤。哈钦森在山姆·亚当斯的极力主张下从波士顿撤军，一场大混战得以避免。普雷斯顿和8名士兵被软禁，并被控谋杀罪。约翰·亚当斯和约赛亚·昆士接受了保护士兵的请求。普雷斯顿和6名士兵被宣判无罪，另有两人因过失杀人被判有罪，以在手上烙印代替了坐监。这被称作“波士顿惨案”。此后马萨诸塞州每年都会予以纪念，在殖民地散发一份场景血腥的印刷品。

不过，茶税倒真的引发了最激进的殖民者亲手促成的系列事件。东印度茶叶公司濒临破产，被迫向政府求助。它垄断了从英国进口茶叶的业务，产生了1700万磅茶叶的顺差。但是它无法偿付法律规定的税务，因此不能在英国销售茶叶。

1773年5月，议会通过《茶法案》，允许公司在美洲出售茶叶，然而在美洲，茶叶是要按一磅三分钱征税的。基于此，公司便私下交易美洲商品和走私货，并由此产生了垄断。这种情形，令殖民者恨之入骨。“自由之子”声讨这一法案，并呼吁抵制茶叶贸易。

当三艘满载茶叶的大船抵达波士顿，哈钦森长官要征税。他的2个儿子和1个侄子，是调遣船只的茶叶代理商。事件双方，势不两立。最终，在1773年12月16日，装扮成豪客印第安人的殖民者登上船只，往海港倾倒了价值9万英镑的342箱茶叶。

英国人对波士顿倾茶事件反应激烈，并谓之叛乱。他们相信有人蓄谋在波士顿叛乱，反对皇权，以求殖民地独立。1774年春，议会很气愤地颁布了《强制法案》，或者称其为殖民者所称呼的《不可容忍法案》。在被倾倒的茶叶钱被付清之前，波士顿港的所有贸易都被禁止。法案禁止城镇集会，改变了马萨诸塞州立法会议的投票方式，还让所有殖民地都新添了驻兵。对殖民者而言，议会对倾茶事件绝非简单惩罚，而是使英国人最基本的自由都减少了。

继《不可容忍法案》之后，是《魁北克法案》，它于1774年5月20日通过，把阿勒格尼山脉以西的领地全部划归到魁北克境内，魁北克的边界由此扩大。为了安抚讲法语的罗马天主教加拿大人，议会已不知不觉地唤醒了新教殖民者对天主教策略的恐惧，这一策略意在获得对政府更大的控制权。不过，更烦人的是，它废止了纽约、宾夕法尼亚、弗吉尼亚、马萨诸塞和康涅狄格的领土主张。

在这样一个十字路口，1774年8月，托马斯•杰弗逊出版了一本名为《英属美洲权利综述》的小册子，捍卫波士顿茶党“绝望地挣扎”着维护公民基本权利。这本小册子的观点单刀直入，以至一夜之间让杰弗逊变成了殖民地权利的代言人。

更让人对皇室愤慨的是，马萨诸塞州总督换人了，哈钦森被托马斯•盖奇取代。盖奇带来了4000名士兵，打算终结殖民者对英国法律的抵制。“木已成舟。”乔治国王通知罗斯伯爵，“这群殖民者，要么爽了，要么给抓起来。”

抓起来是不可能的。代表们再次从佐治亚之外的各殖民地集结，就修订计划达成一致，好让英国承认其作为英国人的基本权利。1774年9月5日，第一届大陆会议在费城卡彭特厅召开，马萨诸塞州的山姆、约翰•亚当斯，弗吉尼亚州的帕特里克•亨利、理查德•亨利•李等激进的行动主义者均参加了。但是，处于宾夕法尼亚的约瑟•加洛韦领导之下的温和派，更倾向于要一项调和政策。他们只是对《奥尔巴尼联盟计划》乔装改扮，却招致了国会的反对。国会反倒采纳了约翰•亚当斯写的宣言。宣言确保殖民者生存、自由和财产的权利，并谴责国会最近的行动“违宪、危险，具有破坏性”。他们再次使用了“国会”这个词，再度声明各自“独立的、个体的、主权的”的存在。

随即，代表们要求废除《不可容忍法案》和议会的所有赋税。此外，他们在集体经济活动上达成了一致，1774年12月1日起禁止进口英国货物，1775年9月1日起禁止出口美洲商品。《大陆会议联合协定》由各殖民地地方委员会执行。待本届国会休会之时，代表们确信他们已经维护了美洲的权利。他们一致同意，来年5月进行机构重组。

不料局势陡变，殖民地很快陷入了一场政权的殊死之战。1775年4月18日，马萨诸塞州的盖奇将军派遣千人大军，在康科德抓获了疑似枪支弹药提供者。保罗·里维尔安然出了波士顿，警告美洲人别被士兵抓走。一伙殖民地的民兵，在列克星敦试图阻止英军前行，挨了枪子儿。8个民兵在冲突中丧生。英军继续前往康科德，在那里摧毁了一切能找到的武器，随后掉头前往波士顿。不过，一路都遭遇来自树丛中、石墙后的殖民者袭击。当英军返回司令部，已损兵折将约300人。

1775年6月16日晚，威廉·普雷斯科特上校率1600名殖民地居民驻扎邦克山，冲突再度升级。盖奇将军遣兵打跑了他们。三次冲锋，损失千人，之后英国人终于到达山顶美洲人藏身的战壕。由于枪支弹药没了，殖民者舍弃了战壕，逃离了袭击者，他们也损兵折将，不过损失只有英军三分之一，后者超千人丧命。

邦克山战役，因附近山脉而错误得名，就此成为整个美国独立战争中最血腥的一役。八分之一的英军阵亡而葬身邦克山。当时已和援兵抵达波士顿的亨利·克林顿将军和威廉·豪、约翰·伯戈因将军一起，为战役写下了恰如其分的一笔："再来这么一场胜利，我们就完蛋了。"

随着恐怖逐月蔓延，第二次大陆会议在1775年5月10日召开，决定寻求更多激进措施，力图摆脱苦境。代表们养了支军队，任命乔治·华盛顿将军掌管，发行了大陆货币，开始和境外势力协商，以赢得他们的支持和介入。

为了平定叛乱，英军雇了2万名德军，运至美洲，美洲人寻求独立的决心由此被强化。1776年1月初，托马斯·潘恩发表《常识》，号召立即独立。他为乔治三世贴上了"皇家畜生"的标签，控告国王煽动可怜虫们立法反对殖民者。潘恩承认，许多美洲人视英国为"祖国"，但即使如此，最近的法律也太不像话："虎毒不食子，野人不打自己人。"但是"皇家畜生"可以而且"坚定不移地杀戮，还枕着鲜血浸泡过的灵魂安眠"。潘恩坚持认为，美洲注定要有一个共和国政府，而非"君主暴政"。它已经而且将继续成为欧洲每块土地上因热爱宗教自由而受迫害的人的避难所。潘恩的小册子，对每位读者都有影响，还说服一些人接受了独立思想。饥渴民众的追捧，使其印数达到10万多册，仅1776年就印刷了二十五次。乔治·华盛顿频繁援引其“正确的原则和无可辩驳的推理”。

1776年4月12日，北卡罗来纳在国会上鼓励议员们寻求独立。6月7日，弗吉尼亚州的亨利·理提供了一份解决方案，称殖民地“是且应该是自由的、独立的州”。约翰·亚当斯附议理的决议。但是国会中还是有人认为应该与“祖国母亲”和解。不过，宾夕法尼亚的本杰明·富兰克林提醒国会议员们“不要抱团”，而应“彼此独立”。最终，独立的呼声排山倒海。正如杰弗逊解释的，“通过《独立宣言》，问题并非我们是否该成为非我，而是我们是否指出一个业已存在的事实”。

经国会选举，宣言起草委员会成立。托马斯·杰弗逊、本杰明·富兰克林、约翰·亚当斯，以及康涅狄格州的罗杰·谢尔曼和纽约州的罗伯特·利文斯顿，组成了这一委员会，不过起草工作由杰弗逊和亚当斯承担。杰弗逊被认为是起草的最佳人选，也的确是他最终达成了人身自由和平等的最确切表达。亚当斯和富兰克林做了一些小修改。7月2日，《李氏决议文》通过；7月4日，《独立宣言》毫无异议地被采纳，由大陆会议主席约翰·汉考克签字生效。

会议还于1777年6月14日采纳了“国旗方案”：旗帜上有13道红白相间的条纹和蓝底上13颗白色小五角星。

主权独立的州代表们联合起来，决心从英国的暴政中赢得自由，但是他们几乎没有热情去成立一个以控制为中心的政府。他们仍然需要某种中央集权去处理满足军需和财政需求的事务，应对正在进行的战争。因此，另一个委员会被选了出来，处理国家政府关心的具体事务。委员会起草的文件，所谓《邦联条例》，主要由宾夕法尼亚的约翰·迪金森完成。文件的设想，是州联邦，而非人民共和。结果，他们规划的政府开始演化。这是一个代议政府演化过程中的重大突破，这一政府将拥有13个政治独立的实体。

条例宣称，许多州都打算“永久邦联”，以求“一种牢固的联盟友谊”。

但不可否认所有州都保留它们的主权、自由和独立。

联邦的“一院制”就此建立，以代表所有州。虽然它可以制定法律，但无执法权。它有赖于各州及人民服从其旨意，但自愿遵守被证明是几乎不可能的。此外，政府亦缺乏征税权。为了偿付政府运营及战争费用，它不得不倚仗国家立法机关发起各州募捐。但很少有州真的给钱。如果捉襟见肘，它们会付一点，但中央政府对此无计可施。

另外两大难题存在于《邦联条例》。第一，只有所有州一致同意，该文件方可生效。可 12 个州都割让出西部土地给中央政府了，马里兰还拒不同意。该州不承认这个西方国家，寄望与更多“幸运儿”一起，逍遥自在，诸如弗吉尼亚州。这一状况，直到 1781 年，才有改观——13 州全体批准（马里兰州终于也首肯了）。第二，关于一旦政府开始运作，《条例》的修订问题。这也需要所有州一致同意，而这已被证明是不可能的。这一条例的“开创性”在于，一州之见，应该服从其他 12 个州政府。必须记住的是，彼时，催生《邦联条例》的代表们，在建立一个运行有素，但理解认可各州主权的中央权力机关上，毫无经验。这一次，花了近六年的学习时间，来决定要创建一个恒久的联邦，哪些事不得不做（可以通过和执行保护公民自由和财产安全的法律，并适当兼及各州权利）。总之，得建立一个联邦体制。

代表们围绕《邦联条例》的争论就有一年之多。直到 1777 年 11 月 15 日，条例才被正式采用。接下去，又花了三年半的时间，才让所有州同意《邦联条例》，并在此基础上建立政府。

战争本身已经在列克星敦和康科德展开，不过英国若想要镇压反叛，一方面则必须摧毁华盛顿将军继续作战的能力，或者阻止其以武力控制全国。另一方面，叛军只需激发英国军队的厌战情绪，使其撤军即可，而无须连战连胜。如果他们能长时间将英国军队拖在战场上，就很有可能实现他们的目标。

1776 年 7 月 12 日，英国派遣增援部队至纽约，与从哈利法克斯南下的威廉·何奥将军的部队会合。他们与从南卡罗来纳州来的其他英国军队会合，聚集在亨利·克林顿将军麾下，形成了由3万人组成的强有力的队伍。而华盛顿的手下只有不到1.5万人。虽然他明白守住纽约无望，但他还是决定和英军对战。8月27日，他率领部队在长岛与英军作战。在意料之中的战败之后，他指挥部队在浓雾的掩护下越过东河，到达曼哈顿。何奥将军率军沿着哈得孙河一路追赶，最终华盛顿部撤回了新泽西州。直到战争结束为止纽约都处于英军的控制之下。

华盛顿率部在特伦顿横渡特拉华河，试图将手下的士兵们团结在一起。然而，时值12月，士兵们在冷风中冻得瑟瑟发抖，由于情况不妙，许多人离开了部队。他们的将军请求议会提供给养和增援，却一无所获。在即将弹尽粮绝之际，托马斯·潘恩在美军军营里写了《危机》的第一期，宣称："考验人灵魂的时刻到来了。"事实上，连华盛顿本人都几乎失去了信心。他写道："若不是我们千方百计地征召新兵入伍，战争胜负恐怕早就见分晓了。"

接下来他采取了一个相当大胆的行动。圣诞节之夜，他率领约2500人，在特伦顿西北9英里处横渡冰封的特拉华河，趁驻扎在特伦顿的黑森雇军熟睡之际发动了奇袭，一举俘虏了900多人。康沃利斯侯爵虽然试图回击，但华盛顿军队袭击了其驻扎在普林斯顿的后卫部队，迫使其撤退以保护军需品。华盛顿此举大大振奋了军队士气，并挫败了英国速战速决的企图。

英国政府镇压叛乱的决心愈发坚定，策划了一个三面夹击的方案。按照该计划，两支自加拿大召回的军队在奥尔巴尼县会合，随后前往纽约，与受何奥将军派遣北上的军队会合，以包围整个新英格兰地区。包围新英格兰是英国的重要目标。然而由约翰·伯戈因将军带领的部队，在从圣劳伦斯湾经由尚普兰湖南下的过程中，却遭到了由霍雷肖·盖茨带领的来自马萨诸塞州、新罕布什尔州和纽约州的数以万计的美国士兵的包围。伯戈因自知大势已去，遂于1777年10月17日于萨拉托加率部6000余人向美军投降。

萨拉托加战役的失利使英国大受打击，同时使法国意识到和美国结盟有利可图。1778年2月6日，以本杰明·富兰克林为首的美国官员与法国政府签订了两项条约。第一项条约是友好通商条约，签约双方给予对方最惠国待遇，并将永久确保对方在新世界的权益不受损害。第二项条约是结盟条约，规定直到英国承认美国独立为止，美法任何一方不得退出战争，该条约自英法之间爆发战争时生效。

此事也使诺斯勋爵和乔治三世决心做出让步。英国立法机构制定了一项法案，几乎满足了美国民众此前所有的诉求，譬如：英国议会不会向殖民地征收任何税金，1763 年以后颁布的所有美国人难以接受的法案都将被废除，此前被认定为叛逆的殖民地独立领袖也可以被豁免。然而这项法案在美法缔结条约两个星期之后才获议会通过，此时美国各州已无意放弃目前的独立地位而重新成为受制于人的殖民地。6 月 17 日，英法海军在公海遭遇，两国进入战争状态。那年春天，查尔斯·德斯坦伯爵率领 12 支法国舰队和几支陆战队伍，前往美国。

同时，似乎是在英国政府的授意下，何奥带领部分部队南下攻打费城。华盛顿虽然迅速反应，想要阻止英国军队的进攻，但在布兰迪万河战役和日耳曼敦战役中遭到了惨败。当何奥在城里悠闲地过冬，流连于聚会和舞会之时，华盛顿率部 1.2 万人驻扎在位于费城西北方 20 英里处的福吉谷，在那里度过了一个艰苦的冬天。由于住宿条件简陋，再加上缺少食物、衣物、毯子和药物，因此许多军士和随军的平民病倒甚至病死。华盛顿将军再次向议会请求援助，但一无所获。

克林顿将军代替何奥将军担任总司令，决定返回纽约。华盛顿紧随其后，于 1778 年 6 月 28 日在新泽西州的孟莫斯郡和英国军队遭遇，成功抵挡了克林顿军队的攻势。这是华盛顿在弗吉尼亚州约克镇接受美法联军总司令任命前最后一次指挥作战。

按照法国的计划，德斯坦伯爵率领的舰队会直奔西印度群岛，以期夺取一些英属岛屿，比如牙买加或某个糖岛。美国的海军实力薄弱，无法与绕着海岸线逡巡的英国舰队相抗衡；不过一艘由约翰·保罗·琼斯指挥的军舰俘获了几百艘英国船只，并劫掠了数个沿海的英国城镇。琼斯本人一举成为这场战争中的美国英雄。这个国家需要英雄，无奈当时英雄并不多。

随后当西班牙出于夺回直布罗陀和佛罗里达州的目的加入战争并向英国宣战之后，英国政府决定改变策略，将战场移至美国南部的殖民地。英军的战略转变从1778年12月攻占萨凡纳开始。克林顿将军率部8500人从纽约渡海而来，攻占了查尔斯顿，迫使美国将领本杰明·林肯率部5000余人投降。克林顿返回纽约之后，康沃利斯侯爵接替了他的职位，而议会任命了盖茨将军以取代林肯。事实证明这个决定是错误的。盖茨率领的部队在卡姆登遭受了自战争开始以来最为惨重的失败，溃不成军，四处逃散。盖茨本人也逃走了。此时英国人得出了一个错误的结论，认为没有受过专业训练的乌合之众在面对训练有素的英国军队时会放下武器，作鸟兽散。

祸不单行，9月25日，贝内迪克特·阿诺德，一位曾经指挥过萨拉托加战役，并见证伯戈因投降的优秀将领，叛投了英军。由于急需钱来偿还债务，因此他同意将其指挥的西点要塞交给敌军。原来在过去的一年之中，他一直都在充当克林顿将军的间谍。克林顿和阿诺德之间的信差约翰·安德鲁少校被大陆军截获之后，阿诺德的叛变即告败露。阿诺德在叛逃后成了英国将领，加入了刚刚从南北卡罗来纳州转移至弗吉尼亚州的康沃利斯侯爵的部队，并在约克镇接受了一个职位。

在美国恳切的求援之下，弗朗索瓦·德·格拉斯上将率领一支由20艘军舰、7000名军士组成的舰队到达了美国。在华盛顿的统领之下，由1.6万人组成的美法联军将康沃利斯带领的英军团团围住，格拉斯带领的舰队又堵住了英军逃往切萨皮克湾的去路，从而将英军牢牢困在精心布置的包围圈之中。1781年10月18日，康沃利斯将军及其手下8000名正规兵和水兵向美军投降。

经此一役，北美殖民地大获全胜，赢得了梦寐以求的独立。英国下议院决议结束战争，并委派代表团与前殖民地进行谈判，安排签订终战协议事宜。诺斯勋爵辞去首相一职，由罗金汉侯爵接任。一年后的11月30日，本杰明·富兰克林、约翰·亚当斯、约翰·杰伊和亨利·劳伦斯代表美国在巴黎签订了一份临时协议。英方首席代表理查德·奥斯瓦尔德代表英国签字。1783 年 4 月 15 日，邦联议会正式批准了该协议。该协议的条款虽然确认了美国的独立地位，并划定了美国的领土边界，但并未应富兰克林的要求将加拿大割让给美国。美国领土由大西洋沿岸延伸至密西西比河流域，南至北纬 45° 线处，北到缅因州和五大湖区。该协议还呼吁美国国内英美两方势力停止敌对状态，并要求英方势力撤出美国。此外该协议规定美国公民享有渔猎权，而亲英派的各项权利和财产将会被剥夺。该条约对北美各殖民地来说相当有利，却遭到了法国的强烈批评，因为英美双方制定条约时没有征求其意见。幸好富兰克林及时斡旋，安抚了法国的情绪，法美这对盟友才没有分道扬镳。

接下来的数年之中，美国度过了一个艰难的时期。各州政府互相争吵，州政府和中央政府之间也时有摩擦。州之间的边界是争论的焦点之一，另外，贸易、债务和货币等问题也会导致纷争。更糟的是，马萨诸塞州爆发了动乱，起因是遭受经济损失的农民要求制定法律，以保障他们收回作为抵押品的农场的权利，以免他们被高利贷压榨。当动乱升级之后，州长詹姆斯·鲍登出动民兵部队予以镇压。然而在 1786 年晚秋，丹尼尔·谢司——前独立战争军官，召集了 1200 人的队伍，向斯普林菲尔德进发。交战数回之后，由本杰明·林肯将军率领的民兵队伍于 1787 年 3 月镇压了此次起义。谢司逃往佛蒙特州，后被赦免。根据《邦联条例》，中央政府几乎没有对马萨诸塞州政府施以援手，仅仅授权当时的战争部长亨利·诺克斯征召了 1000 人加入战斗。

然而在这一时期，邦联政府还是有所作为的。1786 年 1 月 16 日，弗吉尼亚议会通过了一项由托马斯·杰弗逊起草的宗教自由法令。按照该法令的规定，任何人都不得强迫他人加入或支持某教会或教派，或由于宗教信仰原因歧视他人。杰弗逊将其批准这一法案与其起草的《独立宣言》、创立弗吉尼亚大学并列为他作为公仆做出的三大重要贡献。

但在全国范围内，情况日趋恶化。对于中央政府来说，首当其冲的问题就是18世纪80年代持续数年的经济危机。商业凋敝，民众收入低下，多个州政府陆续发行纸币，总面值达到近100万美元，导致货币逐渐贬值。一些人开始考虑修订《邦联条例》，不过他们很快就意识到他们的想法是多么不可行。

不过在《邦联条例》下，邦联议会确实完成了一桩壮举。1787年7月13日，议会通过了《西北条例》，未来更多的自由州可以据此条例加入到美利坚合众国中。该条约还为位于俄亥俄河以北的领土设置了政府，这片领土是由纽约州、康涅狄格州、马萨诸塞州和弗吉尼亚州出让而来的。根据托马斯·杰弗逊1784年的一个构想，西部地区的土地将会被测绘，每六平方英里设一镇，每镇留出部分公地，由土地获得的收益会被用来支持当地的教育事业。这一地区由议会任命的1名总督、1名秘书官和3名法官掌管。当该地区的成年白人男性达到5000人时，他们可以选举产生一个两院制的立法机构，并派遣一名非选举代表进入邦联议会。当成年白人男性达到6万人时，他们便可以申请所在地区成为州，享有和其他州平等的权利。该地区民众的宗教自由、陪审团审判和公共教育的权利均可以得到保障，奴隶制则会被禁止。在西北领土上预计会产生3到5个州。《美利坚合众国宪法》下的联邦议会沿用了《西北条例》中领地转为州的程序，将新的州加入合众国的方法一劳永逸地固定了下来。

《邦联条例》下的邦联议会面对的问题日趋严重，许多美国人逐渐意识到他们必须采取行动。这种转变始于1785年，这年来自弗吉尼亚州和马里兰州的代表在弗农山庄会面，共同商讨州际贸易问题，尤其是切萨皮克湾和波托马克河的航行问题。之后特拉华州和宾夕法尼亚州也对该问题表示关切，想要加入到会谈之中。因此在1786年，弗吉尼亚州政府邀请其他所有州派遣代表来到马里兰州的安纳波利斯，共同商讨州际贸易这一问题的解决之道。其中6个州接受了邀请，最后仅有5个州（纽约州、新泽西州、特拉华州、宾夕法尼亚州和弗吉尼亚州）的代表及时赶到，参与了整个会谈过程。因此纽约州代表亚历山大·汉密尔顿建议，大会应当讨论比州际贸易更广泛的议题。他撰写了一份报告，在大会上获得了通过，在报告中他建议与会代表邀请各州派代表参加1787年在费城举办的特别会议，“制定必要的条款，以保证联邦政府有能力应对合众国可能面临的危机”。换句话说，他希望通过彻底推翻《邦联条例》，来建立一个可以真正运作起来的强有力的中央政府。

《邦联条例》下的议会为与会代表已经签署的提案添加了意见，号召各州派代表参加在费城举行的会议，并称“此次会议的唯一明确的目的就是修订《邦联条例》”。

除了罗得岛之外的所有州都响应了号召，来自各州的55名代表于1787年5月参加了费城会议。从出席会议的人数来看，绝大多数州显然已经意识到它们必须采取措施，以保证合众国持续存在。许多重量级的人物自然也出席了此次会议。首先是乔治·华盛顿将军。作为家喻户晓的英雄，他的出席大大提高了此次会议的正当性。其他名流包括来自弗吉尼亚州的詹姆斯·麦迪逊，他将构建一个全新政府的基本框架；以及亚历山大·汉密尔顿，他有力地证明了建立一个强有力的中央政府的必要性。其他重要代表有来自宾夕法尼亚州的古弗尼尔·莫里斯、詹姆斯·威尔逊，来自马萨诸塞州的罗杰·谢尔曼、埃尔布里奇·格里和来自弗吉尼亚州的乔治·梅森、埃德蒙·伦道夫。来自佐治亚州的威廉·杰克逊被选为书记，不过他的记录十分简略，人们无法从中得知会议的具体情况。幸好詹姆斯·麦迪逊做了详细的会议记录，于1840年他死后不久出版。

会议首先一致选举乔治·华盛顿为主席。接下来，按照大多数殖民地集会的惯例，与会者决定将他们的辩论内容保密。他们之所以同意保密，是因为他们在讨论开始之后就决定要彻底废除《邦联条例》并起草一份全新的文件。倘若这个决议为人知晓，有些州有可能早就召回其代表了。

会议开幕之后，与会者便投入了紧张热烈的讨论之中。5月29日，弗吉尼亚州州长埃德蒙·伦道夫介绍了麦迪逊对于政府组织形式的新构想，他建议建立基于公民而非各州的政府。“弗吉尼亚方案”，又称“大州方案”，提出建立由立法机构、行政机构和司法机构三个独立机构组成的政府，各司其职，互相牵制，以期达到互相制衡的理想状态。议会为立法机构，美国国父们认为议会是政府的核心部门，由两院构成。下院（每两年由选民选举产生）中各州议员的人数与其人口成正比，下院议员从各州提名的候选人中选举产生上院议员。该方案赋予了议会广泛的立法权，规定议会可以废除州制定的法律。这一点立刻招致了一些与会者的反对。立法机构可以决定行政和司法机构人员的任免，后者包括一个最高法院和必要的若干下级法院。最终由行政和司法机构人员组成的修订委员会可以对立法机构形成的决议行使否决权。

弗吉尼亚方案明显偏向人数较多的大州，使一些小州颇为不安。这些州的代表倾向于另一种方案，即由新泽西州代表威廉·帕特森提出的“新泽西方案”或“小州方案”。与《邦联条例》类似，该方案主张建立一院制的立法机构，每州可投一票。各州政府而非选民选举代表进入议会，选举出一个多元的行政机构和一个最高法院，行政机构不享有否决权。虽然“新泽西方案”赋予了政府征收税款和管理对外及州际贸易的额外权力，并宣称议会制定的法律是全国最高法，但也仅仅是对《邦联条例》微不足道的修正，而众所周知《邦联条例》是行不通的。“弗吉尼亚方案”虽然有点过分倾向于比例代表制度，但确实提供了一种全新的、富有创意的政府组织形式。

实际上，一些与会者倾向于为《邦联条例》制定一套修正案，虽然这并不容易。他们不希望参与任何形式的革新行动，唯恐州政府的权力和权利会受到限制；以纽约州州长乔治·克林顿为首的一些代表则不希望自己的个人权威被削弱。当克林顿和其他几名代表意识到他们的立场与其他与会者相左之时，他们便相继退出了会议。

与会代表就这两个方案辩论了数日之后，出于对解决困扰这个国家的政府组织形式问题，具体来说就是如何同时保证州政府正常运行和中央政府的权威的热忱，他们最终决定采取折中办法以获取解决之道。当有人对某一问题或是一系列问题提出异议时，他们一致同意唯一的解决方法就是互相让步。为了达成协议，大州和小州都必须向对方做出让步，以获取他们认为能够满足自身需求的最重要的东西。

为了打破僵局，康涅狄格州的罗杰·谢尔曼提出了后来被称为“康涅狄格妥协”的方案。他建议建立一个两院制的议会，下院议员按照各州的人口数由选民选出，从而满足了大州的要求；上院议员由各州自行选出，每个州可选举2名代表，从而保证了各州上院议员人数的平等，迎合了小州的需求。进一步的妥协还包括：各州奴隶人口的五分之三会被计入该州总人口中，继而决定各州在下院的代表人数；中央政府保证在二十年内不干涉奴隶贸易。应北方各州的要求，与会代表决议赋予议会管理贸易的权力，但是由于南方各州坚持保障其出口棉花和烟草的权益，决议又规定议会不能征收出口税。

时近7月末，以上一系列妥协方案陆续被采纳，随后被提交到由5名成员组成的细节委员会，由他们来起草完整的宪法。8月6日，委员会完成了起草工作，将草案公布给全体与会者。经过一个月的辩论，与会者就众议员的两年任期、参议员的六年任期和最高行政长官的四年任期达成了一致。各州不得发行纸币，或做出任何违反协议规定的行为。接下来该文件详细地说明了议会拥有的权力，对行政机构和司法机构却几乎只字未提，表明立法机构要关注其他两个机构的需求。文件只是在说明总统的选举方式（由各州选举产生的选举团选出）和联邦法院法官的任命方式时提到了这两个机构。该文件赋予了最高行政长官否决权、人事任命权和作为总司令统率武装部队的权力。同时它还决定建立一个联邦最高法院，议会可以随时建立多个下级法院。它禁止了一切剥夺公民权利的法令和有追溯效力的法令，并且进一步规定政府三大机构的成员会获得由国库而非州政府划拨的津贴。

在与会者对这个联邦政府重要的组成部分基本达成共识之后，会议任命了一个五人小组来准备最终的文件，对其风格和内容安排进行把关。这份草案主要由古弗尼尔·莫里斯起草，序言宣称“我们全体美国人民”制定了该宪法，而非《邦联条例》中的“我们各州”。序言接着阐明了这个新政府的目标：“为了形成一个更完善的联邦，保障正义，保证国内和平稳定，共同防御外敌，促进公共福祉，保护我们来之不易的自由，并惠及子孙后代。”该草案还宣称《联邦宪法》以及国家制定的各项法律法规“都应被视为这片土地上的最高法”。

9 月 12 日，起草者提交了这份草案，与会人员进行了最终的审阅。在做了一些小的改动之后，来自 12 个州的代表于 1787 年 9 月 17 日投票决定是否通过该宪法。在场的 42 名代表之中，有 3 名拒绝在文件上签字，他们是马萨诸塞州的埃尔布里奇·格里、弗吉尼亚州的埃德蒙·伦道夫和乔治·梅森。由与会者签署的文件随后被提交到《邦联条例》下的议会，并附有一份意见书，建议各州召开特别大会，由人民选出的代表投票决定赞成还是反对该宪法。获得 9 个州的正式批准之后，《联邦宪法》就将取代《邦联条例》，即刻在这些州生效。

12 月 7 日，特拉华州所有代表一致通过了这一新法律，成为首个通过宪法的州。随后宾夕法尼亚州、新泽西州、佐治亚州、康涅狄格州、马萨诸塞州、马里兰州、南卡罗来纳州、新罕布什尔州、弗吉尼亚州和纽约州相继批准了宪法。1788 年 7 月 26 日纽约州通过了该宪法，成为第 11 个批准的州。罗得岛州反对该宪法，而北卡罗来纳州直到 1789 年 11 月 21 日才通过该宪法。最终罗得岛州改变了态度，于 1790 年 5 月 29 日通过了该宪法。在各州召开的大会上，代表们就是否通过宪法展开了辩论，很多人都对宪法未能包含人权法案颇有微词，对“没有特别说明赋予中央政府的权力，仍由各州保留”这一条也提出了质疑。许多州建议尽快对这些不完善的地方进行修正。

当批准宪法的州在 7 月份达到 11 个之后，《邦联条例》下的议会下达命令，规定通过宪法的各州在 1789 年 1 月的第一个星期三选举产生选举团，由选举团投票选出总统和副总统。接下来在 2 月的第一个星期三，来自各州的选举团进行投票。在1789年3月的第一个星期三，当天恰好是3月4日，此后这一天一直都是新一届政府产生的日子，直到1933年2月6日通过的宪法第二十条修正案将日期改为1月20日为止，新当选的议会将会在纽约集会。纽约自1785年开始一直是美国政府所在地，揭晓选举团投票结果，宣布当选的总统和副总统，至此立法机构和行政机构的选举就全部完成了。这两个机构的人员聚集起来之后，就可以开始着手组织司法机构，并任命高等法院大法官。

总统的人选显而易见：乔治·华盛顿作为带领人民赢得国家独立的战争英雄，获得了广泛的爱戴。没有他就没有美利坚合众国。因此选举团一致选举他为总统，约翰·亚当斯为副总统。亚当斯来自马萨诸塞州，与来自弗吉尼亚州的华盛顿形成了绝佳的平衡，这样一来北方和南方在行政机构中就有了各自的代表。亚当斯作为政府官员的功绩和对国家独立的贡献使他跻身于美国杰出政治家前列。他参与了英美双方为了签订停战协议而举行的谈判，并多次代表美国出使法国、荷兰和英国。

当他们得知当选消息之后，亚当斯快马加鞭地赶到了纽约，而华盛顿的胜利行军却花费了八天时间。当他从位于弗农山的住处一路经过费城和新泽西州，最终于1789年4月30日到达纽约时，人们为他举行了盛大的就职仪式，以便与这位举世无双的英雄相衬。他坐在一辆由六匹白马拉着的金色马车上前往独立厅，马车前后分别配备了两个穿号衣的马车夫。议会议员和纽约民兵队伍紧随其后。华盛顿身着带有鹰状图案的银扣装饰的外套，脚蹬白色丝袜和饰有银扣的平底轻便鞋，腰间系着一把佩剑。他身材高大、嘴唇稍薄、鼻子挺拔——这是他略有麻点的脸庞上最显著的特征，一举一动都颇具总统风范。

华盛顿站在独立厅二楼的一个开放式回廊上，在纽约最高司法官员罗伯特·R. 李维顿大法官的见证下宣誓就职，接受外面闻讯而来的民众的注目和喝彩。随后他返回隔壁的房间，向等候在那里的议员们发表就职演说，演讲稿大部分出自詹姆斯·麦迪逊之手。他说他应“国家的召唤”而接受了总统的职位，“每每听到国家的召唤，我心中就充满了敬爱的感情”。接下来他笼统地陈述了作为总统发挥领导作用时所需的品质、所要承担的责任和所要具备的条件。他还号召议会通过人权法案，作为对宪法的修正，表明他对于各州代表在宪法批准大会上进行的辩论中讨论的宪法的不足问题颇为关切。在制宪会议上，麦迪逊反对在宪法中加入人权法案，因为他认为联邦政府的权力是由宪法授予的，政府无权干涉人权问题。但随后他从自己选区的选民处了解到，他们认为在宪法中加入人权法案对于保护他们的权利是绝对必要的。

就职仪式结束之后，华盛顿前往附近的圣保罗教堂，接受了新教圣公会主教对于这一届政府的祝福和祈祷。来自宾夕法尼亚州的一位众议员亨利·韦恩库普说道：“天花板已经放置好了，联邦大楼终于落成了。”一个联合了各州和全国人民的联盟已经建立起来了。然而这个联盟又能持续多久呢？

第一届联邦议会在任内实行了一系列重要的举措，成为美国历史上最高效的一届议会。议会首先征收了税款，用以建立国务院、财政部和战争部等行政部门，接下来建立了联邦的司法制度，并且通过了人权法案。华盛顿总统任命托马斯·杰弗逊为国务卿、亚历山大·汉密尔顿为财政部长、亨利·诺克斯为战争部长。1789 年出台的《司法条例》规定设立一个最高法院，由 1 名首席法官和 5 名法官组成；3 个巡回上诉法院和 13 个地区法院。该条例还规定建立司法部长办公室。约翰·杰伊被任命为首位首席法官，埃德蒙·伦道夫被任命为首位司法部长。以上这些事件发生在 1789 年 4 月到 9 月之间，议会仅仅花了六个月时间就完成了这一系列行动。

在詹姆斯·麦迪逊的坚持下，众议院通过了十七条宪法修正案。这些修正案多涉及公民自由权利，并禁止政府针对其中任意一项立法。这些权利包括言论自由权、新闻自由权、宗教自由权、集会请愿权和携带武器权。修正案还保证公正地审判犯罪嫌疑人，并特别说明宪法未明确赋予中央政府的权力“由各州各自保留，或者归于公民”。

在参议院，修正案中保障公民忠于自己良心的权利不受侵犯的条目和对于三权分立的声明均被删除，修正案的个数减少到了十二个并顺利获得通过。麦迪逊想要把这些修正案的内容放入宪法正文中，在序言中强调人民主权并声明共和制政府的原则。但是罗杰·谢尔曼建议将修正案集合在一起，放在宪法正文的后面。这样一来议会就制定了名副其实的“人权法案”。

9 月 28 日，修正案被提交给各州进行核准。直到 1791 年 12 月 15 日，各州才通过了十二条修正案中的十条。关于议员薪资和众议院议员任命问题的条款未获通过，直到 1992 年，关于议员薪资的修正案才作为宪法第二十七条修正案得以通过。该修正案声明，议会议员的津贴无论是增加还是减少，都要在众议院议员选举结束之后才生效。

当财政部长汉密尔顿发布一系列关于政府信用的报告时，新政府面临的真正危机开始露出苗头。当时国家所承担的债务已经累计到了 54,124,464.56 美元之多，汉密尔顿建议发行同等面值的国债，其中价值 11,710,378 美元的国债由外国人持有，主要为法国人和荷兰人。他还呼吁联邦政府将各州政府所承担的债务一并接收下来，以增加各州政府对中央政府的忠诚度，并促使它们积极维护其工商业利益。虽然几乎没有人反对募集国债，但詹姆斯·麦迪逊提出的为国债的原始持有者发放津贴，以抵偿他们将所持债券卖给投机者之后所遭受的损失这一提议仍未获通过。然而汉密尔顿关于联邦政府接收州债务的建议却遭到了弗吉尼亚等州的强烈反对，这些州的政府已经通过出售西部的土地偿还了部分或全部的债务。在它们看来，它们偿还自己欠下的债务已属不易，现在还要求它们帮助其他州偿还债务，这是极其不公平的。而在战争中欠下巨额债务的新英格兰各州对汉密尔顿的这一提议却表现出了普遍赞同。

然而，4 月 12 日，经过长时间的讨论之后，众议院以 31 票反对、29 票支持的表决结果，否决了汉密尔顿的提案。汉密尔顿的支持者显然对这样的结果大为震惊，他们“有的满脸通红，有的面色如土”。来自马萨诸塞州的西奥多·塞奇威克发表讲话，对该提案进行了抨击。他声称马萨诸塞州的人民“恳求”议会“使我们免于这样无法负荷的重担。我们之所以不得不承担这种重担是为了捍卫你的自由和独立”。这样的结果应该足以补偿他们所遭受的不公平待遇了吧？

汉密尔顿向杰弗逊求助。他坚持认为他的提案应当获得采用，如果杰弗逊能说服他的一些朋友投赞成票的话，他可以在将美国首都定在南方这件事上出力，这无疑是许多南方人所热切期盼的。杰弗逊举办了一次晚宴，邀请了汉密尔顿和麦迪逊，从而促成了“1790年妥协”。最终众议院推翻了此前的表决结果，以34票赞成、28票反对的表决结果通过了汉密尔顿的提案。同年7月10日，新首都的选址从纽约市转移到了位于马里兰州波托马克河沿岸的一片方圆10英里的土地上。首都将被命名为“华盛顿”，以纪念首位总统；首都所在的地区将以常与美国联系在一起的人物之一命名，称为“哥伦比亚”。在新首都建造期间，联邦政府将从纽约迁往费城，后者在未来十年之内都将是政府所在地。

汉密尔顿于1790年12月13日提出的一项建议也引发了诸多争议。他提议议会特许建立一个有效期为二十年的中央银行系统，在费城设总行，在全国各主要城市设分行。该银行想要顺利运作，需要1000万美元的股本，其中五分之四的金额依靠私人投资者捐赠，另外五分之一来自国家的投资。因此该银行将成为一个半公半私的机构，由1位董事长和一个由25名董事组成的理事会共同管理，私人捐赠者选举产生20名董事，剩下的5名由政府任命。该银行系统将代表政府收税，并为政府保管联邦基金。由于该银行由政府授权发行纸币，可与硬币互相兑换，亦可用来缴纳税金，因此增加了国家的货币供应量，为国家的经济发展提供了有力的资金支持。汉密尔顿希望该银行系统不仅能为国家提供健全的信用制度和坚实的货币，还能进一步统一和巩固整个联邦。

然而被称为“美国宪法之父”的麦迪逊却宣布该银行违宪。由于宪法并没有赋予议会给银行发放特许状的权力，因此该权力应当由各州及人民保留。事实上，汉密尔顿早在制宪会议上就提出了这一方案，但是遭到了否决。

尽管该提案曾经遭到否决，还是在1791年初获得了通过。议会解释说宪法特别准许立法机构通过“任何必要且正当”的法律以保障其施行由宪法赋予的权力。该提案的支持者争论说，没有这样一个银行的话，议会怎么能实施募集国债和接收州政府债务的法律呢？这一论点无疑是具有说服力的。该提案被提交给华盛顿总统签署，但是他在批准之前征询了内阁成员们的意见。杰弗逊的主张在后世被称为“对宪法的严格解释”，他坚持认为宪法未明确赋予政府的权力应当归于各州政府和人民。而汉密尔顿则推崇对宪法的“宽松解释”，他认为可以对那些暗示政府权力的条款加以引用，作为立法依据，从而使政府得以施行由宪法赋予的权力。尽管华盛顿对此事颇为踌躇，他还是觉得自己有义务支持与该提案直接相关的部门的部长的工作，最终决定批准该提案。

1790年12月13日，汉密尔顿提交了他关于政府信用的第二份报告，建议对蒸馏酒征收国内消费税，以减轻接收各州政府债务给联邦政府带来的财政负担。1791年3月3日，相关法案被颁布。全国各地数以万计的酿酒场，一些农民尤其是来自宾夕法尼亚州西部的农民，经常把剩余的谷物酿成液态的威士忌，运送到东部市场进行贩卖。因此他们拒绝缴纳税金，甚至攻击试图收取税金的联邦征税官。华盛顿唯恐这种拒不缴税的行为会引发又一次谢司起义，便在1794年派出1.3万人的民兵部队前去镇压动乱。大部分部队来自新泽西州、马里兰州、弗吉尼亚州和宾夕法尼亚州。这次动乱被称为“威士忌暴乱”，在部队到达宾夕法尼亚州西部之后就迅速平息了下去。一些人以叛国罪被捕受审，获刑的人最终被华盛顿赦免。中央政府一直在等待机会来完全展现其权威，此次事件对于重申政府的权威起到了极好的效果，证明新政府有决心有能力推行其制定的法律。

民兵部队的建立始于1792年3月8日，当时议会委托各州政府组织并征召所有十八岁到四十五岁的白人男子进入民兵部队，这些士兵在镇压“威士忌暴乱”中发挥了至关重要的作用。

美国国内一部分人赞成汉密尔顿在国债、联邦银行、对宪法的解释、议会的权力以及各州政府和中央政府的关系等问题上的观点，另一些人则倾向于杰弗逊与麦迪逊式的观点，两派之间的分歧越来越大，推动了两党制度的逐渐形成。汉密尔顿认为强有力的联合政府可以保障个人财产安全，并维护国家的工商业利益。他不相信人民有明智地统治国家的能力，而倾向于由有产精英阶层来管理国家事务。而杰弗逊和麦迪逊则认为地方自治是维护个人权利的最好方式。他们对于把权力集中在中央政府这一做法颇为忧虑，认为政府应当尽可能地让人民管理自己的事务。

持不同政见者逐渐分裂成了两个党派，一派为汉密尔顿党或联邦党，另一派持杰弗逊式观点，被称为民主共和党。两党之间的分歧逐渐扩展到了外交事务上，尤其在法国于 1793 年 2 月初向英国、西班牙和荷兰宣战之后愈演愈烈。法国大革命推翻了君主专制制度，法国革命者建立了共和国以取代君主制。由于法国对美国争取独立的事业给予了支持，现在又成为一个共和国，所以美国不少人对法国颇为同情，其中不乏一些民主共和党人。但是新英格兰地区的商人和承运人发现美国的商品在英国更有市场，便希望政府和前宗主国建立更为亲善的关系，以便他们获取好的贸易优惠条件。

根据美法在独立战争期间签署的 1778 年结盟条约，两国此时还是形式上的盟友。然而当英法之间爆发战争之时，华盛顿总统却于 1793 年 4 月 22 日发表了中立宣言，宣称美国必须和英法两国都保持和平关系，并敦促美国人不要做出任何可能损害美国中立立场的行为。这一政策作为一项准则延续了好几代。由于欧洲国家之间的战争并未牵涉美国的利益，美国方面最好采取置身事外的态度。

然而时任法国驻美大使的埃德蒙·查尔斯·埃德尔·吉勒却是一个轻率鲁莽之人，他暗中计划招募美国人去袭击在海岸线逡巡的英国船只。当他的计划暴露之后，华盛顿当即要求法国召回大使。此时雅各宾派已经取得了对法国政府的控制权，并开始了雅各宾专政，吉勒深知自己一旦回国，势必难逃被送上断头台的命运，便决定作为平民继续留在美国。之后他成为美国公民，并与纽约州州长乔治·克林顿之女成婚。很显然总统采纳了汉密尔顿在外交事务上的建议，导致杰弗逊辞去了国务卿一职，由埃德蒙·伦道夫于1794年1月接任。

1794年初，宪法第十一条修正案被提出，起因是州政府对于最高法院对“奇泽姆诉佐治亚州案”的判决结果表示不满。该修正案规定合众国的司法权不得扩展到受理由他州公民或任何外国公民对合众一州提出的或起诉的任何普通法或衡平法的诉讼。该修正案在1798年1月8日获得通过。

与此同时，美国面临的外交形势愈发严峻。英国在1793年6月和11月分别颁布了一系列枢密令，扣押美国船只，并强迫美国海员在英国海军服役。此外，英国在美国境内还保留了军事哨所——此举违反了英美终战协议中的规定——不断煽动居住在俄亥俄山谷中的印第安部落对美国边民进行袭击。

为了避免战争，华盛顿派遣美国司法部长约翰·杰伊作为特使前往英国陈情。1794年11月29日，双方签订了一份协议，其中不乏对美国带有侮辱性的条目。该条约维护了英国在海洋上的利益，并禁止美国进行棉花、食糖和蜂蜜等生活必需品的贸易，却对英国强征美国海员服役一事只字未提。美国民众对此极为愤怒，并展开了广泛的抗议活动，杰伊本人也深感屈辱。然而华盛顿认为一旦英美之间爆发战争，美国的独立地位就将岌岌可危，因此接受了这一协议，并将其提交给参议院核准。参议院以三分之二的多数勉强通过了该协议。

众议院拒绝拨出施行该协议所需的款项，试图借此使其无效。议员们还要求华盛顿总统出示所有与该条约相关的文件和信函。华盛顿坚持维护其行政特权，拒绝了这一要求，从而树立了一个重要的先例。他掷地有声地说：“审视这些文件对于众议院履行其审判管辖权下的任何职责都毫无用处，除非他们想要弹劾我，但这并不是议员们的目的。”

华盛顿做出回应时的尖刻语气和尖锐的态度，特别是他提到的“弹劾”这一字眼，使众议员们颇为慌乱，他们最终于1796年4月30日决议为施行《杰伊条约》拨款，当时的众议院议长弗德里克·穆朗伯格投出了决定性的一票。

《杰伊条约》在全国范围内引发的愤怒最终促使两党制在美国正式形成。两派互相攻击，分别举行政治集会，并集结各自的支持者，企图控制一个或多个政府机构。一度被奉为圣人的华盛顿因批准这一协议而备受谴责。根据某个传闻，杰弗逊曾经称华盛顿为“像被婊子英国剃了头的力士参孙”。在弗吉尼亚州举办的一场晚宴上，人们甚至举杯祝愿华盛顿将军速死。由于华盛顿被这种无礼的攻讦所触怒，因此拒绝竞选下一届总统。1796 年，经过一番混战之后，约翰·亚当斯战胜了托马斯·杰弗逊，继任为总统。落败的杰弗逊则被选为副总统。

随着政党崛起以及政党政治渗入政府运作之中，美国的国家事务发展经历了一个重要的转折点，美国也因此进入了一个新的历史时期。

第三章 渐趋形成的身份认同

18 世纪末，美国发生了两件大事。第一件事就是 1797 年美法之间爆发的冲突。当时巴黎的法国官员试图对美国外交官索贿 24 万美金，作为认可他们及其使命的价码。美国外交官都深感耻辱，除了一名留在法国之外，其他人全都打道回府。国民怒吼：“宁花百万固国防，不费一厘作贡品！”紧随而来的，是一场两国间的“准战争”，其间，两国船只在公海上彼此攻击。若不是亚当斯总统下决心不与法国为敌，1798 年至 1800 年间的那场海事冲突可能会导致两国正式向对方宣战。为了应对可能发生的战争，美国国会授权设置了海军部，并建立了一支舰队，同时扩充了陆军的规模。政府展现出的好战倾向使民主共和党受欢迎程度逐渐降低，人们害怕“亲法”的民主共和党会以“激进的”或雅各宾派的方式来统治国家。

许多美国人惧怕雅各宾派会对民主共和党的政策产生影响，这赤裸裸的恐惧导致了第二桩大事件。国会中的联邦党人多数派决定通过一系列法律，来帮助他们应对外国势力在美国的阴谋与反动行为。这就是 1798 年 6 月与 7 月相继通过的《惩治煽动叛乱法案》，该法案对美国公民和外国人的行为均做出了限制。这些法律与国家一度所宣扬的自由和民主思想背道而驰，说明美国人对自身安全的极度忧虑。

这些法律中的第一部《外国人归化法案》，将外国人入籍美国需要在美国居住的时间，从五年延长到了十四年。这一法案于 1802 年被废除，1795 年国会重新制定了《外国人归化法案》。《关于制止外国人从事危害美国和平和安全的法律》和《关于来自敌对国家居民的法律》授权总统关押或驱逐所有他认为会危害美国和平与安全的外国人。该法律在 1800 年失效。根据《惩治煽动叛乱法案》，任何被控出版针对政府、国会或总统的“不真实的、诽谤的和恶意的文字”的美国公民和外国人都将被处以罚款或监禁。该法案有效期为两年，于 1801 年失效。

杰弗逊和麦迪逊制定了一系列决议案来应对这些法案，这些决议案于 1798 年在肯塔基州和弗吉尼亚州议会获得通过。这些所谓的“肯塔基与弗吉尼亚决议案”，指责《关于制止外国人从事危害美国和平和安全的法律》和《关于来自敌对国家居民的法律》违宪，并声明一旦中央政府僭越宪法赋予它的权力，州政府有权自行决定中央政府应以什么样的方式和方法给予它们补偿。此外，州政府“还有义务对中央政府的行为进行干预，制止僭权行为的继续发展”。

干预！有些人相信，当中央政府行为不当时，州有权利和义务废除法律，若有必要甚至可以脱离联邦。

根据 1790 年《官邸法》规定，费城在十年内都为中央政府的所在地。在新世纪开始之际，十年的时限也到了。1800 年 4 月 24 日，亚当斯总统签署法令，将政府迁移到位于波托马克河畔的新地址。5 月 13 日，国会宣布第六届国会的第二次会议将在 11 月 17 日在新的首都举行，这座城市以备受尊敬的第一任总统的名字命名，被称为华盛顿。

这年 6 月，亚当斯总统来到华盛顿，视察皮埃尔·查尔斯·朗方规划的 10 平方英里土地上的建设情况。他看到了一座“废墟之城”——正如一位议员之后描述的那样。它看起来确实像一片废墟。极少数的政府建筑完工了。国会大厦和白宫还正在建设之中。只有财政部所在地，一栋紧挨着白宫的两层砖砌建筑已经修建完毕，随时可以入住。

1800 年 11 月，国会第二次会议在此召开。议员们来到这座正在建设之中的城市，进入未竣工的国会大厦，了解到他们首先要做的一件大事便是决定悬而未决的下一任总统人选。约翰・亚当斯代表联邦党人参选，谋求总统连任；来自南卡罗来纳州的查尔斯・科茨沃思・平克尼竞选副总统。民主共和党议员举行了他们的第一次干部会议，提名他们的候选人，最后选举托马斯・杰弗逊为总统候选人，来自纽约的亚伦・伯尔为副总统候选人。民主共和党议员一直用这种方式提名各行政机构领导的候选人，直到 1824 年，这一体制才在一片批评声中被取缔。作为替代，州立法机构首先提议由现任领导人提名他们赏识的年轻人作为继任者候选人，但从 1832 起，两党开始召开由每州代表参加的党员会议来决定候选人。这一做法延续至今。

亚历山大・汉密尔顿的支持者们对亚当斯极为不屑，最令他们反感的一点便是他没有对法国宣战。在竞选即将结束之际，汉密尔顿出版了一本长达五十四页的小册子，痛斥亚当斯在公共场合的不当行为和性格缺陷，历数亚当斯传说中的性格软弱、优柔寡断和情绪失控。此外，汉密尔顿还与一些联邦党选举人密谋，让他们拒绝给亚当斯投票，这样更令人满意的平克尼就可以当选总统。不出所料，亚当斯输掉了选举。他攻击汉密尔顿是“一个苏格兰商人的私生子”。杰弗逊以 73 对 65 的选票击败了亚当斯。平克尼获得了 63 票，而约翰・杰伊获得了 1 票。伯尔获得了和杰弗逊相同的 73 票。为了获得对行政机构的支配权，民主共和党人未能保留至少 1 票，导致了平票的局面。这意味着，选举将由落败的众议员决定，而不是由民主共和党人在众议院和参议院中都占据了绝对席位数的新国会决定。

2 月 11 日，国会召开，数完选举人票，宣布平局，接着把最终的决定权交给众议院，在杰弗逊和伯尔之间择一为总统。

在两党达成协议之后，众议院最终以 37 票在 2 月 17 日选杰弗逊为总统。根据该协议，民主共和党人将不废除汉密尔顿财政制度，各政府部门的联邦党人也不会由于党派原因被随意撤职。为了规避这种情况再次发生，国会于 1803 年 12 月推出了宪法第十二条修正案。这个修正案提议应分别投票决定总统和副总统的人选，于 1804 年 9 月 25 日获得通过。

在卸任之前，亚当斯根据最近通过的《司法条例》，任命了大批法官去各级联邦法庭任职。时任国务卿的约翰·马歇尔被提名为美国的首席大法官。直到他任期的最后一天，正如民主共和党人所称呼的那样，亚当斯持续用“午夜任命”（在一个人的任职期的最后时刻所做的对政治职位的任命）轰炸参议院。联邦党人已经失去了行政和立法机构，但至少他们能持续控制司法机构。然而民主共和党人在执政后首先就废除了《司法条例》，他们还打算弹劾一些在“午夜任命”中获得职位的官员。

杰弗逊在 1801 年 3 月 4 日就职，在他的就职演说中，他试图掩饰两个政党之间存在的差异和对抗。“我们都是民主共和党人，我们都是联邦党人。”他说，“如果我们中间有任何人期望分裂联邦或者改变其共和形式，他们都可以毫无顾忌地畅所欲言，而其他人可以在充分的理性支配下与之辩论。”

这是美国历史上有纪念意义的时刻。没有流血和混乱，没有舞弊及腐败，也没有任何阴谋诡计，国家的领导权就顺利地实现了从一个政党到另一个政党的过渡。总统选举的结果公之于众之后，玛格丽特·贝尔德·史密斯，华盛顿一家重要报纸所有者的妻子，说道：“悬在政治水平线之上的黑暗和可怖的乌云，已经无声无息地消散，繁荣和欢乐的阳光正在闪耀。”

尽管国父们已经创建了一个以立法机构为核心的政府，并规定立法机构享有管理国家的特殊权力，杰弗逊总统却试图通过鼓动一些众议员和参议员为政府发声来控制议会。他通常通过和有权力的委员会主席通气来实现自己的意图，譬如众议院筹款委员会。像他之前和之后的其他总统一样，他会定期在提交给议会的年度咨文里提出立法议程，但也会通过举办一周数次的私人聚会来暗中运作，在聚会上他解释他的议案并寻求支持。洛亚诺克的约翰·伦道夫一度是杰弗逊最初的喉舌，后与其决裂，并公开指责总统的作为。他揭露和斥责说：“有些人暗中给众议员指示，借此施加影响，这些指示虽然不出现在议会议事录上，却主导了整个众议院的决定。”杰弗逊听说了这番言论之后，做出了以下反击：“这位慷慨激昂的演说者自己就是他所说的‘幕后操纵者’，我们对此却一无所知。”但不可否认总统在把自己的意愿施加给国会上很有一套。约西亚·昆西，一位来自马萨诸塞州的联邦党人指出，“所有重大的政治问题都是在别处被解决的”，而不是在议会厅里。

贯穿美国历史的一个政治问题便是行政机构和立法机构为了控制国家政策而持续斗争。在过去的两个世纪中，总统频繁地在国会不宣战的情况下派兵出战。总统在不同时期掌握着国家财政大权，全权处理经济恐慌和衰退等问题。在漫长的岁月中，对国家政策的决定权始终在两者之间摇摆不定。在19世纪的大部分时间里，国会享有控制权，操纵着参众两院，使国家朝着他们所希望的方向前进，安德鲁·杰克逊和亚伯拉罕·林肯任职期间除外。然而从20世纪开始，人们就会看到领导权从议会过渡到了总统手中，更多总统对立法机构的行动有了更大的控制权。

总统在战时享有特殊权力的早期例子出现在杰弗逊任美国总统时期。他决定不再通过贿赂北非国家阿尔及尔、摩洛哥、突尼斯、的黎波里来阻止它们劫夺在地中海航行的美国商船，并扣押美国海员以索要赎金。在总统拒绝继续支付赎金之后，的黎波里的巴夏以宣战回应，并命令士兵砍倒美国领事馆的旗杆。关于这一事件的消息传来之时，国会正处于休会期间。因此，杰弗逊以总统之名派遣了一个中队的战舰前往那个地区，但是他此前并没有召集议会举行紧急会议。当国会重新开始开会之后，他们没有宣战，也没有采取任何立法行动，而是提高了进口税以支付战争费用。在双方断断续续打了几年之后，巴夏请求停战，美国支付了6万美金，赎回了被扣押的海员。但直到1816年其他北非国家才得到了美国支付的赎金。

由于总统可以在未经国会授权的情况下强势介入对战事的领导，杰弗逊在决定从法国购买路易斯安那州之后试图再次扩张其权力。

当时西班牙已经关闭了新奥尔良与美国之间的贸易渠道，拿破仑对西班牙施加压力，希望通过1800年10月签订的《圣塔尔条约》将路易斯安那州割让给法国，以期恢复法国在北美的霸权地位。当杰弗逊得知这些消息之后，他将其视为对美国安全的威胁。“地球上唯有一处地方，其占据者是我们天然的敌人，”他说道，“那就是新奥尔良。”他继续说道，从法国拥有新奥尔良的那一刻起，“我们就不得不和英国舰队还有英国政府捆绑在一起了”。

杰弗逊马上通知美国驻法国大使罗伯特·R. 李维顿开始协商购买新奥尔良事宜，并派遣詹姆斯·门罗作为特使，授权他以 200 万美元购买新奥尔良和西佛罗里达。同时，拿破仑派遣军队至海地，试图镇压当地的奴隶起义，却为杜桑·卢维杜尔领导的本土军队所击败，所以他不得不放弃在新世界重建法国殖民王朝的计划。为了筹措资金继续和英国进行军事对抗，他决定卖掉整个路易斯安那州。1803 年 4 月 11 日，法国外交部长塔列朗询问李维顿美国联邦政府愿意花多少钱来购买这片广大的领土。最终他们以 6000 万法郎或约 1500 万美元的价码成交，并在 4 月 30 日签署了合约。在这笔款项中，法国获得了利率 6%、总价 1125 万美元的股票，但在十五年之内不能兑换，而美国承担了路易斯安那州居民对法国提起的 375 万美元的索赔。

这是一桩难以置信的交易，它将国家的规模扩大了一倍。但它的合宪性立即受到联邦党人的质疑，他们声称这次合并在宪法里找不到任何依据。而且，如果没有这几个州的同意，国会也没有权力将这片广阔的区域及其人民合并到联邦中。他们坚持认为总统的行为是非法的。尽管杰弗逊曾怀疑他自己行为的合法性，但这并没有阻止他的步伐。他对约翰·布雷肯里奇参议员解释道：“联邦宪法没有给予我们持有外国领土的权力，更没有准许我们将外国领土吸收进来。”但由于他坚信这次合并对未来的国家安全来说是十分必要的，他将这些疑虑搁置一旁。

10 月 20 日，参议院以 24 比 7 的投票结果迅速批准了这一合约，仅有一位联邦党人投了反对票。在经过一段长时间的激烈争论之后，众议院同意并授权将股票交付给法国，以便总统取得路易斯安那州的控制权。联邦美国的旗帜于 1803 年 11 月 30 日起正式飘扬在新奥尔良上空。

为了保证与路易斯安那州之间的沟通，杰弗逊向国会申请了拨款，不久之后，他又申请了一小笔总计 2500 美元的拨款用于密苏里河资源的勘探。在梅里韦瑟·刘易斯和威廉·克拉克向西开始他们著名的旅行之时，路易斯安那州已经归属于美国，可供他们探索的美国领土大大增加了。他们向西到达了哥伦比亚河口，使俄勒冈州成为联邦的一部分。刘易斯和克拉克在 1803 年至 1806 年间进行的探险，不仅带回来意义重大的科学资料，还促使人们对西部这片新的领土进行开发和建设。

杰弗逊扩张行政权力的另一个举动便是要求对司法制度进行改革。1802 年的司法法案将最高法院的法官人数恢复到了 6 名并建立了 6 个新的巡回法庭。杰弗逊还希望罢免一些经常让政治因素影响判决结果的法官，最著名的事件便是对最高院陪审法官塞缪尔·蔡斯的弹劾，但最终未能成功将其免职。

当首席大法官约翰·马歇尔公布他关于“马伯里诉麦迪逊案”的判决时，杰弗逊感觉受到了挑战。马伯里属于“午夜任命”中的一员，但他还没有接到担任治安法官的委任状。因此他起诉美国国务卿詹姆斯·麦迪逊并要求得到他的委任状。在 1803 年 2 月 24 日的判决中，马歇尔决定对马伯里的起诉不予受理，理由是他无权管辖。虽然 1789 年司法法案的第十三章赋予了他这种权力，但因为这个法案是违宪的，所以他仍然不具备管辖权。这是最高院第一次判决国会颁布的成文法无效。这个决定确立了司法审查原则，虽然该原则在其后的五十年内未被使用过，但将司法机构提升到了和政府其他两个分支一样重要的地位。

托马斯·杰弗逊在他的第一个任期内是非常成功的，但在 1804 年重新选举后的第二任期内却遭遇了接二连三的失败，其根源在于英国针对美国船只的不断骚扰和对美国海员的强行征召。随着英法之间战火的重燃，英国发出一系列枢密令封锁了布雷斯特至易北河的欧洲海岸并禁止所有的法国沿海贸易。作为反击，拿破仑宣布了柏林和米兰判决令，对英国进行了封锁，即使是中立国的船只，只要违背该判决令也一样会被抓获。夹在交战双方当中的杰弗逊，要求国会也颁布禁运令以禁止美国船只前往国外，同时也禁止外国船只携带美国货物离开。1807 年颁布的《禁运法案》对于美国来说是一次大灾难，极大地影响了美国贸易。沿海大城市遭受了巨大损失，新英格兰已经濒临爆发起义的边缘。

《禁运法案》的明显失败促成了此法案的废止。它被 1809 年 3 月 1 日的《禁止进口条例》所取代，该条例重新开放了美国与除英法之外其他国家之间的贸易关系。这也促使杰弗逊效仿乔治·华盛顿在连任两届后卸任。麦迪逊继任为总统，但仍然未能成功勒令交战双方尊重美国的中立权利。国会曾尝试以通过《二号梅肯法案》的方式来达到以上目的，该法案中去除了对英法两国的贸易限制，但又规定如果任一交战方撤销其法令，总统即有权恢复和另一方的不来往关系。很自然地，拿破仑为了从中获益，就虚假地宣布他将会撤销柏林和米兰判决令。麦迪逊相信了他，总统宣布与法国的贸易关系继续，并终止了与英国的贸易关系，但他很快就意识到自己被欺骗和愚弄了。英国强征比以往多一倍的美国海员入伍，以此作为报复。

当总统的努力未见成效时，一位新当选的众议员亨利·克莱站了出来。他的表现是如此突出，以至于其他议员很快就接受了他的领导。他此前在美国参议院短暂的工作经历已经证明了他出众的能力，此次更是一入职就被选为众议院议长。他决心将国家政策和法规的决定权转移到众议院。他的前任更多充当的是指引争议走向的交通警察的角色，而他则效仿英国议长，成为众议院运作的必要部分，直接参与重要事项的讨论，并对讨论结果施加影响。他任命各委员会的主席，让这些人协助他把众议院变成国家政治的主导力量。他强化了众议院的规定，并在他觉得需要投票的时候会毫不犹豫地终止争议。为了阻止议员以冗长的演讲阻挠会议的进程，他允许议员们提起以前的问题。有时他会封锁约翰·伦道夫的言论并禁止他带着猎犬出入众议院。他担任议长期间的成功以及无论何时他竞选都能当选的原因，有一部分是归因于他显著的公平和对待盟友的公正。除此之外还有他的机智，他惊人的智力，他犀利的言辞，还有他作为演说家和辩论者的迷人才能。他被认为是众议院历史上最伟大的议长。

克莱在众议院有一群志同道合的伙伴，他们被称为主战派，认为美国应当向英国下最后通牒，表明美国不会再忍受其针对中立国的政策所带来的屈辱。在他们的协助之下，克莱领导众议院走上了迅速矫枉的道路。他和政府通力合作，劝服总统请求国会宣战。麦迪逊总统可能本来就已经准备做出这个决定，所以在 1812 年 6 月 1 日发出了宣战请求。经过三天由议长主导的争辩，众议院以 79 比 49 的票数通过了这个请求。参议院花费了更多时间但也最终在 6 月 17 日同意了此要求。总统在次日签署了宣告，宣布美国与英国正式开战。两天以后，英国外交部长卡斯尔雷勋爵同意暂停枢密院令。

最初的时候，这场战争被认为是一个巨大的错误，甚至是一场灾难。由美国士兵发起的对加拿大的三方面入侵均宣告失败，还彻底打消了加拿大人以前可能拥有的脱离英国统治的想法。更甚者，由于害怕底特律的妇女儿童遭到英国同盟军印第安人的屠杀，威廉姆·赫尔将军未做任何抵抗，就将底特律拱手让给了英国。同时，英国封锁了从纽约至密西西比河河口范围内的整个东部地区和墨西哥湾岸区。最初新英格兰地区并未被封锁，那是因为英国希望这块地区会脱离美国联邦。

更糟糕的是，拿破仑在经历了入侵俄国的失败之后退位了，所以英国可以腾出手来全力对付它以前在美洲地区的殖民地了。除此之外，东南部的克里克印第安人在亚拉巴马州边界附近开始起义并在莫比亚北部约 35 英里的米姆斯堡屠杀了数百名美国人。田纳西州派出了安德鲁·杰克逊将军带领其西部军事力量去镇压印第安人。被士兵们亲切地称为“老山胡桃”的杰克逊将军凭借着其出色领导，在经历了 1814 年 3 月 27 日位于蹄铁湾的一系列战斗之后，终于打败了印第安人。作为和平条约的一部分，他索要了亚拉巴马州和佐治亚州约三分之二的印第安土地，这些被割让给美国联邦。

为了击败美国并快速结束战斗，英国从三个区域发起了进攻：尚普兰湖、切萨皮克湾区域和新奥尔良。将军乔治·普雷沃斯特率先从加拿大发起侵袭。他带着一支超过 1 万人的军队，从圣劳伦斯河流区域行进到尚普兰湖西部边缘。在尚普兰湖西部，美军阻止了他前进的步伐并最终迫使他撤回了加拿大。

拿破仑时期的一批老兵被运送到美国，1814 年 8 月 24 日，罗伯特·罗斯将军带领一支 4000 人的队伍从马里兰州登陆，行军至首都华盛顿并烧毁了这个城市。白宫、美国国会大厦，以及大部分公共建筑都被点燃。幸运的是，一场可能是由龙卷风带来的剧烈风暴在夜晚降临，熄灭了大火，使这座城市幸免于难。

英军虽然曾试图占领巴尔的摩，但美国加固了城墙，将其击退。当英军从切萨皮克撤退后，他们接到命令，要他们夺取新奥尔良并取得密西西比河低谷的控制权。当他们到达路易斯安那海岸时，杰克逊将军正严阵以待。在打败印第安人以后，他飞速赶到这座受威胁的城市，并沿着一条从密西西比河分流至湿地的引水沟或壕沟摆开了阵势。英军虽试图粉碎这条防线继续前进，但没有成功。在 1815 年 1 月 8 日这场发生在距离新奥尔良 10 英里处的战斗中，超过 2000 名英军士兵死亡、受伤或者失踪，而美军只遭到了微不足道的损失。

通过这次胜利，美国首次展示了其对抗外敌、捍卫独立地位的意愿和能力。普通民众勇敢地面对并击败了强大的敌人。新奥尔良战役使美国人为他们的国家和人民自豪。“接下来的六个月是共和国历史上最自豪的阶段。”一家巴尔的摩的报纸《奈尔斯周记》声称，“谁不想成为一个美国人？共和国万岁。”

1814 年圣诞前夜，也就是新奥尔良之战发生的两个星期前，美国的委员们在根特（现比利时）和英国签订了一个和平条约。但在双方批准之前该条约并没有生效。1815 年 2 月 15 日，参议院收到这个条约，并于次日做出了批准的决定。这标志着这场战争正式结束。

战争胜利与和平条约缔结的消息抵达华盛顿的同时，一个来自新英格兰各州的代表团也到达了华盛顿。这支代表团由在康涅狄格州的哈特福特举行的一个大会选出，前来要求修改宪法关于政府运作方式的规定。出席会议的各州本来已经对继续留在联邦的条件做出了决议，但看到全国对于新奥尔良之战胜利以及根特和平条约签署的狂喜，代表们意识到他们的要求可能不会被接受，所以很快就打道回府了。哈特福特会议并没有被分离主义者所主导，但对于参与者不忠的怀疑却持续了很多年。这种怀疑主要指向联邦党，它被指控发起以及参与了这次不忠的行动。结果作为社会组织的联邦党失去了大众的支持并逐渐衰退，它在一些新英格兰州挣扎了一段时间之后最终消失了。它的消失标志着两个对立党派政治冲突的暂停，那时候只存在一个国家政党——民主共和党，随后的一些年就是广为人知的“和睦时代”。

战后美国经历了一系列重要变化，这些变化不仅改变了美国人民，而且改变了他们的文化、社会以及对外关系。新一代公民所表现出来的民族主义也许是最明显的变化。人们自豪地称呼自己为美国人。他们不再像过去一样自称纽约人、弗吉尼亚人或是宾夕法尼亚人，而是有了一个新的清晰的身份。他们因对敌战斗的胜利而变得团结，也因为西方世界中独有的民主政体而变得团结。战后的美国人与他们的前辈相比有了非常显著的不同。他们不再是殖民者、英国人或欧洲人，而是具有了自身的独特性，他们也因为这一发现而欢欣鼓舞。久而久之，他们放弃佩戴假发，不再穿丝质长袜和有褶皱的衬衣及短裤；取而代之的是长裤、带领带的衬衣以及夹克。他们说话时不再带有英国口音，而是带着明显的美国鼻音。在 1812 年之后，那些现在被视为美国特征的东西开始逐渐出现。

联邦最高法院的一系列偏向中央政府而削弱州政府势力的判决，大大加强了美国作为一个国家的整体感。在“弗莱彻诉佩克（1810 年）”一案中，主审法官马歇尔及最高法院废除了一部佐治亚州的法律；在“马丁诉亨特的租户（1816 年）”一案中，他们否定了弗吉尼亚州最高法院对于禁止向联邦最高法院申诉的判决；在达特茅斯学院一案中，新罕布什尔州议会做出的改变学院章程的举动被最高法院认定无效，就是因其违反美国联邦宪法禁止减弱合同义务的规定。马歇尔法官认为，学院章程是合同的一种，因此不能被变更。接着，在“麦卡洛克诉马里兰州案”中，联邦最高法院判决由马里兰州对美国联邦银行巴尔的摩支行的征税无效，因为联邦银行是经过美国联邦政府特许的。“征税的权力之中包含着毁灭的力量。”马歇尔在判决中写道，没有任何州能对美国联邦政府在其权限内设立的组织征税或进行控制。最后，在“吉本斯起诉奥格登”一案中，联邦最高法院取消了纽约议会赋予罗伯特·R. 李维顿和罗伯特·富尔顿关于蒸汽船运输的专卖权，并宣称只有国会才有权控制州际和对外贸易。

1812 年战后美国民族主义的另外一种表现形式就是真实而独特的美国风格文学的兴起。在 1815 年至 1830 年间，很多作者的作品都是基于本土主题，并以知名地点为背景的。华盛顿·欧文就是一位这样的艺术家。他于 1809 年以迪德里希·尼克博克为笔名创作的《纽约外史》和 1819 年创作的《见闻札记》开了以美国人所熟知的人物和地点为题材来创作他们所喜闻乐见的故事的先河。詹姆斯·费尼莫尔·库柏走得更远，他的作品《间谍》（1821 年）、《拓荒者》（1823 年）是最早的两部皮袜子系列故事，《最后一个莫希干人》（1826 年）则赞美了美国历史和边境生活。这种独特的美国艺术形式的萌芽在随后得到了发展，其艺术性被更多的杰出作家不断发扬光大。

除了民族主义崛起之外，美国国内的工业革命也迈开了步伐，一个独立的国民经济体系被逐渐建立起来，以解决从国外进口生活必需品的问题。在新英格兰和大西洋中部的各州里，金融资本从商业转移到了制造业，大约有 140 个纺织厂开始运行。在短短几年之内就有 50 万台织布机在新英格兰地区开始不停运转。工厂产出钢铁、毛织品和棉产品，这些工业还蔓延到俄亥俄山谷以及中西部地区。市场改革在随后及时展开，将美国从纯粹的农业社会转型为工业社会。在运输系统改革中，人们建设了大量道路、桥梁以及运河，其中最著名的是纽约的伊利运河。它于 1825 年开通，将哈得孙河和伊利湖连接起来，促进了布法罗、克利夫兰、底特律和芝加哥等市的发展，纽约因此成为美国最有影响力的商业中心。运输系统改革还促进了从 19 世纪 20 年代开始的铁路建设。在接下来的四十年中，贯穿大陆的铁路轨道长度达到了 3000 英里。

为了保护其制造业，一方面，北部各州需要提高关税来对抗主要来自英国的国外竞争，它们也因此支持自由移民，希望以此为工业提供必需的劳动力。很自然地，它们反对西部大迁移，因为这会导致它们的工厂缺乏工人，但它们倾向于宽松的信贷政策和健全的货币及银行系统。

另一方面，南方则增加了棉花的种植量。随着 1793 年伊莱·惠特尼轧棉机的发明，种植短纤维棉花成为可能，这种棉花的果实如果用轧棉机进行处理，其效率比用人工处理快上三百倍。因此种植园体系沿着墨西哥湾岸区不断地向西移动，种植业对劳动力的需求与日俱增。由于奴隶劳动力成为该体系的必要因素，因此南部关于奴隶制度的法律也变得更为严格。到 1820 年为止，美国超过三分之一的棉花都是在阿巴拉契亚山脉西部进行种植的。

共和国早期的 13 个州到战争结束之后已经增长为 19 个州，一个新的扩张时代开始形成。路易斯安纳购买案允许成千上万的人到西部寻求更好的生活。到 1818 年为止，已经有超过 6 万移民者穿过密西西比河并沿着密苏里河深入到更内陆的地方。圣路易斯因为毛皮贸易而变成了一个繁忙的城市。蒸汽船定期往返于地势稍高的中西部地区和新奥尔良之间，在密西西比河流域来回穿梭。英国殖民者曾经花费一百五十年，才占领了距离海岸线 100 英里的内陆地区，而在“第二次独立战争”之后五十年之内，充满决心、乐观和自信的美国人就将其边境向南扩展到墨西哥湾和格兰德河，向北扩展到北纬 49° 区域，向西扩展到太平洋。这是一个强大国家新的开始，到 19 世纪末的时候它会成长为世界上的一支重要力量。

19 世纪初的美国人意图建立一个物质社会，一个致力于商业、贸易和获取财富的社会。对他们来说，金钱意味着一切。“美国人不满足于变得贫穷，也无意持续贫穷。”一个外国旅行者评论说。“前进，前进”——这是那个时代的精神。“整个大陆都呈现出贪婪而匆忙的喧闹与狂乱，”另一位游客评论道，“向前进是那个时代的要求，也是这个国家真正的座右铭。”马萨诸塞州参议员丹尼尔·韦伯斯特同意这个观点，“我们的年代”，他说道，“充满了刺激”和“迅速的变化”。

美国人十分重视职业道德。这一点从第一批英国移民者到达开始便在这个国家深入人心，到19世纪时又被赋予了特殊的紧迫性和新的目的。“工作吧，”有个人曾如此教导，“当你十八岁的时候你应该……生活富足，衣着考究，住着大房子，并且有能力攒钱。”其他犒赏也会随之而来。“专注于你的工作，沉浸进去并虔诚以待，你会找到一位忠诚又顺从的妻子；你家里会比欧洲许多更高阶层的家庭都更殷实。”他继续道，你不仅会过上更惬意的生活，还会成为圈子里人人仰慕的对象。“一位积极而有作为的社会成员，一位对国家财富积累和人口增加有贡献者，只会获得别人的尊敬和爱戴。”

在如此推动下，美国经济发展势头强劲、成绩显著，就毫不奇怪了。源自内心的抱负和意愿，辅之以工作理论，再加上开发周边自然资源带来的似乎无穷无尽的财富，让它在一个相对较短的时间内，踏上了通往强大工业社会的“起飞”之路。

政府也在变化之中，麦迪逊通过倡导一条有别于华盛顿操作方式的途径，开辟了一个新的方向。在其年度咨文中，他曾敦促国会在捍卫国家经济利益方面发挥主导作用。他曾推介另一个国家银行的创新手法，以提供健全的信贷和货币体系；他提议征收保护性关税以鼓励本土制造业的建立和发展，改善自身财政以促进西部扩张。这些曾是联邦党人的教义，现在被热忱的国家主义者所支持，并予以改进。他们希望政府能对其在捍卫美国人民福利和自由、推进初现端倪的市场改革等方面所应承担的责任形成一个更为现代化的认识。“英格兰是世界上最强大的力量。”南加利福尼亚州的议员约翰·凯尔宏声称，“而我们则是世界上成长最快的国家。”

现任议会发言人亨利·克莱，曾作为欧洲的委员在根特协助起草《和平条约》，他认为这些经济方面的提议，对日常生活、经济增长及国家繁荣的可持续性而言，十分必要，并着手将其纳入法律体系。通过运用几年以来为议长这一职位注入的无上权力，他赢得了众议院对一系列议案的支持，这些议案的主张后来被他表述为“美国体系”，也就是一个批准关税、内部改进和货币信贷政策的体系。在麦迪逊政府任期结束之前，大量的提案变成了确实的法律。1816 年，第二合众国银行成立，其职能与第一银行相似，但股本更大，而且有义务向政府支付 150 万美元的补贴。众议院国家货币委员会主席卡尔霍恩希望利用这项补贴和其他政府银行股票的股息修筑公路和运河，以此刺激商业发展。“让我们用完美的公路运河系统将共和国连为一体吧，”他在声援这项法案时说，“让我们征服宇宙吧！”但是，麦迪逊却有些怀疑其合宪性，于是在国会已经通过该议案、自己马上就要卸任的前几天否决了它。

1816 年 4 月 27 日，国会还颁行了美国历史上第一个保护性关税。它为羊毛和棉制品设立了 25% 的关税，为铁制品设立了 30% 的关税。该关税法的主要目的就是鼓励美国的制造业，限制外国产品与国内产品的竞争，因为前者能够毫不费力地以低价战胜那些刚刚成立不久的本土公司及其产品。此外，国会将海军编制增加到了 1 万人。政府开始以一种全新的方式运行，中央政府而非地方各州开始在整个国家发展的过程中起到主导作用。它证明了卡尔霍恩的一句话，即作为单个统一体的美国成为“整个地球上最具活力的国家”。

詹姆斯·门罗接替了麦迪逊成为新一任总统，而他也是所谓的“弗吉尼亚王朝”——包括杰弗逊、麦迪逊和门罗——一共持续了二十四年之久中的最后一位。门罗和他的国务卿约翰·昆西·亚当斯倾向于国际事务而非国内事务的管理，他们通过谈判和协议获得了西班牙治下的佛罗里达，并发展了“门罗主义”来对付外国势力对西半球的渗透。

门罗政府获取佛罗里达的由头是因为该地的塞米诺族印第安人频繁穿

越美国边境。对这些土著印第安人来说，白人划出的边界线毫无意义，丝毫不能阻止他们穿越边境去追赶敌人、追捕猎物和寻求冒险。塞米诺族经常攻击美国人在佐治亚和亚拉巴马州的定居点，然后撤退回美国人鞭长莫及的佛罗里达。门罗决定结束这个局面，于是命令新近任命的战争部长卡尔霍恩指挥现任美国南方军指挥官安德鲁•杰克逊将军阻止印第安人入侵，并在必要情况下跨过边境前往他们属于西班牙殖民地的城镇发起进攻。作为一个非常好斗的将军，杰克逊决定采取更具成效的行动方式，他请求直接从西班牙手中获取佛罗里达。这当然是处理印第安问题并彻底解决美国边境问题的最可靠方法。杰克逊得到了（至少他这样认为）门罗本人的许可，尽管可以想见，总统在信中对此事仍然是相当谨慎的。于是他便向佛罗里达边境发动猛烈攻击，消灭了很多塞米诺族人，又将他们的城镇夷为平地。他还捕获了 2 个英国人，亚历山大•阿巴斯诺特和罗伯特•安布里斯特，谴责他们协助印第安人，而后处死了他们：其中一个被吊死，另一个被射击队枪决。最后，杰克逊拘捕了西班牙驻佛罗里达的 2 名重要官员圣马可和彭萨科拉，并把他们移交给美国。

亨利•克莱简直给吓坏了——至少他自己是这么说的。他对门罗选择亚当斯担任国务卿而非自己一直耿耿于怀，所以他本想用印第安人的入侵作为借口痛责政府无能。结果杰克逊却侵略了佛罗里达，向印第安人和西班牙发动了战争，还在国会没有宣战的情况下处死了外国公民。于是，克莱想让将军受到惩罚并批评他的行为，所以就在众议院发表了有力的演讲，请求国会谴责杰克逊。他的努力最终失败了，从此以后他与“老胡桃”便成了终生的敌人。

亚当斯在政府内部为杰克逊的行为进行了辩护，也对西班牙和英国的官员做了解释。美国已经受够了西班牙在控制塞米诺人进入美国境内这件事上的无能。“西班牙最好能把这块麻烦不断的领土卖给我们。”他争论道。最终两国于 1819 年 2 月 22 日签订了《亚当斯－奥尼斯条约》，规定西班牙将佛罗里达割让给美国。作为回报，美国同意赔偿西班牙 500 万美元。

此外，路易斯安那并购案中的西部边界得以确定。

很显然，美国正在向卡尔霍恩无法想象的地区扩展。过去十年，新的州不断加入联邦之中：1810 年的路易斯安那、1816 年的印第安纳、1817 年的密西西比，还有 1818 年的伊利诺斯。接着，1819 年，国会又接受了亚拉巴马和密苏里对州的地位的请求。授予亚拉巴马州权没有问题，但是授权密苏里却掀起了巨大的反对浪潮，差点造成联邦的解体。

密苏里的领土从路易斯安那并购地中分割出来，请求成为蓄奴州。如果授权成功，它就会成为首个完全处在密西西比河西岸的州。但是，它也将打破自由州和蓄奴州的数量平衡。这个局面之下无疑需要双方妥协，然而无论是蓄奴州还是自由州，似乎都不准备这样做。后来，纽约州的众议员詹姆斯·塔尔梅奇提议修正密苏里授权法案，禁止进一步蓄奴并要求法案颁行后密苏里地区出生的奴隶在二十五岁之后全部释放。于是，矛盾终于爆发出来。

南方人被这个允许国会宣布奴隶制非法的大胆尝试激怒了。他们坚称有权于宪法保护下在国家的任何地方蓄奴，并且无论如何要保护自身权利。毕竟，宪法保护私人财产；而依照南方人的想法，奴隶就是私人财产。国会中的辩论随着时间的流逝愈发激烈起来。“如果你们如此坚持，”来自佐治亚州的参议员托马斯·科布对塔尔梅奇叱喝，“联邦就会解体。你所燃起的火焰是倾汪洋大海也无法熄灭的，只有血海才能清偿。”

“那就来吧！”塔尔梅奇咆哮道。

尽管分离派的恼怒和威胁始终存在，众议院还是以 79 票对 67 票的表决结果通过了这项修正案。但是，参议院中占多数的南方人及其支持者以 31 票对 7 票的表决结果将其否决。参议院中紧张的情势和言语的冲突使议长克莱做出了最坏的打算。“他们关于内战和分裂的言辞，”他对一位朋友说，“就那样无情地吐露出来。”

当马萨诸塞州北部的缅因向国会请愿，要成为独立的自由州时，事情终于出现了转机。同时认可密苏里和缅因至少能够保持自由州和蓄奴州之间的数量平衡。作为妥协，伊利诺伊州参议员杰西·托马斯也在这时为密苏里授权法案提出了修正，禁止奴隶制扩展到北纬36°30’以北的路易斯安那领土（密苏里除外）。

至此，问题终于得到解决。尽管拒绝在单个法案中囊括以上提及的所有条款，参议院还是奇迹般地通过了三个效力相同的独立议案，承认了2个州的存在并限制奴隶制向路易斯安那领土内北纬36°30’以北扩展。想必是因为可以把奴隶带往西部和南部，南方人并没有反对后面这个规定，由此承认了奴隶制不能存在于该线以北地区。“南方人和北方人说了这么多话，吵了这么多架，预想了这么多可怕的结果，”新罕布什尔州的众议员威廉·普卢默称，“……简直把我们这些脆弱的议员吓得半死，只能屈服于他们的意志，抛弃反对奴隶制的立场。”

在反对者组织起不利于法案的势力之前，议长克莱迅速签署议案并将之移入参议院，参议员们同样不想惹事，迅速予以通过。约翰·兰道夫呼吁对这些议案再行考虑，但克莱认为他颠倒了次序，众议院也维持了他的裁定。法案就这样涉险通过。

在亨利·克莱娴熟的运作技巧下，《密苏里妥协案》毫无疑问地于1820年颁行。从那一刻开始，他便被称为“伟大的妥协家”或者“伟大的安抚者”。“联邦宪法一度处于危险之中”，南卡罗来纳州的兰登·切夫斯写道，“但最终得救”，这一切都要归功于亨利·克莱。国家未遭解体，人民没有流血，密苏里正式进入联邦。不过，一个显而易见的问题还是遗留了下来。南方的确没有脱离联邦，但是，南北双方都没有在“国会是否有权禁止美国国土上的奴隶制”这一问题上得到满意的答复。这一问题将继续折磨美国四十年。尽管如此，正如亚伯拉罕·林肯在几年后所说的那样，亨利·克莱还是相当重要。只要克莱还活着，林肯说，他就总能找到使联邦避免内战和解体的方法。

门罗总统签署了几个法案，承认了缅因和密苏里分别成为第二十三和第二十四个合众国地方州，尽管他在这个历史性的事件上鲜有作为。他几乎把全部国内事务交由国会处理，克莱在其中起到了支配性的作用。这让总统得以腾出手脚处理国际事务，而他在这方面确实颇有成就。他承认了几个脱离西班牙统治的拉丁美洲国家的独立，得到了国会的认可。1822 年 6 月 19 日，国会承认了哥伦比亚共和国；1822 年 12 月 12 日承认了墨西哥；1823 年 1 月 27 日承认了智利和阿根廷；1824 年 5 月 26 日承认了巴西；1824 年 8 月 4 日承认了中美洲联邦共和国；1826 年 5 月 2 日承认了秘鲁。他与俄国签署了协议，将俄国占有的阿拉斯加的南部边界固定为北纬 54° 40’；他同意美国获取佛罗里达，确定了路易斯安那的西部边界。1823 年 12 月 2 日，门罗在其向国会递交的年度咨文中，正式宣布了现在被称为“门罗主义”的几个信条。为了公正起见，这里必须指出，他的国务卿约翰·昆西·亚当斯作为主要的谈判者促成了这一系列对外谈判的成功。

1822年，当四国同盟或称作神圣同盟（包括法国、奥地利、普鲁士和俄国）成员国在维罗纳会议上达成一致，同意在西班牙斐迪南七世投降并且接受君主立宪制之后恢复其应有的一切权力时，大英帝国开始对这项政策担心起来，尤其害怕神圣同盟会让西班牙重新夺回其在南美失去的一切。此时的英国在与独立的南美国家往来中享有经济优势，所以自然不想看到以前那种有利于西班牙利益的格局得到恢复。英国外务大臣乔治·坎宁向美国驻英公使理查德·拉什建议，美英两国应该共同反对欧洲列强在“新大陆”的任何干涉行为。这项建议被递交给了华盛顿，除了亚当斯之外的所有阁员都赞成英美发表联合宣言。亚当斯虽然支持该提议，却不想和英国一起行动，他希望美国能够独立地做出声明。“我们现在有一个非常合适而且便利的机会，”他说，“……来反对神圣同盟，同时又能谢绝大英帝国的提议。相比狐假虎威地跟在英国军舰后面，公开向俄国和法国阐明我们的原则更率直也更有尊严。”

狐假虎威！亚当斯就这样一针见血地描述了全世界将会以什么样的眼光看待美国。我们一定不能顺着这条路走下去，亚当斯雄辩道。我们必须以主权国家和独立国家的身份站出来表明自己的观点和立场。美利坚合众国，他斩钉截铁地说，应该公开宣布其创立政府所依据的原则；它应该着重强调，这个国家也希望欧洲能够克制住在这个半球传播其理念的欲望，克制住“用武力征服这片大陆上的任何地区”的欲望。

这些信条不允许欧洲国家或者任何其他国家在新大陆进行干涉和殖民，构成了门罗主义的核心内容。而最终，正如亚当斯最初建议的那样，门罗主义也在总统向国会递交的年度咨文（而没有在外交公文）中呈现出来。咨文的大部分内容由亚当斯起草，他在其中提出了四项重要的信条：其一，美洲大陆不应“成为欧洲列强未来进行殖民的目标”；其二，“我们从不参与欧洲诸国因利益冲突而进行的战争，因为那与我们的政策实不相符”；其三，美利坚合众国将把欧洲任何“在此半球任何部分扩展其制度的企图视为对我们的和平和安全的威胁”；其四，“我们现在不干涉，将来也不会干涉任何属于欧洲列强的现存殖民地和附属国”。

国务卿亚当斯阐明的另一个有关外交事务的信条似乎没有这么出名。他利用 1821 年七四演讲这个场合宣布了该信条。在众议院的演讲台上，身着大学教授学位服的亚当斯面对着听众发表了演说。他目不转睛地盯着他们，宣称美利坚合众国永远都会是“所有国家获得自由和独立的支持者”，但是它也绝不会“主动到国外寻找需要消灭的恶魔”。假使政府推行这样背离理性的外交政策，那么美国无疑会开始在世界上谋求“支配和权力”，这种做法最终将会使美国失去自己的“自由和独立”。

1812 年战争之后，美国不仅迎来了民族自尊心的极度高涨和工业革命的快速升温，还见证了民主社会的显著进步。1815 年后，西部诸州的加入促使白人成年男子的普选权迅速达成，财产和宗教都不复成为成年白人男子投票的门槛。这一突破性进展使东部各州开始召开会议，商讨如何改变各州法律以扩大选举权。这些行为是这个国家从共和迈向民主至关重要的第一步。还有几个步骤仍待进行，比如为不同种族和性别的人们提供选举和其他公民权利。但是，整个国家确实开始向一个新的方向前进了，尽管在成为一个更加完善的联邦之前，还要花费太多的时间和血泪。

影响美国民主成长的另一个动力是工人阶级自我意识的提升，这一现象很大程度上来源于工厂的增加和前所未有的大量欧洲移民的到来。他们清楚自己的需求并且毫不吝于表达他们的愿望，他们要求社会、经济甚至政治上的立法来满足他们的需求。首先，他们要求废除债务监禁，要求为他们的孩子提供免费的公共教育，要求雇主支付亏欠他们的工资，并且不要在经济困难的情况下逃避他们应当履行的义务。他们甚至在费城组建劳工党，推举候选人，让他们竞选那些能够维护工人阶级权利的公共职位。他们为获得更高的工资和十小时工作日组织罢工。1840 年，联邦政府对其雇员实行了十小时工作日，两年之后，马萨诸塞州最高法院首席法官莱缪尔·肖对“联邦诉亨特案”做出判决，认为工人组织工会并通过罢工获得其经济目标属于合法行为。

既然美国人民已经有了全新的身份认同——人们不再把自己看作英国人、外国人或者欧洲人，而是确实与之区别开来的“美国人”，1824 年总统选举就显然需要一些改变了。1789 年第一次选举时，就任总统的乔治·华盛顿还头戴假发、下着齐膝短裤、脚蹬丝袜和银扣高跟鞋、腰佩仪仗剑，而到了 1824 年，候选人已经身穿长裤、衬衫并打上领带了。假发、马裤和剑全都不见踪影。国家发生的剧烈变化不仅仅体现在候选人的衣着上，更体现在他们的样貌和行为上。华盛顿是一位彻头彻尾的贵族，而且确实有着贵族的举止风度。而 1824 年选举中的候选人安德鲁·杰克逊，看上去则像是一个极为平常的民主党公民，尽管他无疑来自田纳西州上层社会。

在总统选举中，门罗没有提名继任者，而且由于只有一个政党即民主共和党存在，传统的国会党团所选择的那个人将自动赢得选举。正是这个传统办法激起了很多反对的声音。事实上，这种办法使选举脱离了人民，并将之移交到了国会的一小伙政治家手中。因此，在 1824 年，很多候选人由各州立法机关推举出来，坚称那个传统的办法——“君主会议”已死。

然而，尽管很多人予以反对，与会人数骤减，国会还是召开了一个会议。

该会议由纽约州参议员马丁·范布伦动议，此人相信政党系统对于共和社会的发展至关重要。很多人指责当时的政党是一群贪婪之人组成的阴谋集团，他们只顾自己，却罔顾全体人民的利益。但是现实主义者范布伦却明白，那些坚持特定原则的人必须联合在一起共同努力才能真正实现他们的原则，而其他任何方式都不能达到这个目的。所以，1824 年 2 月 14 日，他在众议院议会厅召集了这个会议的成员，但当时只有 66 人出席。在挤满会议支持者和反对者的大厅里，在人们“沉重的抱怨”声中，财政部长威廉·克劳福德被提名为民主共和党总统候选人。他得到了 62 票，约翰·昆西·亚当斯得到了 2 票，安德鲁·杰克逊和纳撒尼尔·梅肯也各得到了 1 票。

由于在长时间的工作中证明了自己作为民选官员的才干，众议院议长亨利·克莱得到了肯塔基州的提名；这是克莱首次尝试竞选总统，之后还将有很多次。由于在过去的二十四年中，国务卿的职位一直被视为通向总统职位的必经之路，马萨诸塞州便提名约翰·昆西·亚当斯参选。另一位阁员，来自南卡罗来纳州的战争部长约翰·C. 卡尔霍恩本来已经决定参加竞选，却很快发现北方的支持者已经倒向了安德鲁·杰克逊一边，所以他撤出了总统竞选并接受了副总统提名。在所有候选人当中，安德鲁·杰克逊无疑是在政府部门担任公职方面资历最浅的一个。但是他成就斐然的军旅生涯却让他成为所有候选人中最受欢迎的一位。而 1824 年恰好是更多美国人参与到选举当中的一年，所以赢得最多数选民票和选举人票对他来说不成问题。杰克逊得到了 152,901 张选民票和 99 张选举人票；亚当斯紧随其后，获得了 114,023 张选民票和 84 张选举人票。尽管克劳福德在选战时罹患中风，他还是赢得了 46,979 张选民票和 41 张选举人票，仍然多于克莱得到的 37 张选举人票。不过，克莱得到的选民票比克劳福德多，达到了 47,217 张。由于没有一个人得到半数选举人票，根据宪法规定，众议院决定下一任总统的人选。不幸的是，宪法第十二条修正案规定只有选举人票数前三位的候选人才有资格进入程序，所以只有杰克逊、亚当斯和克劳福德得以参加最后的角逐。

作为众议院广受欢迎的议长，克莱本应赢得这场比赛的胜利。然而现在他却处在决定总统人选的位置上。对此，他只能长叹一声。“我只能希望不去履行这个让人痛苦的职责。”他在致朋友的信里写道。不过，事实证明克莱没有这么脆弱。首先，他排除了杰克逊的可能性，因为杰克逊是一个蔑视任何自己讨厌的法律的“军事首领”，很有可能发展成为美国的拿破仑。其次，克莱对杰克逊占领佛罗里达的攻击也使二人之间存在着不可弥合的分歧。议长还排除了克劳福德，因为他身体不好，显然不能承担总统的职责。最后剩下亚当斯，尽管他和国务卿之间曾经有过冲突——尤其是在根特时，二人都以特派员身份为结束 1812 年战争的条约出谋划策——他们却都是热情的民族主义者，亚当斯肯定会赞同克莱倡导的“美国制度”。

1825 年 1 月 8 日，克莱拜访了亚当斯的住所，同亚当斯进行了三个小时的谈话，讲明自己将支持他当选总统。他们会面的消息不胫而走，流言传播开来，说他们坐在一起讨价还价，并确定如果亚当斯当上总统，就会把国务卿的职位交给克莱作为报答。人们猜想，二人之间有一个不为人知的交易。

2 月 9 日，选举在一场暴风雪中开始了。国会参众两院聚集在一起，选举人投出了选票，结果没有候选人得到半数以上选票。于是参议院从会议厅退出，众议院继续留下来选择下一任总统。每个州有 1 张选票，由其代表团决定投给哪位候选人。

投票开始时，众议院会议厅里挤满了旁观者。亚当斯得到了 13 个州的选票，杰克逊得到 7 个，而克劳福德得到 4 个。

选举结果激怒了杰克逊。人民显然在几个候选人当中对他情有独钟，但是他们的意志却被克莱和亚当斯之间所谓的“腐败交易”甩在了一旁。而当亚当斯确实选择克莱担任国务卿时，这个举动恐怕又成为 2 个早有预谋、权力饥渴的“懦夫”合伙操纵选举的铁证。“所以你们看到了，”杰克逊愤怒地说，“‘西方的犹大’（克莱经常被叫作‘西方的哈里’）已经写完了他的契约，马上就要获得他的三十个银币……有谁曾经在这个国家见到过如此赤裸裸的腐败吗？”

亚当斯和克莱的组合并没有理会这个指控，而是着手推进一项很大程度上基于克莱的“美国制度”的计划，以期推进美国的福利和人民的福祉。但是，他们却没能让计划得到国会的批准。他们的反对者，其中大多数都是杰克逊的追随者，把这对搭档的行动看成是非法获取权力的通路。因此，当亚当斯在1825年12月首次向国会提交年度咨文，请求修筑公路和运河系统、建立国立大学和类似西点军校的海军学院并建造一个用于观察“天空现象”的天文台时，国会不留情面地嘲笑了他。此时亚当斯的民族主义激情终于爆发出来，宣称“政府创制的伟大目的，正是在于改善社会契约缔约者的生存状况”。他要求议员不要被他们的“选民的意愿缚住了手脚”。

被选民的意愿缚住手脚！亚当斯好像在让人忘掉选民的意愿，正如他和克莱对“老胡桃”做的事情一样。此外，杰克逊的追随者们认为亚当斯给出这样的议案简直就是疯了。他们不仅宣称这些议案违宪，更认为它们从财政上讲也是本末倒置。只有一个“畸形的联邦”所选举出的、介于约翰·伦道夫所称的“清教徒和骗子”之间的腐败政府才会给出这么稀奇古怪的破玩意儿来。克莱对伦道夫的评论十分气愤，于是便约他决斗。当然，2个人都没有在接下来的交火中受伤，尽管克莱的子弹击破了伦道夫的裤子。

《美国的民主》的作者、法国人亚历克西斯·德·托克维尔曾说，美国的决斗是能够置人于死地的。在欧洲，决斗不过是展示荣誉的舞台，在不造成致命伤的情况下便可以完成。然而在美国可不是这样。托克维尔说，美国的决斗意味着要拼个你死我活。对一些南方人，比如亚拉巴马州的威廉·燕西来说，“决斗不过就是令人愉快的晨间娱乐”。

此后的几年里，民族主义的政府和杰克逊支持者之间的矛盾越来越大。一党统治的时代结束了。新的政党组建起来，两党制系统逐渐形成。在纽约州参议员马丁·范布伦的指导和副总统约翰·C. 卡尔霍恩的帮助下，政府的反对者们联合在一起，准备在即将到来的1828年总统选举中推选杰克逊。他们自称民主共和党人，或者民主党人，强调国家权力的归属和财政保守主义。亚当斯和克莱的友人们主张政府采取更积极的方法解决国内问题，于是被称为“国民共和党人”。“善意的时代”就此成为历史。

亚当斯政府的一大目标是为制造业的发展征收高关税，而 1824 年关税的提高并没有使支持者就此满足。在这种情况下，由全力支持贸易保护主义的佛蒙特州议员罗林·马洛里领导的众议院制造业委员会便准备开始出台新的措施。但是，委员会中马洛里和他的盟友无论是从数量上还是从谋略上讲都不敌范布伦的伙伴、纽约州议员小塞拉斯·怀特领导下的杰克逊支持者。

委员会最终递交的新关税议案让政府的伙伴们颇为震怒，因为这个议案与其说是促进制造业的，倒不如约翰·伦道夫所说，是“制造总统”的。怀特对他在纽约州的政治伙伴们解释，称委员会抬高了杰克逊赢得 1828 年选举所需州所有产品的税率。同时，议案还限制了对支持亚当斯诸州（尤其是新英格兰州）工业产品的保护。结果，大部分产于马萨诸塞州的羊毛制品所获得的税率竟然无法与英国产品进行对抗。这是怎么发生的呢？怀特认为，委员会把“所有羊毛产品”的税率提高，高到让“我们在宾夕法尼亚、肯塔基和俄亥俄州的朋友都把票投给他们”。接着，它又让糖料、亚麻和大麻税率降低，以此来吸引西部各州的选票。而钢铁的高关税，他认为，是“宾夕法尼亚州的必要条件”。因此，这个关税将会有利于原料生产，而新英格兰州的制造业不在这个范围之内。

但是，这样的关税将损害南方人的利益，而他们正是杰克逊最有力、最忠诚的支持者。他们错误地相信关税导致了国际市场上棉花价格的降低。另外他们还认为，北方工业的利益受到了关税的保护，这就意味着南方人需要从封闭市场购入他们的产品，但要在开放市场销售自己的烟草和棉花，这肯定是不公平的。显然，这项议案的设计者认为他们不必为杰克逊在南方的支持者感到担心——因为让南方人在下次选举时把票投给亚当斯是根本不可能的，所以设计者们也没有必要满足他们的愿望、得到他们的拥护。为了保护自己的利益，南方人制订了一个计划，准备阻止议案通过。他们之间达成一致，如果他们支持委员会的关税条款，新英格兰人和他们的支持者就会在最终投票时联合起来让议案无法通过。

为了让这个议案变得不那么可憎，委员会制定了一系列修正案，提高了制造业产品的税率并降低了原料的税率。但是，南方人的计划还是让这些努力全都泡汤了。他们可不想让北方人得到更多好处。当修正案遭到否决时，很多南方人都欢欣地呼喊出来，认为议案肯定没戏了。然而，他们愚蠢的做法向众议院的其他议员揭露了他们的阴谋。有人说，他们显然“给糖浆和其他商品投了票，为了使这个法案不被贸易保护主义者所接受”，尤其是新英格兰人。这种一胜利就面露喜色的做法是十分愚蠢的。“我们不只暴露了我们的计划，”北卡罗来纳州的奥古斯汀·夏佩德叹息说，“还把胜利拱手让给了别人。”

这个举动终于促使新英格兰人开始思考。“我们能因为一项有利于羊毛的法案就去支持麻、铁、酒和糖吗？”马萨诸塞州的丹尼尔·韦伯斯特问道。经过多次讨论之后，他们终于认定他们的确可以这么做，于是众议院于4月22日以105票对94票的结果通过了这项法案。在参议院，税率得到了调整，羊毛从价税率增加到了40%，且每年增加5%直到达到50%为止。5月13日，参议院以26票对21票的结果同意了此项修改，随后将这个议案送回了众议院。经过激烈辩论之后，众议院以85票对44票的结果维持了此项决议。亚当斯签署之后，这个被愤怒的南方人称为“可憎的关税”的法案正式生效了。

在国会休会期间，副总统卡尔霍恩回到家中，开始起草一份文件。该文件不仅表达了他对此事的愤怒，还声称各州可以让任何它们认为侵犯其基本权利的联邦法律作废。这份称为“陈述与抗议”的文件被匿名送到了南卡罗来纳州的立法机关，随后便获得了通过。卡尔霍恩希望文件中提出的否决信条能够成为各州在不脱离联邦的情况下保护自身利益的利器。

亚当斯还在他的第一个年度咨文中宣布，南美洲伟大的西蒙·玻利瓦尔已经在拉丁美洲为一个全新的独立国家组织了代表大会。这个代表大会将在巴拿马举办，对共同关心的问题和利益进行讨论。他说美国已经收到了邀请，他本人准备接受该邀请。民主党人对此提出强烈异议，认为这个会议背离了美国已有的外交政策。除此以外，他们还计划在总统提请参议院批准两位公使前往巴拿马国会时予以拒绝。在阐述参加这个会议的好处时，亚当斯强调了与拉丁美洲国家增进“自由贸易交往”的重要性。最重要的是，他说道，这项任务将向南美洲国家证明“我们对他国福祉的关切”，同时也为双方建立“友好的兄弟情谊”打下基础。

杰克逊的支持者不同意这个说法。派出两位公使的批准令延误许久，以至他们到达的时候巴拿马国会已然休会了。其中一个公使在途中去世了，另一个则是在大会结束时刚刚到达墨西哥城。

南北美洲合作交流的悠久历史本应就此展开，最终却匆匆落幕。正是政治，让本该使所有参与者都能获得福祉的机会，一次又一次消失在历史长河之中。

因为政治，亚当斯政府从最开始就希望达到的目标一直没有达到。亚当斯和克莱就这样被贴上了腐败的标签，无论他们是沉默不语，还是极力争辩，都无法使大多数美国人满意。亚当斯在 1828 年谋求连任时遭遇了惨败，这次选举堪称美国历史上最肮脏的总统选举。杰克逊被控夺人之妻，因为与他结婚的蕾切尔·多纳尔森·罗巴德认为自己已经和前夫路易斯·罗巴德离异，然而实际上却没有。在她和杰克逊结婚时，她还是罗巴德的妻子，因此成了严格法律意义上的重婚者。与此同时，杰克逊的母亲也受到了指控，说她是给英国军人服务而被带到美国来的妓女。另一方面，亚当斯则被称为皮条客。有人说，他在俄国做美国公使时给沙皇找了个美国女孩。

这些令人作呕的言论在杰克逊横扫南部、西部和西北部，得到了 178 张选举人票之后终于告一段落。亚当斯得到了 83 张选举人票，其中大部分来自新英格兰。大约 1300 万人口当中，1,155,340 人参加了普选，比起上次选举增加了 80 万人。杰克逊获得了 647,276 张选票，而亚当斯获得了 508,064 张。

这个国家变了。共和国正在向民主国家进化，然而这个过程将极为漫长、艰难，甚至十分血腥。

第四章 杰克逊时代

1829年3月4日，成千上万人涌上了华盛顿街头，准备见证安德鲁·杰克逊总统的就职典礼。当时的场景看上去就像“北方野蛮人如洪水般涌入罗马帝国，只不过这回是从完全不同的方向”。很多人都不明白到底发生了什么。丹尼尔·韦伯斯特就着实震惊了。“我从没在华盛顿见过如此规模的人潮。”他说，“人们从五百里之外的地方来看杰克逊将军，而且他们看上去似乎真的认为这个国家正从某种可怕的危险当中被拯救出来。”

事实上，他们正是来庆祝一个英雄的就职的，他是许多在美国取得了成功的人中的一员。杰克逊出身贫寒，早年甚至没有亲人，而现在他成为一个国家的最高领导人。他代表了美国最为杰出和令人振奋的一面。他是一个“自我造就者”。人们创造了这个词来描述那些通过自己努力而非依靠家庭和既有财富最终功成名就的人。雄心和决心能够让任何足够努力的人获得成功。

当人们心目中的英雄出现在国会大厦东门廊并宣誓就职时，一阵阵叫喊和掌声响彻云霄。当就职仪式结束，杰克逊开始向白宫进发时，人们依旧跟在身后不愿离去。他们从白宫门口鱼贯而入——无论男女，“所有人都在抢夺着最佳位置，连孩子也混在其中上蹿下跳”。一家华盛顿主要报纸的编辑的妻子塞缪尔·史密斯夫人这样写道，“人民的统治者消失了”，取而代之的是来自社会最底层的乌合之众。“毫不夸张地说，总统先生在几乎要被渴望跟‘老胡桃’握手的人们挤死并几乎窒息且要被撕成碎片，好不容易从后面或是南面的门廊逃回了自己位于加兹比的住所。”

接待客人的茶点都已准备妥当，可每当侍者试图进入房间侍候客人的时候，一伙人就会冲上前来夺走他们手里的饮品。掺入烈酒的橙汁潘趣酒在端出餐室的瞬间便被打翻在地，雕花玻璃和瓷器在混乱中被砸得稀烂。现场之狼藉已经达到一种让人难以想象的地步，以至于侍者们不得不把一桶桶的潘趣酒、红酒和冰激凌放在外面的花园里，试图把人群从宅子里引出来。这个方法确实奏效。男人们一个接一个从窗户飞身而出，孩子们为了争抢冰激凌和其他茶点扭打在一起。在一旁目睹了如此惨状的女士们沮丧不已，一个个晕倒在地。“狂欢节在我们身边定期上演。”一个众议员大声喊道。暴民们简直就像“一条绵延不绝、不断散发着味道的臭水沟……然而，除去民主党人掀起的这场闹剧之外，整个就职过程却因为明智地忽视了‘激烈民主’的大信徒即中央委员会主席而没有再激起更大的风浪。这个法人团体非但没有因‘老胡桃’的当选而完全失去作用，似乎还积聚起了新的活力，甚至如我所认为的那样，把这个老头儿置于其父母般的监护之下”。

这是一个新的时代、一个民主的时代。更多的人，这里说的是白人男性赢得了选举权，如今政治家为了带领和引导选民投票组建起委员会，为其支持的候选人争取多数选票。政治开始鼓励游行和碰头会吸引公众兴趣。人们在城镇广场上竖起“老胡桃”柱来向“新奥尔良英雄”的成就表达敬意和祝福。报纸不再仅仅是当地、国家和国际要闻的信息来源，或阐明政党信条和原则的手段，更成为一种协助政党建立起达到其政治目标的组织的媒介。成百上千的新报刊在 1828 年选举期间出现，大约 600 家报纸散布在美国的各个地区，其中包括 50 家日报、150 家半周报和 400 家周报。“我昨晚在家……与 12 到 15 个朋友碰了个头，”范布伦在纽约最信赖的副官威廉・马尔西面前自夸说，“我还安排出版并广泛散布那些对（亚当斯）政府最不利的言论和支持杰克逊将军的言论。”

这些编辑和作者效率奇高，“老胡桃”刚一赢得选举，他们就像秃鹰一样突然袭击了华盛顿，来索要他们的奖励。这其中包括来自新罕布什尔州的艾萨克·希尔、来自马萨诸塞州的纳撒尼尔·格林、来自康涅狄格州的吉迪恩·韦尔斯、来自纽约州的莫迪凯·诺亚和来自肯塔基州的阿莫斯·肯德尔。此后，他们成为政党发言人，并且因他们所做出的努力获得了政治任命或者利润丰厚的公共印刷项目合同，有的还两者兼得。

有关政治的一切在杰克逊时代都发生了改变。当 1789 年政府首次开始运行之时，大多数（如果不是全部的话）众议员仅会花上一到两个任期的时间进行公共服务，之后便回到自己的家乡，重新开始自己的本职工作。总的来说，政府不是一个赚钱的工具，供职于政府也并不被当作一个终身的职业。这种情况在 1812 年战争后发生了变化。现在，众议员供职时间更长，并将他们对职责的履行转化成一种有利可图的事业。但是，这也让赢得选举成为必需。众议员每两年便改选一次，达到这个目标的最佳办法，就是在州内或区内建立强大的政治团体，并确保一个人的选民对他在任期内的表现足够满意。于是不出所料，这些需求导致了大量不良后果的产生：政治分肥、利益冲突，还有大规模的行贿受贿。这些现象虽然确实很可能很早之前就已经出现在立法史当中，但随着民主的降临，它们在很长一段时间里急速地发展起来。游说者们也开始越来越明显、越来越持续地反映出其委托人的利益。

为赢得政府职位而参与竞选的个人的类型和特征也开始变化——当然不一定是往好的方向上变化。选民范围的扩大使很多人获得了候选资格，但这些人确实缺乏国会议员所应具有的教育、知识水平和背景。《论美国的民主》一书的作者亚历克西斯·德·托克维尔就曾经参加到参众两院的会议之中，并对他所目睹的情况十分震惊。“进入位于华盛顿的众议院之后，”他记录道，“你一定会惊骇于与会者粗俗的举止。通常这里的所有人中都没有一个举止高贵之人。议员们几乎全都是无名小辈，并无显赫的出身或家世。他们多半都是乡村律师或者商人，甚至是来自社会底层的平民大众。”

的确，《纽约论坛报》曾经报道过的俄亥俄州众议员威廉·索伊即是下层阶级中的一员。他经常在下午一时离开他在众议院的座位，走到窗户旁边休息，然后打开一个纸包，从里面拿出一根香肠充作午餐。他狼吞虎咽地吃着香肠，接着吐出一些碎渣，处理一下报纸，最后欣欣然返回座位。举止粗野如是，正如《论坛报》所宣称的那样，从“俄亥俄州蛮荒僻壤”而来——然而正是这些新来的立法者坐在国会里构建着整个国家的法律。让我们把索伊与那些之前也坐在众议院里，帮助国家在宪法之下建立政府的麦迪逊、埃姆斯、塞奇维克和穆伦堡等人做个对比，政府运行过程中所发生的变化就会立马显现出来。几年之内变化如此之剧，确实让人感到惊异。时人也确实担心选举权的扩大降低了参选议员的标准。

最明显的变化还是发生在杰克逊自己身上。他追随着从华盛顿到亚当斯所有这些为公众做出杰出贡献之人的脚步，走上了高贵的公仆之路。杰克逊还有一个绰号：“老胡桃”。他的前任们没有一个拥有这样的绰号，但其后的很多总统却有，比如马丁·范布伦就被称为“小魔术师”；威廉·亨利·哈里森被称为“蒂珀卡努”；詹姆斯·诺克斯·波尔克被称为“小胡桃”；扎卡里·泰勒则被称作“大老粗”。对于当时的很多时事评论家来说，这种全新的命名方式显然标志着美国总统才干和水平的下降。他们可能会认为除了波尔克之外，这些人没有一个可以被评为一流的政治家。

虽然如此，安德鲁·杰克逊却用实际行动证明，自己无愧为美国历史上杰出的总统之一。他确定了一项改革方案，请求国会将其制定为法律。在首次咨文中，杰克逊便提议修正宪法，以普选取代现行的选举制度，以此来保证“多数人意志的公平表达”能够决定总统人选。作为坚定的民主支持者，他反复宣扬着自己对于“民主”一词最质朴的理解。“人民即政府，”他说道，“他们通过代理人管理国家；他们便是政府，他们便是主权。”在此次咨文里，他还宣扬了“多数人的统治”。通过修改宪法来废除选举人团制度，1824 年到 1825 年间的那场灾难性的选举便不会再度出现。

他还希望解决美国一直以来与其他国家之间存在的分歧，特别是美国公民在拿破仑战争期间所遭受的财产损失。由于欧洲人在战后几十年间一直拒绝履行其应承担的责任，杰克逊下定决心将外国亏欠美国公民的东西讨要回来。他同样希望根除前一届政府遗留下来的腐败问题。为了达到这个目的，杰克逊对政府任命体制实施了一项改革，这一政策被他自己称为“轮流任职”，而被其反对者称为“分肥制”。“目前有很多人对轮流任职这一政策颇有微词。”他声称。那些数年来占据同一职位的人往往认为自己对该职位享有既定的所有权。“在我们国家，所有政府机关都是为了服务于人民的利益而创立起来的，任何人都不得对某一机关拥有比其他人更多的固有权利。”正是通过公职人员的定期轮换，我们才能够“最大限度地保证我们的自由”。

此外，他认为关税应该重新调整，使其达到一个更为“适中且公正”的水平，确保国家的所有地区都能获利。显然，“可憎的关税”产生了相当大的争议，尤其是在南方，故此杰克逊相信政府确实能够也应该对其进行适当的“调整”。他尤其相信，出于对印第安人自身安全的考虑，他们的部族应该被迁至密西西比河另一侧，以此来避免灭种的命运，当然这更是为了整个国家的安全。他认为，印第安人在某个特定地区，尤其是在国家东南部的出现，损害了国家的自我防御能力。最后，杰克逊想要改变第二合众国银行的运行方式，因为据他所说，该行并没有成功建立起“一个统一、健全的货币体系”。只有做出必要的改变，才有可能“避免我们的自由”被银行及其影响力所压垮。

随后发生了一个小插曲，战争部长约翰·伊顿的妻子佩吉·奥尼尔·伊顿因其“放荡妇人”的名声遭到上流社会的排挤，最终导致了一场宪政危机。该事件过后，总统对其内阁重新洗牌，以期能够获得实行其改革时所需要的支持。当时，杰克逊竭力为佩吉做了辩护，而他的妻子也认为佩吉不过是政府内部那些闹事者恶毒攻击下的牺牲品，并认为这些恶人会无所不用其极地利用这个无辜的女人控制政府的运行。

杰克逊授意颁布的第一个重要法案是1830年的《印第安人迁移法案》。

由于美国土著对国家构成了安全和安保上的威胁——1812 年战争中的克里克战争便是一个主要的例子——政府不得不命令他们迁移到一个他们不会产生骚乱的地区。总统还相信除非他们能够离开，否则白人定居者势必会夺取他们的土地，甚至准备运用武力歼灭他们。过去一百年里像亚马塞、特拉华和莫希干等部落的消失使杰克逊确信，如果留在原地不动，同样的命运在不久之后也会降临在包括克里克、奇克索、切罗基、乔克托和塞米诺在内的所谓“文明化五部族”身上。

《迁移法案》为政府与这些部落进行协商和向西重新安置它们提供了资金支持。该法案呼吁建立印第安保留区，后来该区域演化为俄克拉何马州。在此区域内，每个部落都将占领一个选定的地区，并在不受合众国干涉的情况下进行自治。这一迁移还涉及一份等量土地交换，亦即部落现处地与密西西比河以西土地相交换协议的签署。联邦政府将提供运输、食品和一些工具来缓解印第安人前往西边定居地的压力。一些部落和平地接受了这个法案，但另一些则没有，尤其是其中毫无疑问最“文明”的切罗基族印第安人。他们有学校，有自己的文字和语言，有报纸，还有宪法。他们如此开化，以至像白人一样拥有自己的奴隶。最终，他们上诉到联邦最高法院，坚持认为他们是一个拥有主权的独立国家。

此上诉发生在佐治亚州要求其境内的切罗基族遵守该州法律期间。“切罗基人诉佐治亚州”一案中，首席法官约翰·马歇尔判决该部落不受制于州法律，但他同时也否认了该部落的主权和独立。更确切地说，切罗基人受联邦政府保护。他们是“合众国尚未成年的被抚养者”。

当然，佐治亚州根本没有理会这项裁定，何况杰克逊总统还含蓄地认可了这种做法。于是，佐治亚州立法机构再接再厉，禁止白人在未经该州明确许可的情况下进入印第安领土。两位传教士——塞缪尔·伍斯特和埃利泽·巴特勒博士，拒绝遵守这个法律，最终锒铛入狱。两人在此情况下提请诉讼。随后，最高法院对“伍斯特诉佐治亚州案”做出裁决，认定各州不应做出这样的干涉。就在这时，杰克逊开始介入此事，他向佐治亚州州长威尔逊·兰普金施压，迫使其释放传教士，同时敦促印第安人迁移。连蒙带骗之下，一项迁移条约——《约耶蔻塔条约》终于被切罗基人认可，整个部族聚在一处，被栅栏团团围住，等待运输工具的到来，随后沿着被印第安人称为“泪水之线”的道路向西进发。这条长达 800 英里的路线上充斥着疾病、悲惨和死亡。当时共有 1.8 万名切罗基人离开了自己的家园，其中 4000 人在沿途死去。

杰克逊急于解决佐治亚问题的一个原因是由于在南卡罗来纳州出现了更大的危机，而总统无疑想要在不挑起内战的情况下迅速做个了断。在摆平南卡罗来纳州税则否决者之前，他需要完成的最后一项任务，便是处理佐治亚的事务。

争论起始于“可憎的关税”的通过以及卡尔霍恩匿名提出的“各州可以拒绝侵犯其权利之联邦法律”的主张。卡尔霍恩宣称，这一“干涉”概念的提出有助于保护少数人的权利，并且能够防止持续威胁民主社会的多数人的暴政。各州必须保持其强势地位以阻止中央政府僭取绝对的权威。这将在整个联邦制衡系统中形成一种额外的制衡。这也将是保护自由和个体权利的唯一出路。

这些观点在 1830 年 1 月杰克逊政府刚刚上台之时得到了公开讨论。当时，来自马萨诸塞州的丹尼尔·韦伯斯特和南卡罗来纳州的罗伯特·海恩在参议院就合众国的性质展开了激烈的辩论。海恩为卡尔霍恩的观点做了辩护，认为只有在各州的权利，包括保有奴隶的权利受到尊重和保护时，合众国才能维持下去。国家政府无非就是各州的代理机构。各州拥有主权，而合众国仅仅是在各州订立的契约下形成的组织。

韦伯斯特在其著名的对海恩的第二个答复当中反驳了他的观点，否认了合众国的邦联性，并认为合众国是人民的联合。“我主张宪法所主张，我拥护合众国所拥护，”他以雷霆万钧之势高喊，“我所主张和拥护的，请听我说，先生，是人民的宪法，是人民的政府，它为人民所创。由人民所创，且必对人民负责。”至于自由只有通过加强各州才能得到保障一说，韦伯斯特坚持认为个体的自由有赖于合众国的延续。“自由与合众国，”他呼喊道，“是现时也是永久，既独一无二更不可分割。”

杰克逊完全赞同这个观点。1830 年 4 月 13 日，很多显要人物都参加了为纪念托马斯·杰弗逊举办的庆典，其中也包括卡尔霍恩。当时人们几次祝酒，杰克逊第一个站了出来。根据传统，他直视着卡尔霍恩说道：“我们的合众国啊，定将永存。”卡尔霍恩则回复说：“愿我们铭记，只有尊重各州权利，均分合众国利益和重担之时，我们最珍视的自由还有那自由之下的合众国啊，才能永存。”随后，杰克逊又把“联邦”这个词加入他的祝酒词里，说道：“我们的联邦合众国啊，定将永存。”

国会试图通过《1832 年关税税则》解决这一问题。该项税则移除了《1828 年关税税则》中的一些条款，但它却仅仅修改了而非明显降低了税率，而这样的努力是不会让税则否决者满意的。因此，南卡罗来纳州政府召开了州立法机构的特别会议，该会议反过来又要求 1832 年 11 月 19 日召开一个通过选举组建的大会采取适当行动。11 月 24 日大会组建后，税则否决者以 136 票对 26 票成功提议并通过了《否决条例》，宣称 1828 年和 1832 年关税法对南卡罗来纳州及其官员和公民“无效、作废，没有权威，不构成约束”。

这无疑对联邦政府的权威构成了极大的挑战。大会进一步颁布法令，宣称自 1833 年 2 月 1 日起，根据无效法律聚敛关税的行为将被视为非法，并以脱离联邦和建立“分治政府”相要挟，警告联邦政府不要试图强制该州服从。

1832 年 12 月 10 日，杰克逊以《公告》回应了这种做法，提醒南卡罗来纳州也就是他的故乡的人民，作为总统，他有义务也有责任强制执行美国法律。“那些告诉你们说，你们能够逃脱死刑的人肯定是在骗你们……企图以武力分裂国家便是叛国。你们真的准备好承担这项罪名了吗？……这场由你们挑起的冲突所产生的一切恶果，最终将不可避免地落回你们头上。”

更重要的是，杰克逊声称："我认为……若是一个州能够随心所欲地废除美国法律，合众国便无法继续存在。"人民，而非各州，他继续说道，组成了合众国。人民拥有主权，而合众国是不朽的。杰克逊是第一位公开宣布合众国不可分割的总统，这一立场被当时的一些美国人赞成，当然也遭到了另一些人的反对。尤其对于南方人来说，脱离联邦的权利在自由社会中应属根本。

其间，卡尔霍恩辞去了副总统一职，并通过选举进入了参议院，希望能够在那里阻止政府可能做出一切不利于他所在州的行为。时任肯塔基州参议员的亨利·克莱也迫切地希望阻止流血事件出现，于是，在他娴熟的运作之下，新的关税法案终于成功地满足了否决者的愿望。《1833 年关税税则》提供了长达十年的休战协议，在此期间税率将缓慢下降，直到十年将近时，关税会统一维持在 20% 的从价率上。杰克逊同时签署了《折中关税》和《武力法案》，后者给予总统部署军队以镇压武装叛乱的权力。

南卡罗来纳州迅速召开了另一个会议，通过废除《否决条例》表达了对《折中关税》的认可。但是，会议还是宣布《武力法案》无效，以此表达对联邦政府的蔑视。"如果这不是一个气势汹汹的大戏里一个虚张声势的结尾，"政府喉舌《华盛顿环球报》讽刺说，"那么它就会迅速受到开明而爱国的公众的藐视。"

"否决已死。"杰克逊恰当地做出了结论。然而论战中所存在的危险仍然未能被根除。"下一个由头，"他警示说，"就会是黑人或者奴隶问题了。"

发表《12 月 10 日公告》的时候，杰克逊刚刚战胜了亨利·克莱，获得了连任。选战的主要争论点涉及第二合众国银行的重新授权。自从总统向国会提交第一个年度咨文并请求改善该银行运行状况以来，事态又发生了些许变化。总部位于费城、拥有 26 个分支的第二合众国银行由 25 个主管组成的董事会运营，其中 5 人由政府指派，其余则由股东遴选出来。不过银行事务的实际管理人其实是董事长尼古拉斯·比德尔。此人受过良好教育，聪明绝顶，来自费城一个富有而且声名显赫的家族。

因为总统所称的该银行未能给国家提供健全的信贷和货币体系这一观点明显不符合实际，所以国会根本没有理会总统的呼吁。然而杰克逊对该机构的敌意其实来源于一个更重要的原因，即他对投机交易和纸币的不信任。这种不信任又可以追溯到他年轻时差点被债权人关进监狱的可怕经历。不久之前，他开始注意到这家银行在运用自己的影响和财力吸引那些对其表示友好并支持其获利的个人参加选举。除此之外，作为一个完全奉献给人民主权的总统，杰克逊还感到第二合众国银行倾向于以忽略普通公民为代价来为美国富有的阶层服务。

事情终于在亨利·克莱向国会提议在四年期满前为银行续发执照时到了关键时刻。克莱确有他的政治诉求。他认为此项提议能够帮助他在1832年总统选举时击败“老胡桃”。他还设想，如果杰克逊签署了这项法律，所有关于改进机构的废话就不会再出现了。但如果他否决了这个提议，克莱就可以在选举时挑战并指责杰克逊，说他破坏了一个为人民提供信贷和货币的、十分必要的财政机构。克莱确信民众一定不会允许这家银行被毁，于是人们便会选择他而不选择杰克逊，而之后，作为总统的他就可以签署一个新的授权法案。

所以，1832年1月，一个银行法案出现在了国会，到7月，这个法案就获得了参众两院的一致通过。7月10日，杰克逊明明白白地否决了这项议案，而这也由此成为美国历史上非常重要的总统否决之一。它为总统否决一项议案找到了新的理由。在此之前，所有的否决都举出了宪法上的原因，而现在杰克逊虽然也举出了一些与宪法有关的原因，但远远不止于此。他还为他的行为找到了种种政治、经济和社会的理由。他认为，通过这项授权，政府授予了银行垄断优势，而按照法律来讲，它却应该是所有阶级和利益的调停者。他指控第二合众国银行以支持特定候选人的手段干涉选举程序，从而损害了政府的整个民主系统。此外，该银行的一些投资方是外国人，这就意味着他们在从美国纳税人提供的利润中获得利益。他还对最高法院关于银行合宪性的问题提出了质疑。在“麦卡洛克诉马里兰州案”中，首席法官约翰·马歇尔同意了亚历山大·汉密尔顿的论点，认为国会掌握着创建银行的默示权力，因为满足立法机构的枚举责任是“必要且正当”的。而杰克逊在他的否决通知书里则写道：“我不能赞成这样的结论。”他认为，无论是国会还是总统都“必须按照各自对宪法的理解行事……而如果最高法院想要在国会或者行政机关在其职权范围内行事时对它们进行控制，这必不能被允许；它只能拥有与国会或者行政机关行事能力相应的影响力”。

最后，他用一段振聋发聩的文字结束了全篇。“遗憾的是，手握金钱和权力的人往往为了他们自己的利益扭曲政府的行为。”当法律试图让“富人愈富，权势愈强时”，他继续说道，“贫苦的大众们——农民、技工和劳动者们，那些既没有时间又没有办法保护自身利益的人，就有权利对政府的不公提出申诉。”政府必须平等地对待每个人，无论贫富，而这份银行法案却是对该原则“巨大且不必要”的背离。

杰克逊这样做的目的是想告知国会，他也是立法程序的参与者。由于他可以因为任何原因让一个法案作废——这其中不仅仅包括某一议案模棱两可的合宪性——立法者有必要事先注意一下总统是否有任何否决的意向。如果他们没有这样做，如果他们漠视了总统在这种事项上的权威和能力，他们就要承担总统否决提议的风险，而在通常情况下，想要推翻总统的否决极度困难，因为那将需要国会两院都必须有三分之二人反对总统否决。

第二合众国银行的友人们对此大吃一惊。这简直是一个“无政府宣言”，尼古拉斯·比德尔咆哮道，就像法国大革命期间“马拉和罗伯斯庇尔给暴民分发的那些一样”。参议员丹尼尔·韦伯斯特也被激怒了。“杰克逊，”他怒不可遏地说，“居然不为自己争取批准法律的权力，却来掺和制定法律这样的基本权力。”自然，克莱也十分同意他的说法。他认为，这份否决通知是“对否决权力的曲解”。

美利坚合众国的创始者们在书写宪法之时确实曾经试图把国会当作政府的中心。而在此时，杰克逊试图改变这项安排，把总统当作政府的首脑。国会是政府的一个民主分支，《国家通讯报》说，而不是行政分支。“如果权力在一个共和国中的任何一个角落都是安全的，那么也就不会为议员所滥用。”

麦迪逊曾声称行政机构是相对弱势的政府分支，如今局面彻底改变了，行政机构反而成为强势力量。“我们进入了新的纪元，”韦伯斯特宣称，“我们正尝试着对政府和宪法做出种种前所未有的改变，而这改变也许会令人胆战心惊、瞠目结舌。”

1832 年杰克逊在总统选举中击败克莱不久，便决定撤出政府在第二合众国银行中的存款。当他的财政部长拒绝执行他的命令并且拒绝辞职时，杰克逊将其解雇，这位部长因此成为第一个被解雇的阁员。这是具有深远意义的先例，它意味着总统从此对整个行政机构有了完全而彻底的控制权。

行政机构从第二合众国银行撤出政府资金，留下一部分用于维持政府的正常运转，并将新近取得的政府收入存入从几个大城市中遴选出的州立银行，这些银行被反对派们称为“宠物”银行。为回敬这种做法，比德尔则下令在整个银行系统里实行借贷紧缩政策。他拒绝提高贴现率，并且限制交易时所用的贴现票据长达九十天。“我们这位可敬的总统认为，他剥了印第安人的头皮，囚禁了几个法官（1815 年多明尼克·霍尔法官因罔顾杰克逊在新奥尔良颁布的戒严令，签署人身保护状释放了一名记者，导致杰克逊将其投入监狱），他就可以搞定银行了。那他可就错了。”最终，由于比德尔的行为，整个国家在 1833 年冬至 1834 年陷入了急速的衰退。

与此同时，在亨利·克莱的怂恿下，参议院于 1834 年 3 月 28 日通过了一项决议，责难杰克逊“在宪法和法律授权范围之外行使权力，使宪法和法律受到了削弱”。当时的计票结果是 26 票对 20 票。4 月 15 日，义愤填膺的总统以《抗议书》做出了还击，否认了参议院在宪法之下拥有“处理、考量和决定总统的官方行为的权力”。弹劾是众议院专有的权利，他继续说道，而参议院无权讨论通过实质上具有弹劾决议效力的文件。接着，他又表达了在他之前的行动和文章里一直有所暗示的内容：他是所有人民的直接代表，而他也对所有人民负责。

丹尼尔·韦伯斯特与其他参议员一道谴责了杰克逊“令人义愤填膺的言论”。有谁“说过总统是人民的直接代表？……我把这个，恕我直言，当成一种臆断，而且是非常危险的臆断”。如果他被允许宣称他是“美国人民的唯一代表，那么这个政府……就有了一个主人。我坚决否认这个观点……并且抗议这种言辞”。

正是在这场关于第二合众国银行、政府存款向小银行的转移和对总统的谴责动议的旷日持久的争论中，一个新的政党诞生了。它是在原有的联邦党和国民共和党基础上产生的，还联合了一些否定税则者以及对杰克逊的政策和行为持否定态度的人。他们称自己为“辉格派”，意指殖民时期反对国王、支持共和统治的人们。他们称杰克逊为“安德鲁王”，并立誓要推翻他所有的功绩。

在两届任期之内，杰克逊实际重新定义了总统的作用，直截了当地把总统放在政府首脑的位置之上。他的重新定义迅速得到了选民的接受。一位参议员曾感叹道：“在杰克逊发掘行政权力的潜能之前，所有人还都以为它根本不如立法权——而他却显然认为行政权力更胜一筹。在他的手中，政府的君主部分（这样说是因为行政权即是君主制的……）才证明自己远比各州代表强大。”总统，而非国会，才是民意的真正代表。

比德尔的行为所造成的财政恐慌让美国人民意识到，他们绝对不会愿意把国家的财政交给一个可以命令政府并强制其服从却从未经过选举的机构。众议院对此也表示认可。在民主精神的支配下，众议院通过了一系列决议，谴责第二合众国银行收回贷款并试图以财政压力获得重新授权的做法。“众议院反对重新授权，建议政府资金存于小型银行，呼吁调查第二合众国银行的行为及其行为所导致的财政恐慌”这一做法基本把第二合众国银行置于死地。“这家银行完了。”一位阁员大胆说道。事实证明这家银行完全不可信。杰克逊对此当然非常高兴。“我赢得了一场光荣的胜利。”他兴奋地说。众议院决议“把这家合众国银行，这个腐败和权力的怪物铲除了”。

这场“银行之战”在很大程度上是代表民主政府（在他的理解中）的安德鲁•杰克逊与代表特权和财政控制的尼古拉斯•比德尔之间的权力斗争。斗争的焦点实际上是，到底是民选官员还是工业头领决定国家走向和未来的问题。此次权力斗争对改革者和进步派的影响贯穿整个美国历史。一些个人和组织一次又一次试图利用政府获得他们的特殊利益，有时他们确实会侥幸成功，只有十分警惕的选民才能避免这种事情的发生。现今的游说者们常常通过贿赂国会议员来更好地为自己的利益集团服务，而人民却因此蒙受着损失。

另外，杰克逊的做法和主张改变了行政机构和选民之间的关系。由于坚持把自己放在“所有人民的代表”这一个位置上，杰克逊创造了一个可以让总统权威得以安全依凭的国家权力。当他选择摧毁第二合众国银行而国会挫败了他的愿望时，他能够转向人民并请求他们给予支持。这是美国历史上第一次把重大问题交给人民决议。这种情况甚至到现在为止都极为罕见。人民讨厌做出决定。他们并不总能确定自己是否可以决定如此重大的问题。正因如此，国会议员才被选举出来履行他们的义务，并且得到相应的报酬。但是在 1832 年，银行的未来取决于选民到底是选择杰克逊还是克莱。通过如此果断地支持“老胡桃”，人民重新团结在了他的一方，在国会激烈反对的情况下授予他摧毁第二合众国银行的权力（至少杰克逊这样宣称）。总统的权力就这样获得了大众的支持。如今的行政机构绝非以往所能相比，因为从现在开始，它拥有了坚定的总统，拥有了民众的支持，还拥有了可以指导对内和对外政策、决定美国未来道路的领导力。

不幸的是，小型银行没有能力取代一个运转正常的中央银行，使这个国家的货币和信贷在全世界受到信赖。在将近一百年的时间里，整个国家都没有中央银行业务，直到伍德罗 • 威尔逊时期才通过了联邦储备制度。走出第二合众国银行阴影的州立银行得到了相当多的自由并利用这一点不负责任地在没有充足保障的情况下发行纸币。为了阻止通货膨胀，杰克逊在 1836 年签署了《铸币流通令》，规定向政府购买土地需用黄金和白银。

公共土地的销售是经济的重要组成部分之一。不过从另一个角度上说，纸币的持续泛滥也有助于工业持续发展和领土的不断扩张。

但是，灾难很快还是降临了。杰克逊还有不到两周时间就将卸任，由击败了丹尼尔·韦伯斯特、休·怀特和威廉·亨利·哈里森等辉格派人的马丁·范布伦接任，此时国家金融却开始崩溃了。1837 年 3 月 17 日，国内汇兑界最大交易商的纽约约瑟夫公司因新奥尔良棉花市场衰败而破产。这一事件引起了巨大的连锁反应，使众多银行和大量的商贸企业倒闭。在接下来的几个月里，大量公司相继破产，而“1837 年恐慌”也因此愈发严重，一直延续到 40 年代末才告终。

范布伦花费了整个任期的时间来对付这场经济衰退，但他仅仅通过了《独立国库法案》，即财政与银行“分离”或者分库计划。这一法案要求公款在不经私人银行协助的情况下，由政府直接管理。现金存款将被储存在位于全国几个重要城市中的国库分库里，听候政府需求调出。这项法案在范布伦的继任者约翰·泰勒总统在任时废止，但又在詹姆斯·诺克斯·波尔克在任期间再次实行。此后七十年间，《独立国库法案》便一直作为国家的基本银行制度而存在。

“1837 年恐慌”也让范布伦政府 1840 年再选时吃了不少苦头。竞选总统的威廉·亨利·哈里森将军可以看作美国历史上另一位军人英雄，曾在 1811 年蒂珀卡努河战役中击溃印第安人。他和他来自弗吉尼亚州的竞选伙伴约翰·泰勒成功地在一场欢乐喧闹、充斥着歌声和游行的选战中击败了“小魔术师”。“蒂珀卡努和泰勒，”辉格派这样高唱着，“范布伦，范布伦，你是一个废人！”这场在苹果汁、浣熊皮帽、滚球以及其他随身用品中结束的选战，简直可以称作美国历史上最活泼搞笑的一次。这是民主失去控制的又一种结果吗，还是“杰克逊式民主”的又一种影响？这个国家已经放弃理性和政治家精神，转而相信高调夸大的言辞和没有头脑的插科打诨了吗？很多辉格派人确实这样认为，并且非常害怕如果这样发展下去，过不了多久合众国就会被摧毁。不过他们还是赢了。

在选举中，哈里森得到了26个州中19个州的共计214张选举人票，而范布伦只得到了60张。另外一个支持废除奴隶制的政党自由党提名詹姆斯·伯尼出任总统。此人收获了7000张选民票，没有得到选举人票。

作为终结美国奴隶制手段的自由党的出现，其实只是国内普遍存在的情感的其中一种表达形式。当时人们普遍认为，社会中存在的这种恐怖的状况应该改革。这种改革的热情，或者像拉尔夫·沃尔多·爱默生所说的"改革的恶魔"几乎影响到全国各个地区。实际上，除了废除奴隶制之外，人们出于其他各种各样的动机行动起来，希望社会制度能够重新焕发活力并且变得更为人性。

这种热情从启蒙时代开始萌发，并在浪漫主义的新时期里不断发扬光大。这个时期的美国人相信人类不断完善自身的潜能和社会进步的必然性。他们反复宣扬人们对改善工作和生活状况的需求，恰如一个改革者宣称的那样，这种需求"把人类的生活置于和谐之中，美好与公正的理念始终存乎其间"。爱默生则用这样一句话表达了这个浪漫主义的想法："终有一日，人类会相亲相爱；所有的灾难都会在普照大地的阳光中消失得无影无踪。"

改善社会，纠正错误，革故鼎新。这些浪漫主义者坚称每个人有义务、有能力达到这些目标，因为他们能够"超越"经验和理性，凭借他们的直觉发现宇宙的真理。包括布朗森·奥尔科特、乔治·里普利、纳撒尼尔·霍桑、奥列斯特斯·布朗森、玛格丽特·富勒、亨利·梭罗，以及爱默生在内的一群人在新英格兰为这些"超验"的想法摇旗呐喊，宣称人类不仅优秀，而且神圣。传统的、认为人类有罪的清教徒的想法被人类的神性论取代。"泛神论将人和自然渗透到上帝之中。"一个超验主义者写道，"唯物主义把上帝和人渗透到自然里去，而超验主义则把上帝和自然渗透到人中。"

超验主义者们发现了自然中的美好，同时也发现充满贪婪的物质社会的丑陋。"对钱的热爱居然能如此严重地占据人的情感。"亚历克西斯·德·托克维尔说道，"没有哪个国家能够在这方面超过美国。"尽管如此，人还是有着改变这种情况的力量，因为他们"天生具有无穷无尽的进取能力"。

托克维尔坚持认为，这种能力源于美国人对于平等的信仰，而超验主义运动的先锋们则有一种更为浪漫的理解。比如说，爱默生就宣称：“人出生不就是为了做那改革者的吗？不就是要成为人造物的重塑者，成为谎言的摒弃者，成为真理和美好的修复人，模仿那伟大的怀抱着我们所有人的大自然的吗？”

起初，这些超验主义者在乔治·里普利位于波士顿的居所会面，讨论他们的信仰和观点，但后来其中一些人在马萨诸塞州的西罗克斯伯里建立起布鲁克农场。从此他们生活在一起，并把自己的想法付诸实践。农场中的人数虽然从未超过 150 人，但有成千上万人来到这里聆听他们的教诲。这个公社实验曾经吸引了很多美国人，尽管整个布鲁克农场在 1847 年一场大火之后彻底在人间消失。

虽然有着这样那样的波折，但社群主义本身却一直处在上升阶段。众多社群建立起来，形成了诸多合作社。通过这种方式，个人便生活在了更为和谐的环境之中。这些被称为“法郎吉”的组织是由一个法国的社会主义者查尔斯·傅里叶首先创建起来的。法郎吉的成员们生活在一起，从事着他们喜爱的并能从中得到满足的工作。也许这样的环境可以造就高生产力的社会，而其中的所有成员都将平等地从中获利。1840 年，傅里叶的想法由来自纽约的阿尔伯特·布里斯班传播到美国。在其著作《人类社会的命运》里，布里斯班描述了“由我们现今的社会机制所导致的巨大而愚蠢的浪费……从工业利益的联系与结合之中产生的巨大的经济和利润”。

另外一个不太相同的公社实验由一位成功的苏格兰制造商罗伯特·欧文发起。此人因其博爱闻名于世，在印第安纳州新哈莫尼建立了自己的社群。欧文希望，通过采用财产公有制与合作劳动方式，新哈莫尼能够作为一个模范社群繁荣起来，每个人都能够在其中过上幸福而有作为的生活，贫穷和犯罪可以彻底被消灭。但是实验在两年之内就失败了。欧文关于“自由之爱”以及其他一些事情的奇怪想法，使他的理论产生了内在的矛盾和冲突。

较为成功的社群生活实验大都建立在宗教的基础之上。其中，最值得注意的也许就是由修女安·李发起的沙克尔运动。1776年，安·李从英国来到美国，并在纽约州的奥尔巴尼定居。她认为上帝有着双重性格，一边是以基督为例的男性；另一边则是女性，她的信徒认为她便是其代表。她宣扬情欲的邪恶，坚持要求她的信徒禁欲，这就意味着这个社群需要不断吸收皈依者才能存续下去。她的信徒因其操练的宗教舞蹈被称为“沙克尔”。他们在跳舞时会排成队列，三人并肩，在一个屋子里以极快的速度疯狂奔跑。这样做也许是为了甩掉他们身上的罪孽，接着他们还会用最大的声音唱歌。到19世纪40年代，大约6000名沙克尔居住在从缅因州到印第安纳州的超过24个社区里。沙克尔运动直到20世纪仍在继续，但最终还是逐渐消失了。

也许杰克逊时代最引人注目、最具美国特色，同时也是最为重要的宗教团体，就是耶稣基督后期圣徒教会，即摩门教。这一宗教团体由约瑟夫·史密斯建立。他断言自己曾经拜访了天使莫洛尼并接受了他的教导，挖出并抄写了一本藏于石盒、写在金页上的经书。1830年，《摩门经》出版，其中出现了据说是关于以色列失落部族的叙述。“摩门”这个名字来源于一位早期移居美国的先知。史密斯带领着信仰摩门教的信徒从他的出生地纽约前往俄亥俄，接着又到了密苏里，最后来到伊利诺伊州的瑙沃。在三十八岁那年，史密斯因为激起了邻人和附近城镇对其信仰的敌意，也因为包括史密斯自己在内的一些摩门教徒实行一夫多妻制而在伊利诺伊州的迦太基遭人谋杀。所以杨伯翰接过了摩门教的大旗，把整个团体迁移到了犹他州大盐湖附近的沙漠地区。从此，教会才逐渐兴盛起来，财富和人数也开始稳步攀升。在过去的一百五十年里，由于教会内年轻人的努力，摩门教已经传播到了世界各地。到21世纪中叶，教会成员总数有望超过5500万，摩门教也跻身全美五大基督教教派之列。

沙克尔和摩门教现象是18世纪末到19世纪初席卷美国大部分地区的宗教狂热的一种表现。这就是“第二次大觉醒”，杰克逊时代改革热情高涨颇重要的原因之一。它几乎影响了美国人思想和行动的每个方面。紧接着，在世纪之交时，以一系列复兴集会为肇始的福音运动展开，在19世纪二三十年代达到巅峰。没有经过什么正式神学教育但天生拥有魅力的传教士们四处游走传教，大量的信徒忏悔着自己的罪行，改变着自己的生活。他们的语言，他们对信仰的虔诚，还有他们的身体力行使得他们开始恣肆地宣泄自己的感情，男人和女人们撕扯自己的头发，击打自己的胸脯，在地上翻滚着请求上帝的宽恕；他们公开忏悔自己的罪行，承诺要做善事，并发誓要为改善社会奉献终生。

由此看来，杰克逊时代许多改革都是宗教领袖创始并推进这一事实便不足为奇了。他们呼吁追随者团结起来，通过建立组织改造社会、减轻人类遭受的痛苦。查尔斯·格兰迪森·芬尼便是那时最著名的传教士，同时也是美国现代福音派新教的创始人。“邪恶已然展现，”芬尼布道说，“改革的钟声已然敲响……不要以为基督徒可以保持中立、原地不动，请你们接受上帝的许可和祝福吧。”因此，贺拉斯·曼、多罗茜娅·迪克斯、弗朗西斯·怀特、尼尔·道、卢克丽霞·莫特、威廉·莱德、苏珊·安东尼、伊丽莎白·加迪·斯坦顿，还有许多人一道回应了这个请求，准备着手给刑事监禁所和精神病院带来一些改变，终结奴隶制，为女性提供平等的权利和更好的教育，推进戒酒、扶助穷人，提倡更好的工作环境，并在世界范围内倡导和平。贺拉斯·曼在临去世前几个星期与俄亥俄州安提亚克学院的毕业班同学分享了自己的信条。“若能为人道赢得一些胜利，则死而无愧。”他说。

曼一生致力于公共教育的改善，而这也进一步刺激了教科书的改进。事实上，所有早期的教学手册质量都非常低劣，直到诺亚·韦伯斯特的《拼写字典》和《读者》面世之后，教育才真正有了质的进步。1836年，威廉·麦古菲编写的《美国语文》出版，不久便对小学教学产生了巨大影响。该书强调文化和道德标准，其中宣扬的爱国主义恰好迎合了当时国内逐渐增长的民族意识。可以说，在那个时代，没有哪个作家或者政治家能够比麦古菲对美国人生活的影响更加巨大。

所有这些到底是怎么发生的呢？是什么给美国带来了这个奇怪又美好的现象，这个“改革的时代”和所谓的“第二次大觉醒”呢？正如历史上大多数重要事件一样，这个现象背后有许多深层次的原因。举例来说，当时的美国人正处在一系列巨大的改变之中，而伴随这些改变出现的是政治体内外大量的震动和挫折。有人认为，美国在 1790 年至 1820 年这三十年间经历的改变，要比整个美国史上任何其他时期的改变都要深刻。我们应该记住，这时的美国人民刚刚为一场大革命画上句号，摆脱了君主政体，建立了共和政府。接着，在宪法指导下的“自由实验”里，参与政府运作的政党开始逐渐形成。但是，实验却引起了欧洲列强的蔑视，并最终导致了美英之间的一场战争。只有杰克逊将军及其军队在新奥尔良赢得的那场不可思议的胜利才让美国免于彻底蒙羞。

战争之后又发生了一些新的变化。工业革命开始了，美国最终将从农业社会转变为工业社会。紧接着交通革命到来，使得地区之间的交流跟上了国家扩张的步伐。最重要的是，共和政府向民主政府的进化让全新的、不同于以往的一代领导掌握了国家权力。华盛顿、富兰克林、亚当斯、杰弗逊和汉密尔顿被“老胡桃”“小魔术师”“蒂珀卡努”“小胡桃”和“大老粗”所取代。无怪乎裹挟在这些变化中的美国人转向宗教寻求稳定和生活的意义，并投身于有意义的活动以寻求社会的改革和进步。

美国民族文学也在这个浪漫主义的时代有了长远的发展。很多富有创造性的艺术家在杰克逊时代崭露了头角。比如说，纳撒尼尔·霍桑在马萨诸塞州的康科德亲身体验了超验主义的理念之后，创作了小说集《重讲一遍的故事》和小说《红字》《带七个尖顶的阁楼》。另一个著名的超验主义者、爱默生的密友亨利·梭罗，在瓦尔登湖旁生活了两年，最终写出了传世杰作《瓦尔登湖》。在书中，梭罗表达了自己的哲学、宗教思考和经济观点，当然还有自己临自然而居的愉悦之情。“我来到树林之中，”他写道，“因为我渴望从容不迫地生活，只思考生活的基本事实，看一看我是否能够学会自然所授，而不想当死亡迫近之时惊觉自己从未真正活过。”

他拒绝向马萨诸塞州缴纳税款以支持战争，宁愿进入监牢也不愿让一个拥有独立主权的州扭曲他的自由意志。他撰写了极其重要的《公民不服从》，此书对玛哈特玛·甘地和马丁·路德·金都产生过极其重要的影响。

也许这一代作家中最具天赋的便是赫尔曼·梅尔维尔，其不朽的著作《白鲸》对人类与邪恶的永恒斗争进行了十分深刻的描述和探讨。他甚至在这部作品中收录了自己对安德鲁·杰克逊和民主的颂词：

“那么，假如以后我将这崇高的精神与卑微的水手、叛逆者和遗弃者相连……那么希望你能不在意人世间的闲言碎语，支持我继续做下去吧！噢，平等之灵啊，不是您在我们身上披了高贵的人衣吗？鼓励我干下去吧，您是伟大的民主之神啊！是您使安德鲁·杰克逊自荒芜中拔地而起，跨上战马，登上重天啊！是您在一切平凡而伟大的芸芸众生中拣选了地上最强大的勇士，又从万中无一的勇士里甄选出勇士中的冠军啊。噢，我的主，鼓励我干下去吧！”

没有哪个作家对浪漫主义的阐释比埃德加·爱伦·坡更好。他创作了诸如《毛格街血案》和《失窃的信》等脍炙人口的侦探小说；诗作《乌鸦》《钟声》和《安娜贝尔·李》，短篇小说如《金甲虫》和《厄舍府的倒塌》，都证明他是一位匠心独运、令人激动的作家。杰克逊时代的其他诗人还包括亨利·沃兹沃斯·朗费罗、詹姆士·拉塞尔·洛威尔以及约翰·格林里夫·惠蒂埃。朗费罗把印第安人浪漫化和传奇化，洛威尔讽刺了墨西哥战争，惠蒂埃则抨击了奴隶制。当然，南北战争前美国最杰出的天才诗人无疑还是沃尔特·惠特曼，其《草叶集》表达了超验主义的两个主旨，即人的善和自然的美。惠特曼的作品可以称作美国文学的里程碑。

虽然南方并没有出现足以与北方比肩的文学巨著，但有几位南方作家还是写出了颇有趣味和价值的作品。威廉·吉尔摩·西姆斯创作了很多关于老南方的浪漫主义小说，例如《雅马西》和《游击队》。奥古斯都·朗斯特里特写出了《佐治亚景色》；约瑟夫·鲍尔温则写出了《亚拉巴马和密西西比的光辉岁月》，还原了蛮荒之地粗粝却充满活力的生活。正如西姆斯所说：“南方与文学艺术，简直格格不入。”

另外一类截然不同却也是十分重要的艺术家，是以约翰·詹姆斯·奥杜邦为代表的画家。他们创作了像《美洲鸟类》这样杰出的作品，捕捉了各种生灵的动人和美丽之处，展现了美国森林苍翠又绚丽的景致。

这段时期的美国人还展现出了对比纯科学理论更加偏爱实用科学技术的一面。他们是实用主义者，热衷于寻找有用有利之物。一位外国观察者曾经这样评论道：“在欧洲，年轻人都在写诗或者写小说，而在美国，尤其是马萨诸塞和康涅狄格州，年轻人却在发明机器和工具。”确实如此。杰克逊时代，几种重要的机械和技术被发明出来，其中包括 1831 年由塞勒斯·麦考密克发明的用于收获谷物的收割机；1835 年由塞缪尔·柯尔特发明的左轮手枪；1839 年由查尔斯·古德伊尔发明的硫化橡胶；1844 年由塞缪尔·莫尔斯发明的电报；1846 年由伊莱亚斯·豪发明的缝纫机；还有许多不甚有名的发明，比如说 1842 年由名叫威廉·莫顿的牙医发明的麻醉剂。

众多发明的出现进一步促进了新型商业和新型市场的建立。美国人开始成为把发明变成商品然后在世界各地销售的行家。这些南北战争前夕的美国人拥有一种与欧洲人不一样的特质。他们对生活抱着强烈的实用主义的态度，有着改变自身社会地位并不断取得进步的强烈愿望。

杰克逊时期所有的经济、宗教和社会改革中，恐怕没有哪个能比北方人越来越坚定地想要在全国废除奴隶制更为重要的了。毕竟，对很多人而言，一个自由、文明和信奉基督教的民族却仍然持有奴隶并且从奴隶制中获利本就自相矛盾，况且奴隶制也与这个国家所信仰的自由和民主背道而驰。

美国有着反对奴隶制的悠久传统，尤其是像贵格会这样的宗教团体更是对奴隶制大加鞭挞。1812 年战争之后产生的改革动力让废除奴隶制的呼声一浪高过一浪。国会承认密苏里加入联邦的辩论便是其中一例。当时的南方人威胁称，如果他们“特有的制度”以任何方式遭到践踏，他们便会脱离联邦，甚至挑起内战。好在一系列的妥协最终使联邦免于分裂。然而已经退休的杰弗逊出言警告说，这场矛盾“是我们地界上的一个污点”，不知什么时候就会“像龙卷风一样突然降临到我们头上”。这很可怕，杰弗逊说，就像“夜晚听到火警钟声一样”。

另一个可怕的事件发生在1822年。一个名叫丹马克·维奇的黑白混血儿带领了一小队追随者（白人夸大了人数，宣称有9000人之多），准备在南卡罗来纳州的查尔斯顿发动起义赢得自由。这场“奴隶暴动”遭到了南卡罗来纳州5个连民兵的残酷镇压，大约35名奴隶被吊死，另外37人被该州驱逐出境。所以，对再次发生暴动的恐惧从此萦绕在南方人的心中。他们坚信黑人早晚还会崛起，那时他们会不加选择地屠害白人，就像不久之前加勒比海中圣多明各岛上的黑人一样。“永远不要忘记，”一个人警告说，“那些黑人……是无政府主义者、国家内患、文明社会的公敌。这些人将会——如果他们有这个能力的话——成为我们这个种族的毁灭者。”

不到十年，另一起更严重的事件发生了。奈特·特纳动乱无疑是美国历史上最严重的奴隶暴动事件，几乎让所有南方人都陷入了对黑人与白人关系永久的担心和恐惧之中。特纳受到经常降临在其被奴役的种族身上的恐慌的驱使。有些人也认为，特纳是意图带领人民走向自由的宗教狂热分子。无论如何，1831年8月22日，特纳带领大约100名奴隶在弗吉尼亚州东南地区屠杀了60个白人，其中包括女人和小孩。随后，他们整整一天都没有停歇，最终几乎消灭了整个白人社区。

当地警察赶到事发现场，开始系统屠杀每一个他们能够找到的黑人，无论是否有罪。几个嗜血的复仇者发誓他们会杀掉“每一个在南安普敦看见的黑人”。一些奴隶被枭首示众。我们现在虽然无法确定到底有多少黑人在这场疯狂的复仇中遭到杀害，但100多人是无疑的。

特纳动乱震惊了整个南部地区。“每个人脸上都刻着恐惧。”一个南方人如此说道。更糟糕的是，越来越多的废奴主义者开始出现，他们要求国会承认奴隶制非法，或者至少希望国会给出禁止进口奴隶的决定。1833年美国反奴隶制协会的成立为这场运动提供了组织基础，而在“地下铁路”

上建立起来的站点网络也在协助逃亡奴隶奔向自由。这些废奴主义运动在众多北方州的支持下迅速扩张，它们设立了“人身自由法”，禁止州政府官员协助追捕、遣返逃亡者。

更糟糕的是，种族暴乱定期在若干城市出现，其中甚至包括华盛顿。一个废奴主义者“向黑人分发煽动性出版物”，“蓄意刺激他们暴动、引发流血事件”以达到和特纳暴乱相同的效果，最终引发了首都暴乱。华盛顿的暴乱持续了几天，最终迫使武装部队出动以恢复秩序和保护公共建筑。《国家通讯报》评论说，“我们至今仍然不敢相信”这样的暴力行为居然出现在一个自由国家的首都。

不管是辉格党还是民主党，它们都不会采用一个呼吁废除奴隶制或者禁止其扩张的党纲。民主党人认为，黑人的境况已经由宪法中的折中方案决定了。该方案要求五分之三的奴隶计入各州人数，以此决定国会众议院各州代表人数。这是各方达成一致的结果。如果宣布奴隶解放，这项契约就会失效，最终无疑会导致合众国解体。而辉格党内部则呈现出分裂之势：一方面，南方谴责任何干涉其奴隶持有权的行为；另一方面，北方虽然意识到解决问题的必要性却不能达成一致的解决方案。党内的很多北方人后来渐渐疏远了辉格党，并最终在 19 世纪 50 年代成立了共和党。

请愿书如潮水般涌进国会，要求采取行动限制奴隶制的发展。但南方人显然不会坐以待毙。1836 年 5 月 26 日，众议院成员投票决定搁置（实际上是扼杀）“以任何方式或在任何程度上与反对或者废除奴隶制有任何关联”的请愿。时任众议员的前总统约翰·昆西·亚当斯为“请愿的权利”进行了辩护，并在接下来的几年中一直为废止这项“限制言论自由的决议”做着努力。年复一年，让人们“闭嘴”的议案总能不断得以实行，直至 1844 年 12 月 3 日，国会终于以 108 票对 80 票否决了这项议案。北方议员终于响应了选民不断增长的、保护其请愿权的请求。“称颂我们的上帝吧，永远称颂他。”亚当斯在胜利之后喟然长叹。

请愿的权利虽得到了保护，但基本问题——奴隶制，还是未能解决。

而联邦的生死也还是这样，悬而未决。

辉格党人在 1840 年选举中大获全胜，同时将国会参众两院的多数席位和总统职位收入囊中。由此，他们开始希望取消杰克逊的计划和方案，重新为一家新的银行授权，并在十年休战协议失效的 1843 年重新抬高关税。但是，总统威廉·亨利·哈里森却在 1841 年就职一个月之后去世了。现在约翰·泰勒接替了他，而且回归了对民主党的忠诚。他不仅否决了辉格党发起的复兴国家银行和提高关税的措施，还兼并了 1836 年独立于墨西哥的得克萨斯。这个在西部兼并土地的举动使美国人产生了一种被《民主评论》编辑奥沙利文称为“天定命运”的新思想。在他发表于《民主评论》的文章中，奥沙利文阐明：“天定命运赋予我们开疆拓土的权利，让我们占有整个大陆的土地。上帝让我们利用这些土地进行我们关于自由的伟大实验，把联盟自治之责交付在我们手中。”

几年之前，杰克逊就曾鼓励扩张版图。他认为美国的安全至关重要，尤其是西南墨西哥湾沿岸地区。他还宣称：“把伟大的密西西比河的几个重要支流的源头置于外人的控制之下，无疑是非常危险的。”扩张版图“对西部巨大的商业中心新奥尔良的安全十分必要”。另外，他还提到：“宇宙之神早就打算要把这片巨大的流域赠予一国。”而这个国家，毫无疑问就是美利坚合众国。这也是他会将英国人、西班牙人和美洲土著在此地的出现视为对美国人民安全的持续性威胁，并下定决心要将他们移出此地的原因。所以，杰克逊用武力一一击败了他们。不过，仅仅这样还不够。杰克逊不过是在践行自己在 1812 年战争前说过的话：他一直希望为美国获取“西班牙在美洲占有过的全部地盘”。

天定命运很快捕获了美国人民和政府的想象力，所以当泰勒提议国会参众两院通过一项联合决议（之前还曾有一项需要三分之二票数的兼并协议，可惜未能在参议院通过），而且仅需在两院分别获得半数选票即可时，决议的顺利通过就不足为奇了。决议于 1845 年 3 月 1 日由总统泰勒签署，而不久前，他的继任者詹姆斯·诺克斯·波尔克便在 1844 年选举中以微弱优势击败了亨利·克莱，当选了新一任美国总统。得克萨斯于1845年7月4日获准并入美国领土，随后又在1845年12月29日成为蓄奴州。

作为安德鲁·杰克逊的门徒，波尔克对得克萨斯州并不满意。与杰克逊一样，他也渴望“西班牙在美洲占有过的全部地盘”。在这其中，他尤其希望得到加利福尼亚，因为该地有面对太平洋的无与伦比的海港，所以获得该地之后还有可能拓展美国与东方的贸易。1844年选战期间，民主党人不仅要求获得从格兰德河到得克萨斯的全部领土，而且还提出了“不给54°40’就开战”的口号。这么说的意思是要收复俄勒冈，也就是说，他们要得到最西北角的全部领土，范围甚至要一直延伸到俄国的阿拉斯加。争议领土——从落基山脉到太平洋和从加利福尼亚北部边界一直到54°40’的整片区域——当时被英国和美国共同占领着。波尔克对克莱的胜利鼓舞了扎卡里·泰勒向得克萨斯前进，但没有让他拿下俄勒冈。当波尔克成功得到了总统职位之后，他更关心得到加利福尼亚和得克萨斯州以西的地区，而不想为了俄勒冈挑战大英帝国。于是，他爽快地同意将北纬49°线划作加拿大和美国的边界。1846年6月15日，美国迅速与英国签署了协议，协议又随即得到了参议院的批准。

墨西哥将得克萨斯兼并视为美国不断增强的扩张领土欲望的明确表征，于是坚称纽埃西斯河，而非格兰德河，才是两国的真正边界。此外，墨西哥拒绝了美国希望购买加利福尼亚的提议。在这种情况下，波尔克命令扎卡里·泰勒将军率领大约3500人的部队驻守纽埃西斯河，准备向美墨之间近似于无主之地的里奥格兰德进军。这一举动实质上是在引诱墨西哥人进攻，不出所料，墨西哥果然在1846年4月25日派遣部队进入了“无主之地”，伏击了童子军聚会上的63名士兵，杀害了其中16名，俘虏了其余47名。

当这个交战的消息到达华盛顿时，波尔克立即开始准备战争咨文。他告诉国会称墨西哥“让美国人的鲜血洒在了美国的土地上”，并且请求参众两院意识到两国之间的“战争的确存在”。一项议案被提交至国会，要求国会拨款1000万美元用于作战，并授权总统召集5万名志愿兵参战。辉格党国会议员对这一议案提出了抗议。他们认为在双方并未宣战的情况下要求议员投票决定是否派兵实属好战之举。为了解决这个问题，行政部门在国会的领袖为议案添加了序文，声明由于墨西哥已经开始侵略得克萨斯，所以两国已经处于战争状态。随后议案终于获得通过，并由总统于1846年5月13日签署生效。

美国在战争中取得了一次又一次的胜利。1847年2月，泰勒将军在布埃纳维斯塔击败了墨西哥人的精锐部队；温菲尔德·斯科特将军则带领一支远征部队从韦拉克鲁斯登陆，横扫内陆直至墨西哥城。1847年9月14日，美国军队占领了墨西哥首都，斯科特接受了市议会的正式投降。与此同时，一支工程部队的队长约翰·福瑞蒙特在前往加利福尼亚的探险之旅中听闻美国已经向墨西哥宣战，便协助一群拓荒者宣告加利福尼亚独立。起初，他们打着“熊旗共和国”旗号，但随后便换成了星条旗。

在大约同一时间，驻扎在堪萨斯州莱文沃斯的斯蒂芬·卡尔尼上校接到了进攻新墨西哥的命令。他在8月抵达圣达非，迫使一支两倍于他的墨西哥军队撤退，宣告新墨西哥成为美国领土。接着，他继续向西进发并与福瑞蒙特会合，完成了征服加利福尼亚的使命。

为了尽快结束战斗，波尔克派遣国务院官员尼古拉斯·特里斯特作为他的和平专员前往墨西哥。特里斯特成功地使墨西哥接受了《瓜达卢佩－伊达尔戈条约》，3月10日，该条约由参议院以38票对14票的表决结果批准实行。通过这项条约，美国得到了50万平方英里的领土，其中包括现在的加利福尼亚州、内华达州、犹他州、新墨西哥州、亚利桑那州、科罗拉多州西部的坡地，还有怀俄明州的一角。墨西哥还承认格兰德河为得克萨斯州边界。作为回报，美国向墨西哥支付了1500万美元，还承担了美国公民预计会向墨西哥索要的325万美元赔偿金。在战争期间，美国有1721人在战斗中伤亡，另有1.155万人染病身亡。反对战争的丹尼尔·韦伯斯特和亨利·克莱都在美墨战争中失去了自己的儿子。墨西哥伤亡总计5万人。

"天定命运"把国家带向了新的历史阶段：一个让人对国家的所作所为感到自豪，尤其是对国家拥有这样广大领土感到自豪的历史阶段。但是，墨西哥战争的后果也给以后十年带来了一系列的危机，最终引发了国家的分裂和内战。

第五章 奴隶制的争议、脱离联邦及内战

举国震撼。1846 年 8 月 8 日，一位年轻、激情四溢、面色红润的新任众议员大卫·韦慕特，在众议院起身，提议为一项拨款法案附上限制性条款（法律上称为“但书”）。韦慕特的提议使所有人都大为震惊。提议说：“从墨西哥共和国获取任何领土的特别的基本的条件……奴隶制以及非本意奴役的行为，都不得在以上任一块领土上存在。”韦慕特称，他不反对既有的奴隶制，譬如在得克萨斯州，但从墨西哥接手的这些领土上的情况是截然不同的。“上帝不容，”他表示，“我们竟会允许这种制度在这片土地上繁衍生息。”

众议院闹翻了天。南方期待能把奴隶输入到他们费了九牛二虎之力才搞到手的领土。他们针对韦慕特但书争论不休，大吵大嚷，甚至扬言要退出联邦。议院里坐满了频频受挫、愤怒不已的议员，他们的争执通常以吵嚷着要决斗而告终。

南方虽然竭尽全力阻止韦慕特但书通过，但不幸在表决中以 64 票对 80 票的弱势未遂。可在参议院，南方拥有更强大的投票权，他们让但书胎死腹中。之后数年的一届又一届国会，韦慕特但书在众议院都得以通过，但在参议院却每每受挫。《波士顿辉格党人报》社论说：“仿佛施了魔法

一般，但书给头头脑脑们带来了一个分裂美国人的大问题。”这件事不能总是悬而未决，尤其是在墨西哥战争结束，美国从西南部获取了数以百万英亩的土地之后，这片肥沃的土地使得引进“某种特殊的制度”显得水到渠成。

在总统选举之前，密歇根州民主党人提名刘易斯·卡斯为总统候选人，随着大选临近，波尔克决定下台。卡斯支持主权在民学说，由此，应由当地政府，而非一国之政府，决定是否在其领土内允许奴隶制。威廉·巴特勒被选作他的竞选伙伴。

因为持续不断的争议，所以许多民主党人从党派中抽身，提名马丁·范布伦为总统，支持韦慕特但书，支持废奴的自由党加入了这一异见者阵营，两拨人在水牛市会合，正是在那里，自由土地党成立，支持范布伦出任总统，约翰·昆西·亚当斯的儿子查尔斯·弗朗西斯·亚当斯出任副总统。这一党派的党纲宣称“土地自由、言论自由、人力自由、民众自由”。辉格党人决定派另一位将军作为候选人出战，就这么选出了扎卡里·泰勒，由米勒德·菲尔莫尔辅佐。

在紧接下来的选举中，泰勒以163票对127票的选举人票选结果击败了卡斯。泰勒得到了1,361,000张选民票，卡斯得到了1,222,000张选民票，而范布伦得到了291,100张选民票。这位前总统没有得到选举人票，却夺走了卡斯在纽约的大量民众投票，足以助泰勒夺走纽约的所有选举人票，并赢得选举。如果卡斯得到了纽约州或宾夕法尼亚州的选举人票的话，他本有获胜的机会的。

接下来，加州的一桩大事，促使议会必须立刻就墨西哥获取的土地采取统一行动。在《瓜达卢佩-伊达尔戈条约》签署、墨西哥战争结束后不久，为瑞士移民约翰·萨特建造磨坊的工人们，在萨克拉门托谷的内华达山脉发现了金子。虽然萨特竭尽全力保守这个重大秘密，但纸包不住火，人群疯狂涌入掘金地。成千上万的人，或借助四轮马车穿越平原，或绕过南美大陆顶端的合恩角渡海而来，或经由巴拿马地峡的丛林跋涉而来，如潮水般涌入这一地区。这些人都是淘金者，大多来自北方。淘金者的数量在一年内迅速膨胀，加州人口从6000人迅速增至8.5人。1849年，代表齐聚，起草宪法，宣布在该地区废除奴隶制。他们还要求正式成为美国的一个州，而非一个地区。

新总统泰勒打算让加州和新墨西哥迅速融入合众国，尽可能回避国会的任何纷争。但这个打算注定是要落空的。1849年12月，国会一召开，北方和南方就开始相互指责，彼此都认为对方的行径不堪忍受，并称长此以往，合众国将分崩离析。在一次论辩中，佐治亚州代表罗伯特·图姆斯，“一个搅局者……褊狭、武断而极端”的人，吼道：“我……在众议院和国家面前，在上帝面前，公开声明，如果你们试图假借立法，剥夺我们在加州和墨西哥州的领土……由此打算举国堕落下去，我宁可不共和……我将鞠躬尽瘁，倾尽所有，谋求脱离联邦。”

北方人讥诮他。这些话之前他们都听过，听过多少遍了。多少次你们扬言离开合众国，却总能找到一个借口留下。但是其他南方人也反复絮叨着“图姆斯威胁论”。佐治亚州的亚历山大·H.史蒂芬斯跳起来说：“我要告诉整个众议院，我同僚的每一句话，都说到我心坎里去了……我宁可整个南部毁了……也不愿甘于哪怕一瞬间的堕落。”

议会的争论一度甚为激烈，以至于造成混乱。议员们大打出手。“就算往议事厅里扔个亚历山大·H.史蒂芬斯炸弹，”议会警卫官萨金特·弥敦评论道，“也不会比这更令人兴奋了。”似乎整个国家已朝着分裂而去，除非双方能够找到彼此都能接受的妥协之道。

幸运的是，“大妥协者”亨利·克莱本人就坐在参议院里。1850年1月29日，他起草了一系列的解决方案，确信能使南北双方满意。这些举措包括：不以是否允许奴隶制为条件，准许加州加入联邦；为新墨西哥和犹他州建立准州政府，在人民主权的基础上运行；划定得克萨斯州边界，并在其放弃对新墨西哥任何地区的权利的前提下承担其债务；通过更有效的逃亡奴隶法；裁定哥伦比亚未经当地居民允许就在该地区内废除奴隶制是不适当的，而在该地区废除奴隶贸易是适当的；议会无权干预州际奴隶贸易。

辩论期间，一方面，议员丹尼尔·韦伯斯特发表了著名的“3月7日演讲”：“今天，我希望不再以马萨诸塞人的名义开腔，也不以北部人的名义说话，而是以一个美国人的名义……出于维护联邦的目的，来说这番话。且听我说说理由。”另一方面，命悬一线的约翰·C. 卡尔霍恩（他的演讲稿由一同事代为朗读），把国家的所有问题都推到北方人身上，并要求修宪，恢复南方的权利。他警告道：“分裂，将是我们可以选择的唯一出路。”没过多久，1850年3月31日，他就作别人间。克莱呼吁共同让步，他说过，这是和解唯一的基础。每一方都得让一步，才能进一步。双方不分输赢。双方都该向对方的需求低低头。

这场争议，是美国历史上最值得纪念的一页。到了投票表决的时刻，八个条例被打包成一个“综合法案”，在7月31日遭到否决。综合法案没有给议员任何选择。要么八条全部通过，要么一条都没戏。幸运的是，在这之后，伊利诺伊州议员史蒂芬·A. 道格拉斯拆开了“综合法案”，把每一项单独拎出来让大家投票。他意识到，不能期待议员赞成所有条例。拆分，给了每个人选择支持什么、反对什么的可能。结果每一个条款都获得了多数赞成，于1850年八九月间在参议院得以逐一通过。众议院也通过了这些条例。在扎卡里·泰勒于7月9日猝然辞世后当选总统的米勒德·菲尔莫尔签署了该法案。

“1850年妥协案”堪称美国历史上最伟大、最重要的法案。联邦的分裂和内战因它而延后十年，这段时间使得拯救合众国成为可能。在这十年中，北方进行了快速的工业革命，拥有了打服南方的能力。这十年间，亚伯拉罕·林肯的政治地位方得以提升，成为拯救共和的核心人物。

新移民潮也给美国带来了重大变化。在杰克逊时代，美国移民数量稳步增长，从一年约8000人增至8万人。1840年到1860年间，这个数字攀升至420万，是二十年前的六倍。英格兰、苏格兰和威尔士在战前输送了50万人，但是和爱尔兰比，只是小巫见大巫。1845年至1846年，爱尔兰人的土豆作物——他们的主要食物来源——因遭受病害而产量锐减，引发了大规模的饥荒，导致100万人死亡，死者男男女女，不分长幼。另有200万人离开了家园，在1846年至1860年间来到美国。他们绝大多数都是农民，买不起西部的土地，于是许多人在城市扎根，选择波士顿、纽约、费城和其他沿海城市的人尤多。他们拧成一股绳，形成了美国最早的聚居区。他们多就业于家政、工厂、铁路领域，并逐步提升自己的社会地位。他们也开始投身政治，以保护自身利益。由于说的是英语，相较其他非英语移民，他们少了一个问题。事实上，他们很快便在扎根的城市获取了政治上的话语权。

同期另一拨主要移民，是德国人。1848年革命之后，大量政治难民逃离德国。他们中有知识分子，但大多数人也是农民，不过比爱尔兰人有钱而已。因此，他们更倾向于搬到边境的农场或者西部城市。

移民中也有许多工匠和技术工人，他们助推了这个国家的工业发展。美国一从1837年的经济恐慌中缓过气来，经济就迅猛增长，工业制造领域尤甚。工业吸纳了约130万名工人，包括不成熟的技术工人以及毫无技术的工人。宾夕法尼亚州丰富矿藏的开采，使工厂，特别是钢铁制造厂转变了热能供给方式，由燃木变为燃煤。运用于航运和铁路的蒸汽机，改变了交通方式。19世纪50年代，铁路建设需求倍增，十年过后，美国铁轨长度已达3万英里。伊利港、纽约市、宾夕法尼亚、巴尔的摩和俄亥俄的铁路，把美国中西部城市，尤其是芝加哥，与东部城市连接在一起。

南部也有制造业，但和北部的迅猛之势无法相比。南方农业区域居多，尽管这里已经有了商人、律师和其他职业工作者。绝大多数南方人是农民，在不同的地区种植棉花、烟草、大麻、甜菜和水稻。在1860年，800万南方白人中，只有三分之一拥有奴隶。其他人都以家庭为单位，经营着自己的小农场。认为南方大规模蓄奴、扩张种植业，奴隶主总住在大宅子里，奴隶却窝在小破屋里的观念真是彻头彻尾的错误。这种农场不多，尽管每州都有。这些农场通常拥有约1000英亩土地和50名奴隶，主人属于南方上流社会。譬如，安德鲁·杰克逊，曾一度拥有150名奴隶，这种情况实属罕见。对这种上千英亩的特大“农场”——杰克逊是这么叫的——主人一般会雇用一名监工，来管理奴隶。监工通常是穷苦白人，他们把奴隶分成多个组，由有能力、信得过的黑人工头看管。“妈咪”跟工头地位相当，负责打理奴隶主一家的大房子。一个300至500英亩规模的农场，通常有10或12名奴隶。尽管大多数南方人并不拥有奴隶，但从弗吉尼亚到得克萨斯，生活中处处都有奴隶文化。在战前，这种特殊的奴隶制，构建了整个南部社会的法律、政治和经济架构。

奴隶被视作私有财产，与其他动产无异。只要奴隶主乐意，可以随意买卖奴隶。的确，奴隶家庭可能被拆散，夫妻分居、子女离散司空见惯。总而言之，奴隶是没有人权的。尽管在大多数南部地区，杀死奴隶的暴力事件时有发生，但杀戮者总能逃脱罪责。奴隶不能走上法庭，或者控告、指证白人。他们的生存全依赖主人的善心和良心。自然而然地，奴隶和奴隶主之间的关系开始逐渐地分化。这一主仆关系渐趋复杂，被许多历史学家称作“家长制”——奴隶主和奴隶各司其职。

在如此残忍、压迫人的制度下，黑人男女还是尽力为尊严谋求空间。他们中的部分人开始学习看书写字，这当中有许多是为奴隶主造房子的工匠。家庭和宗教开始成为黑人文化的中心。他们逐渐把福音派新教视为自己的信仰，并将其和他们西非文化遗产残留的部分联系在一起，后者为他们的宗教活动注入了能量、生气和人性。

奴隶制的严酷程度，根据农场的位置和管理方式有所不同。毋庸置疑，南部的偏远地区比边界的马里兰、肯塔基、田纳西更为严苛。农场按规模、功能和组织上的差异，基本分为五类。第一类，棉花种植园，雇用了从北卡罗来纳到得克萨斯的三分之二的奴隶。南部的大西洋海岸，以前种植长纤维棉花，但是1793年轧棉机的发明，使得向西种植利润更大的短纤维棉成为可能。1812年战争之后，棉花种植传播到亚拉巴马、密西西比、阿卡萨斯、路易斯安那和得克萨斯，因此到19世纪50年代，南方人认为“棉花就是王道”。第二类，和烟草种植相关。烟草起初在马里兰东部、弗吉尼亚和北卡罗来纳种植，19世纪才流传到肯塔基州、田纳西州和密苏里州。第三类，水稻种植，在佐治亚州、北卡罗来纳北部和南卡罗来纳潮湿的港口地区，以及南路易斯安那州的密西西比河沿岸。水稻种植园需要大量的资金投入，产量却相对较低。第四类，是甘蔗种植园，为路易斯安那州独有。这些种植园，不光种植甘蔗，也会榨糖，因此把制造业和农业连接起来。像稻谷种植一样，这类种植园需要大量的资金投入。一个规模最小的甜菜种植园，也得投资4万美元。第五类，大麻种植园，仅限于肯塔基和密苏里州的部分地区。种大麻对奴隶的需求量最小，因此这类种植园数量最少。毫无疑问，奴隶制是内战前美国经济运行最基本、回报率最高的制度。尽管对个人有利，但它不鼓励工业产业的整体创新——而产业整体创新，在北部地区已经成为现实。但是，南方人从奴隶制获利，他们不愿意看到这一制度被废除，即便奴隶制不朽意味着共和无存。

随着奴隶制持续向得克萨斯州以西扩张，废除奴隶制的需求也加剧了。事实上，南方曾出现过反奴役社团，其中很多成员支持“美国帮助有色人种重获自由协会”，该协会在19世纪20年代成功于利比里亚建立了自由黑人殖民地。但伴随“第二次大觉醒”的宗教热情，杰克逊时期的废奴者们嗅到了对这项制度仇恨的气息，比此前任何时候都来得强烈。其中许多人是福音派，他们从很远的地方就能认出罪恶。对他们而言，奴隶制就是十恶不赦的罪恶。一名叫威廉·劳埃德·加里森的激进分子，出版了一份名为《解放者报》的报纸。他甚至在报上公开指责美国宪法，斥其为“和死亡的契约，和地狱的协议”。

1852年，哈里特·比彻·斯托发表小说《汤姆叔叔的小屋》，生动描写了奴隶制度的残暴。小说恳求基督徒和北方好心肠的人们，阻止《逃奴追缉法案》的实行。这一法案，已经作为“1850年妥协案”中的组成部分得以通过，允许联邦执法者将逃跑的奴隶交还给奴隶主。斯托小说的畅销，极大地影响了美国人对奴隶制度的思考。更有甚者，诸如亚伯拉罕·林肯，称小说助推了美国内战的爆发。

逃跑奴隶，对南方人而言一直是一个问题，尤其在帮助奴隶逃跑的“地下铁路”系统建成之后。该系统包括沿线帮助奴隶逃走以求自由的“站点”（通常是居家之所或谷仓）。逃亡奴隶哈丽特·塔布曼，护送了成百上千名奴隶到达安全的地方。据估计，到19世纪50年代，“地下铁路”已帮助1000多名奴隶逃离被奴役的命运。

“1850年妥协案”带来了一段相对平静的时期，但并不长久。平静在1853年12月被打破，当时提出的一项法案在划定内布拉斯加的边界时没有言及奴隶制，因为根据《密苏里妥协案》的规定——位于北纬36°30’以北的内布拉斯加境内是禁止奴隶制的。围绕这一法案通过与否，政坛一度很热闹。因为许多领导人物支持这一地区实行人民主权，争议最终以将这块领地一分为二而告终——在北方建立了内布拉斯加州，在南方建立了堪萨斯州。此外，《密苏里妥协案》被宣布无效。建州的另一原因，是北方的议员意欲铺设一条贯穿北方、直达太平洋的铁路，在建制土地上修建铁路远远好过非建制土地。更有甚者，一些议员在周边各州的房产上投资甚巨，急于保护自己的产业。此外，这一提案剥夺了印第安人的土地所有权，这一点对共识的达成功不可没。《堪萨斯-内布拉斯加提案》在议会中引发了一场大战。1854年5月底，叫骂和厮打结束了，在政党领袖，特别是参议院的史蒂芬·A. 道格拉斯和众议院的亚历山大·H. 史蒂芬斯等人快马加鞭的推动下，它还是得以通过，成为法律。道格拉斯揽下了所有功劳。“我通过了《堪萨斯-内布拉斯加提案》，”他日后大言不惭地说，“在整个参议院和众议院的争议中，我有发号施令的权威和权力。演讲毫无用处。真正管用的是有序指挥、防守，始终保持警惕，躲避突然袭击。”不过，史蒂芬斯也有功劳：“如果我不在这儿，法案是通不过的。我把缰绳握在手里了，才‘快马加鞭’，直到‘把马车从泥巴里拽出来’。”

为了让这一举措更为南方人接受，法案特意废止了《密苏里妥协案》，建立了2个州：在蓄奴的密苏里以西建立堪萨斯；在自由州明尼苏达和艾奥瓦以西建立内布拉斯加。许多投下赞成票的南方人，显然打算让堪萨斯存有奴隶（他们必能预见这一点），而赋予内布拉斯加自由。但是，这项立法是一个致命的错误。它摧毁了“1850年妥协案”带来的和平，让国家迅速陷入分崩离析的险境。

政党体制也因此革新。地域忠诚取代了政党忠诚。随着辉格党慢慢淡出政坛，南方人逐渐转向民主党。北方人也如此。更有甚者，在1854年2月24日，一些自由主义党人、北方的辉格党人和反对奴隶制度的民主党人，在威斯康星州的里彭市会合，提议建立一个新党共和党。数月之后的7月6日，《堪萨斯－内布拉斯加提案》业已通过，这些人在密歇根州杰克逊召开会议，会议正式采纳了“共和党”一名，并要求废除《堪萨斯－内布拉斯加提案》和《逃奴追缉法案》。

19世纪50年代中期，还出现了另一个政党——“一无所知党”或“美国党”。它是随着爱尔兰人和德国移民大量涌入美国发展起来的。到1860年，美国的移民数量已达400万。土生土长的美国人开始清醒，对自家土地上冒出一大群外国人怨恨不已。加之许多移民是罗马天主教徒，因此这个新的党派，蜕变成为一个反移民、反天主教、反奴隶制的政党，该党成员，在被问及组织的目的和政策时，通常以“我一无所知”作答。

因此，在1854年选举中，如参议员道格拉斯所言，这场“反内布拉斯加运动”，成为一个熔炉，一无所知党人“向其中倾倒废奴主义……还有北方辉格党的残渣、新教徒对天主教徒的厌恶、土著对外来者的反感”。他们在议会赢得众多席位，成立不久的共和党也赢得了许多席位。在北部43位为《堪萨斯－内布拉斯加提案》投过票的民主党人中，只有7位重新当选。一无所知党人如此成功，甚至有人预言他们将赢得1856年的总统选举。“有哪个憎恶黑奴被压迫的人，会支持堕落的白人阶层？”亚伯拉罕•林肯说，“作为一个国家，我们开始宣称‘众生平等’……当一无所知党掌权，他们会说，除了奴隶和天主教徒，‘众生平等’。”不过一无所知党是短命的。在奴隶制和《堪萨斯－内布拉斯加提案》上的内部分歧，让一无所知党在 1860 年走向末路。

与此同时，在堪萨斯，自由民和蓄奴者之间的暴力冲突时有发生，引发了当地一场恶战——“堪萨斯血案”。当地一次局势调查称，堪萨斯不能举行自由选举，除非进行新的人口统计、公平判决以及每个投票点都有驻军。1856 年 5 月 19 日，堪萨斯的流血冲突上报至议会，马萨诸塞州议员查尔斯·萨姆纳在参议院发表了名为“反堪萨斯的罪行”的演讲，控诉“斯文扫地的杂碎”侵略堪萨斯，意欲以军队和暴力施压，支持奴隶制度合法化。他专门指出，南卡罗来纳州参议员安德鲁·皮肯斯·巴特勒，堪称不文明的“化身”，查尔斯·萨姆纳对巴特勒发动的人身攻击，其激烈程度在议会史上“前无古人”。

一报还一报。1856 年 5 月 22 日，普瑞斯顿·S. 布鲁克斯，巴特勒议员的侄子，大步踱入议事厅，发现萨姆纳坐在放着“反堪萨斯的罪行”演讲稿的桌旁。“萨姆纳先生，”布鲁克斯以威胁的口吻吼道，“我已经仔仔细细把你的演讲稿读了两遍。它是对南卡罗来纳和我的亲戚——巴特勒先生的诋毁。”就在同时，他抽出一根橡胶长手杖，反复抽打萨姆纳的脑袋。挨了狠狠一顿打的议员想要开溜，但他坐得离桌子很近，因此尽力往后推椅子，不料桌子被地毯牢牢地缠住，椅子无法移动。于是萨姆纳倒在了地板上，使尽全身气力，才撑着起了身。“恶霸”布鲁克斯又对着萨姆纳的头部和肩部猛击，直到手杖断成两截。“每一下都打得很准，”布鲁克斯后来大肆渲染，“我彻底弄坏了手杖，还好金制的手杖头没事。”

布鲁克斯后来从众议院辞职，但他所在选举区的选民再次把他捧上了台。对这些人而言，布鲁克斯是英雄。五个月后，他因肺病辞世，享年三十七岁。萨姆纳逃过一劫，痊愈后如此评价布鲁克斯：“可怜虫，他无知地成了邪恶力量的帮凶。”

在如此危机的时刻，国家急需一个强势、睿智的领袖，而史上最糟糕的总统却在此时被选出来了。民主党候选人詹姆斯·布坎南击败了共和党的约翰·C. 弗里蒙特和一无所知党候选人米勒德·菲尔莫尔，赢了1856年大选，三人分别获得了174张、114张和8张选举人票。这对共和党而言是一次有纪念意义的亮相。如果赢得了宾夕法尼亚州的选举人票，加上伊利诺伊或印第安纳中任一州的选票，菲尔莫尔没准能成功当选。

紧接着，布坎南在就职演说中展示了自己的愚蠢，他居然宣称最高法院正打算宣布一项解决奴隶难题的决议。这马上引发了质疑：他怎么会提前知道法庭将如何裁决呢？

他事先是否清楚法庭的裁决，这马上成为一个问题。就事实来看，他没错，但是他愚蠢地以为，宣告便能平复恐惧和争吵。两天后，首席大法官罗杰·B. 托尼递交了“斯科特决议”，宣称《密苏里妥协案》违宪，因为宪法第五条修订案称，无人可以在正当的法律程序之外剥夺他人财产。托尼也否认了斯科特是公民——这名奴隶，因其居住在废奴州，因而起诉其人身自由受到侵犯。作为一名奴隶，斯科特无权上诉到联邦法院。正如布坎南在就职演说中早已预言的，决议解决不了问题，法庭的威望就此坠入史上最低点。

与此同时，一场舞弊式的会议在堪萨斯州的莱康普顿举行，会议起草了一份维护奴隶制度、禁止选民干预的宪法，投票者只能“二选一”，要么赞成奴隶制度，要么禁止这块土地上奴隶制的进一步蔓延，无论如何，堪萨斯都会是一个蓄奴州。

尽管《莱康普顿宪法》明显以策略规避了公正投票，布坎南总统还是让国会在这一宪法框架下认可了堪萨斯作为州属的存在。这一举措，在两院均引发骚动。在众议院，引发50来人混战，双方都以拳相向。这是美国宪政史上最大的一场混乱。争争吵吵中，威斯康星州的“鲍伊刀”约翰·F. 波特，冲着密西西比的威廉·巴克斯代尔去了，还揪掉了他的一撮假发。“我剥了他的‘头皮’。”惊魂未定的波特这么一叫，每个人都笑开了。

一项妥协法案最终达成——堪萨斯州的选民可以借此接受或者反对《莱康普顿宪法》。1858年8月2日，选民否决了宪法。堪萨斯原有的地位保持不变，直至1860年到1861年南方脱离联邦为止。1861年1月29日，堪萨斯成为一个自由的州。

1857年，南方人进一步为辛顿·R. 赫尔帕写的《南方危机一触即发》（或者《南部告急》）和《如何应战》所冒犯。他用数据说明，奴隶制让许多南方白人陷入贫穷，大大损害了他们的经济利益。更让南方人愤怒的是，赫尔帕自己就是南方人，他来自北卡罗来纳州。但《南方危机一触即发》一书，为废奴主义者提供了一发弹药，南北方概莫能外。

1858年夏天的林肯—道格拉斯之争，激怒了南方人。林肯让道格拉斯把人民主权学说和“斯科特决议”调和起来。道格拉斯如此回应，“除非有当地警察条例支持”，否则奴隶制不能“在任何地方存在一天甚至一小时”。由于他是1860年总统选举中民主党的主要候选人，这番言论让他在提名大会上失去了南方人的支持。南方人说，他们无法支持如此言论的秉持者。然而，二人争辩为林肯赢得举国关注。

接下来的1859年10月中旬，在哈珀斯费里，约翰·布朗来了次突然袭击，以期发起奴隶起义。他占领了联邦军火库，大战两天后被捕，后于12月2日被施以绞刑——以叛变弗吉尼亚州的罪名。布朗成为北方废奴主义的殉道者，却作为一个更恐怖的角色在南方人心中横行。因为废奴主义者的宣传和共和党人的政治诽谤，在整个南方，都充斥着层出不穷的恐惧情绪。

在国会，不时爆发的摩拳擦掌，频频抛来抛去的辛辣骂声，已然呈现出疯狂态势。“我们永远都不会让共和党的黑鬼当上总统的。”佐治亚州的一位民主党人说。“在佐治亚这块地界，我说的就是每个民主党人要说的。”这一言辞，在4月23日举行的民主党人提名大会上“原声回放”。北部的代表们不愿让南方的奴隶制维护者如愿，于是8个南部州的代表从大会上离席。党派内部也开始分裂，6月18日，北方民主党人在巴尔的摩召开了他们自己的会议，提名道格拉斯和佐治亚州的赫舍尔·V. 约翰逊为总统和副总统的候选人。6月28日，南方民主党人也在巴尔的摩召开会议，提名的候选人分别是肯塔基州的约翰·布雷肯里奇和俄勒冈州的约瑟夫·莱恩。

共和党人5月16日在芝加哥会合。威廉·H. 苏厄德一直是总统大选的“种子选手”，直到1858年10月25日，他在纽约州的罗彻斯特发表了一次演讲：“废除奴隶制的势力和维持奴隶制的势力之间的冲突无法调和。这一点意味着，美国必须也必定会发生这样的变化：要么彻底变成一个蓄奴的国度，要么彻底变成一个劳动力自由的国度，只是时间早晚问题。”“无法调和的冲突”此言一出，吓坏了一大帮子共和党人。苏厄德就此“没戏”。相反，林肯在纽约库珀联盟的演说，所谓“分裂之家演说”，措辞考究，更为“调和”。他规避了任何冲突化的建议，但是呼吁相互理解。在第三轮投票中，共和党大会提名林肯为总统，汉尼巴尔·哈姆林为副总统。维新党和一无所知党的残余势力，在巴尔的摩组建了宪政联盟党，并选出田纳西州的约翰·贝尔和马萨诸塞州的爱德华·埃弗里特为候选人。

在阶层分化带来的跛足效应下，民主党接连落败。林肯赢得了18个自由州的180张选举人票，显然是大多数选票了。布雷肯里奇带走了11个蓄奴州的全部选举人票，共计72张。贝尔收获了3个边境州的39张选票。道格拉斯仅仅赢得了1个州（密苏里州）的选票，以及另1个州（新泽西州）的散票，总计12张选举人票。在民众投票环节，林肯赢得了1,865,593票；道格拉斯赢得了1,382,713票；布雷肯里奇赢得了848,356票；贝尔赢得了592,906票。

许多南方人都信誓旦旦，他们永远也不会搅入一个有着“黑鬼共和党人”总统的联盟。因此，选举结果一公布，南卡罗来纳州的立法机关就召开州会议，考虑采取行动。1860年12月20日会议召开，正式解除了南卡罗来纳州和“美利坚合众国”其他州的关系。这一举措，很快便在南部其他地区有了追随者：1861年1月9日，密西西比州退出；1月10日，佛罗里达州退出；1月11日，亚拉巴马州退出；1月19日，佐治亚州退出；1月26日，路易斯安那州退出；2月1日，得克萨斯州退出。2月8日，这些州在阿拉巴马的蒙哥马利集会，它们的代表采纳了一份和美国宪法极为类似的宪法。

这份文件确立了美国南部邦联，认可了每个州的主权和独立性。自然，它是维护“特别制度”的。第二天，大家选举杰弗逊·戴维斯为南部邦联临时总统，亚历山大·H. 史蒂芬斯为副总统。

在 1861 年 3 月 4 日的就职演说中，林肯总统试图消除南方人对其权利的疑虑，尤其是持有奴隶的权利将得到保护：“我没什么直接或间接的目的，去干预诸州既有的奴隶制度。”他认可杰克逊总统南部邦联不可分割的说法，没有哪个州有权把自己独立出去。“客观地说，”他称，“我们不能分离。”没有一个州，可以自说自话，“合法地脱离联邦”。像杰克逊一样，他也提醒公民，他是誓要执法的，责任要求他在全美维护联邦财产。因此，他决定给查尔斯顿港的萨姆特堡提供给养，这一决定促使邦联的皮埃尔·博雷加德将军率兵进攻萨姆特堡。4 月 12 日，堡垒在一天多连续轰炸后被击破。因为此次军事行动，内战开始了。

一开战，林肯就征召了 7.5 万名志愿兵保卫联邦，从 7 月 4 日开始要求国会召开特别会议。作为总司令，他感到自己有权扩充军队，授权购置军事装备，在必要时暂停人身保护令。他也指示各州扩军，以求更好地服务于国家利益。当国会召开时，林肯对国会会员表示，自己所为，无一不为法律所允。到 1861 年夏，联邦军已有 18.6 万人。杰弗逊·戴维斯也号召南方人保卫家乡，数月之内，11.2 万人响应入伍。

军事冲突一爆发，南部各州就纷纷脱邦：弗吉尼亚州是在 4 月 17 日，阿肯色州在 5 月 6 日，田纳西州在 5 月 7 日，北卡罗来纳州是 5 月 20 日。另有 4 个蓄奴州——特拉华州、马里兰州、肯塔基州、密苏里州，仍然对联邦忠诚，尽管这些州的某些地区对南部邦联还怀有强烈向往。另一方面，弗吉尼亚州西半部对合众国保持忠诚，从该州脱离，获准于 1863 年 6 月 19 日成立西弗吉尼亚州。

当弗吉尼亚退出后，南部邦联首府从亚特兰大搬到了里士满。不久之后，叛军就横扫波托马克，直奔华盛顿州而来。很快，叛军兵临华盛顿城下。7 月 4 日，美国国会刚举行特别会议，军队就在首府另择住所，安营扎寨了。

在筹款委员会主席撒迪厄斯·史蒂文斯的强硬领导下，众议院五天内批准立法，允许财政部长在接下来的十二个月里借款2.5亿美元。到8月6日国会休会之时，66项法案已经得以通过，其中只有4项与战争无关。全程耗时仅一个多月——这效率，创下了纪录。如此的高效率主要得益于领导有方和大多数议员应对这令人咂舌的危机的决心。这项纪录，保持了数年。

林肯确信联邦军队发动突袭，定能一举攻下南部邦联首府里士满，政客的游说和媒体的宣传更加坚定了他这一想法。因此当温菲尔德·斯科特将军主张位于华盛顿的军队需要在参战前进行额外训练之时，林肯当即予以驳回。于是，林肯命令欧文·麦克道尔将军，率3万大军，前去位于华盛顿西南约35英里外一个叫马纳萨斯的牛奔河小城，迎战由博雷加德将军率领的南部同盟军。7月21日，两军相遇，起初联邦军占据上风。但由约瑟夫·E.约翰斯顿将军率领的南部同盟军队，从谢南多厄河谷赶来增援，击溃了联邦军，使后者在惊慌失措中逃回了华盛顿。托马斯·J.杰克逊将军因此战的英雄之举，赢得了“石墙”的昵称。林肯现在意识到了斯科特将军坚持继续训练联邦军的睿智。麦克道尔被B.麦克莱伦将军取而代之，后者已在西弗吉尼亚州赢得了不少小型战役的胜利，并在斯科特将军卸任后荣膺总司令。

当美军战舰截下英国蒸汽机船“杜兰德”号，并截住了准备前往英格兰的两位南部同盟特派员詹姆斯·梅森和约翰·斯莱德尔时，英美之间的冲突一触即发。幸而国务卿苏厄德下令放人，危机才得以避免。他表示，美国战舰没能把“杜兰德”号和2名南部同盟特派员带到港口，等待海事法庭裁决，实属不当之举。

10月21日，在华盛顿附近的李斯堡，联邦军再度遭受军事挫败，这使得本就较为激进的共和党人士，更加强硬地要求联邦政府推行战争政策，并加快废奴进程。俄亥俄州参议员本杰明·韦德，联手密歇根州的撒迦利亚·钱德勒，以及众议员撒迪厄斯·史蒂文斯，倡导成立一个战中联合委员会，可能是对林肯获取主导战事权威的回应。在国会召开例会后不久，委员会于1861年12月9日获准成立。它被赋予广泛的审查权，有权召唤证人做证，并要求有关方面出示记录战争进程的文件。这个委员会包括了三位参议员：钱德勒、韦德和安德鲁·约翰逊——一位来自田纳西州的民主共和党人士，以及四位众议员：印第安纳州的乔治·W. 朱利安、马萨诸塞州的丹尼尔·W. 古奇、宾夕法尼亚州的约翰·科沃德以及纽约州民主党人摩西·奥德尔。这个委员会为激进的民主党人所把控，韦德出任委员会主席。他们对战事都知之甚少，但他们中的每个人，对军队不是不屑，就是互不信任。他们寻求一切机会让高级将领们难堪，或是羞辱他们。

他们还滥用权力。他们调查陆军部的欺诈和渎职指控，深挖政府安全问题，包括制造总统夫人玛丽·托德·林肯是同盟军间谍的谣言。更糟糕的是，他们开始拿总统说事，批评他废奴进程中不情不愿，以及因用人不当而致使南北冲突迟迟得不到解决。有人说，委员会是“一个独断专权的有害组织”。它传唤将军们做证，讯问一些愚蠢的问题，譬如，“你对战争了解多少”。许多卑躬屈膝、毫不称职的将军，开始无端责备、吹毛求疵、大肆批评，说的话半真半假，而高高在上、敏锐精明的委员们的耳朵则张得大大的。这些证词正是他们想听到的——只要是贬低军队的都成。在它存在的那段蒙昧的时期里，委员会针对联邦军的一系列失败连续发布了共计八卷的报告。它还炮制文书，严重损害了他们所不喜欢的将军们的名誉，尤其是麦克莱伦将军——委员们对他调动军队不力、出师未捷心怀怨怼。

1862年1月6日，委员会怀揣着一份居心不良的热忱，会见了林肯和他的内阁，称“不论总统，还是他的智囊团，似乎都对如何指挥作战知之不详，对我方军队为何停滞不前更是一无所知”。

由于战争成本迅速攀升至一天200万美元，国会在1862年2月6日通过了一项法案，授权发行美钞或纸币，作为法定货币。这是联邦政府发行的第一批纸币。两个月后，4月16日，国会宣布奴隶制在哥伦比亚特区不合法，并对释放奴隶者给予补偿，由此开始了立法终结奴隶制的第一步。

法案通过时，共和党人用吼声表达了他们的赞许。“一些激进分子，”一位评论家讥诮地说，“过度沉溺于兴奋之中，都不再顾及体面。他们在走廊里欢呼，拽住每一个路过的黑奴，冲他们表达祝贺。”林肯视国会此举为逼迫他支持法案的策略。尽管勉强，他还是签署了法案，该法案随即成为法律。接着，国会在不予补偿的情况下，取缔了所有属地的奴隶制度。

1862 年 5 月 20 日，国会通过《公地法案》，法案规定，任何人只要在未来五年的时间里在某块土地上居住并耕种，就可以获得周边 160 英亩的公用土地。该法案对于促进西部人口的稳步增长具有极其重要的意义。两年内，2.5 万名拓荒者拥有了超过 300 万英亩土地的所有权。与之类似，《莫雷尔赠地学院法案》于 1862 年 6 月 17 日通过。该法案为每位国会议员提供 3 万英亩土地，用以在各州和各领地建立讲授与农业和机械工业有关的知识的学院。

国会的另一重大举措，是在 1862 年通过了《国内税收法典》，法典广纳赋税，不过战中许多征税对象不了了之。但在这一举措基础上诞生的国税局，的确成为联邦政府一个长效机构。《太平洋铁路法案》的通过，为修建从内布拉斯加的奥马哈市至加州首府萨克拉曼多市的州际铁路提供了土地和资金。

尽管政府在立法上频频告捷，但在前线用兵上却接连失手。麦克莱伦将军受命开始进攻里士满——此时他已经被剥夺了最高指挥权，仅仅统领波托马克军队这一支部队。他带军沿着詹姆斯和约克河之间的半岛前行，而没有率部从华盛顿发起正面攻击——后者能有效缓解首都面临的压力。此次半岛行动在 1862 年初夏戛然而止，在“七日之战”中，双方死伤达 2 万人。大将军亨利 •W. 哈勒克被任命掌管联邦军。1862 年 3 月 8 日，另一场意义重大的战役打响了——有着金属外壳的装甲舰“梅里马克”号和“莫尼特”号在詹姆斯河上酣战五小时，最终战平。就是那一天，为木质战舰时代画上了休止符。

1862 年 4 月，大卫 •G. 法拉格特率领一支海军舰队，冲破了南部邦联布置在新奥尔良南部的防线，炮轰了这座城市，随后本杰明 •F. 巴特勒将军率领联邦军占领了新奥尔良。这场胜仗让法拉格特荣膺海军少将，他是第一个获此殊荣的人。

在 8 月下旬第二次牛奔河之役中，联邦军再度遭遇蒙羞的溃败，与罗伯特 •E. 李将军新接手的同盟军相遇——李在 5 月下旬接棒了在七棵松战役中身负重伤的约翰斯顿将军。接下去，李入侵北方，打算以切断主要铁路通道的方式，孤立华盛顿。在安提塔姆，联邦军和同盟军又血战了一场。双方战死逾 3000 人，另有 1.8 万人受伤。双方战了个平手。当时，麦克莱伦尽管尚未调动后备军，但是李却撤退至弗吉尼亚，于是联邦军理所当然地宣称获得了“胜利”。

这一胜利，对林肯总统在 9 月 22 日颁布《解放宣言》而言，已经够了。尽管战争初期他坚持声称冲突只是为了保护联邦，但此时，奴隶制已经成为一个亟待详议的话题。在《解放宣言》中，林肯宣称，1863 年 1 月 1 日，他将释放与联邦政府对抗的南部邦联地区的所有奴隶。“想必一切会更好，”他跟内阁说，“我希望情况能好点。军队平叛之举，并非我最热衷的。”即便如此，也是时候给奴隶制画个句号了。

联邦军队在安提塔姆取得的“技术性胜利”，也终止了南部邦联被英法认可的任何可能。两国认可，仅剩一步之遥，但现在他们又往后退了一步。这一对联邦政府的潜在危险，就这么有惊无险地过去了。但是，英国持续为南部邦联造战船，允许南部邦联的“亚拉巴马”号战舰溜出利物浦港口，却对过往的联邦船只收取高昂费用。直到美国驻英大使查尔斯 • 弗朗西斯 • 亚当斯在 1863 年 4 月指出英国此举实际是在参与反对美国联邦政府的战争行动，英国才停止制造战船。

1863 年初，法国的拿破仑三世计划调停冲突，但立即招致国会和国务卿西华的拒绝。拿破仑以美国的抗议为由，插手墨西哥事务，派法国军队占领墨西哥城，并让奥地利大公马克西米利安出面掌管墨西哥城。内战一结束，拿破仑就接到了国务卿西华的抗议，后从墨西哥撤军。马克西米利安随后被贝尼托·华雷斯率领的墨西哥游击队处死。

《解放宣言》通过两天后，总统宣布，美国各地暂停人身保护令。就这一做法，国会通过本应是必经之道，总统这是在僭越行政权力。不过，总统感到在战争时期，可能也将会出现某些情况，要求他必须行使特殊权力来捍卫美国人民的自由。1863 年 3 月，国会不得不通过《人身保护法》，允许总统在战时暂停人身保护令。

克莱门特·伐兰狄甘领导的民主党人，公开指责此举为“帝国军事暴政”，他们被其对手称作“铜头蛇”，因为他们佩戴着一分钱的铜币徽章，以表达他们对南方实行安抚政策的立场。这些所谓的“和平民主党人”参与到反政府的活动中，却因阻挠战事发展而损害了自己的声誉。1862 年 12 月 13 日，在弗吉尼亚的弗雷德里克斯堡，同盟军使由安布罗斯·伯恩赛德将军带领的联邦军遭受了最惨痛的军事失败，大肆屠戮吓住了“铜头蛇们”，他们得知道大屠杀什么时候是个头。超过 1 万名联邦军士兵在这场战役中伤亡。林肯用约瑟夫·胡克将军取代了伯恩赛德。

为了支援军事行动，国会 1863 年 1 月上旬通过了允许 15 万名黑人士兵入伍的法案，也在 3 月 3 日通过了《内战征兵法案》，规定所有在二十岁到四十五岁之间的男人都得服兵役。但是，法案称，任何人交付 300 美元代偿金，或者雇用一个替身入伍三年，均可免服兵役。对这一法案的反对意见此起彼伏，最终引发了 1863 年 7 月中旬发生在纽约城的征兵骚乱，而此次事件实际上是种族暴乱。

南方同盟军也在考虑征兵问题。1862 年 4 月 16 日，《征兵法》通过，适用于所有二十岁到三十五岁之间的白人。某些行当可以免役，也允许找替身。不过，随着战争一年年继续，南方的人手问题日渐突出。

尽管同盟军在与联邦军的交手中，赢得过一次惊人的胜利——1863 年 5 月的切斯劳维尔之战中，联邦军以两倍的兵力负于同盟军，但是，战事还是开始向有利于联邦军的方向发展。切斯劳维尔之战中，李军死伤逾万人，给他带来了难以承受的损失，5 月 2 日“石墙”杰克逊又为自己人所击中，更是雪上加霜。

尤利西斯·辛普森·格兰特将军在7月巧取了密西西比的维克斯堡，从而把南部邦联一分为二，将整个密西西比河地区掌控在手中。李进攻北方的第二次盘算，在宾夕法尼亚州的葛底斯堡，被率领人数堪称“超级联邦军”的乔治·G. 米德大将军给弄砸了。然而米德并未穷追猛打，任由李逃往弗吉尼亚。在葛底斯堡死伤的军士约5万人。1863年11月19日，战地公墓在此落成，落成典礼上主要的发言人是爱德华·埃弗里特。但是，亚伯拉罕·林肯的简短演说却让人铭记至今。他说：“这块土地我们不能够奉献，不能够圣化，不能够神化。”那些伤亡的英勇战士比我们做的好得多。我们应当“在这里把自己奉献于勇士们已经如此崇高地向前推进但尚未完成的事业”，“不让这些死者白白牺牲；我们要使国家在上帝保佑下得到自由的新生，要使这个民有、民治、民享的政府永世长存”。

这是一次自由的新生。而这，恰恰是战争带来的。林肯用最为高贵的言辞，描绘了这一幅激动人心的图景。

继这些胜利之后，1863年11月下旬，在查塔努加周围的卢考特山和传教士山脉，联邦军彻底击败同盟军，由此开辟了一条通过佐治亚州直抵大海的道路。1863年12月8日，林肯颁布了《大赦与重建宣言》。宣言称，当脱离州参与1860年大选人口的百分之十愿意效忠美国时，这些人就可以建立一个废奴的政府，并获得林肯的认可，回归联邦。这是一个裂痕斑斑的政府第一次试图进行自我修复。激进共和党人认为这是一个相当温和的提案，因而予以强烈反对。在他们看来，国会必须主导联邦政府重建，而不是总统。

与此同时，战争也接近尾声。格兰特将军晋升至中将，成为联邦军队的最高统帅，统领逾10万人的波托马克军队。1864年5月5日，格兰特将军开始了为期一个月的荒野之战，计划着在一个夏天内沿线攻击过去，把李的6万大军撕成碎片。但是，大屠杀的代价是可怕的。据估计，在斯波特瑟尔韦尼亚和冷港，格兰特损失将近6万人，其中半数都是与李交手时损耗的。不过，同盟军的损失更是无法弥补——南部邦联因“失血过多”而缓不过气来。格兰特调军至里士满以南 20 英里的匹兹堡，打算切断李的补给线。他没能力搞定匹兹堡，于是在 1864 年 6 月开始围城，围攻持续九月之久。

就在此刻，威廉•T. 舍曼将军率 10 万人，从田纳西州的查塔努加向佐治亚州的亚特兰大进军。维克斯堡战役已在纵向上将南部邦联一分为二，查塔努加大捷又让舍曼在横向上切了南方一刀。9 月 2 日，舍曼占领亚特兰大。在摧毁敌军所有可能得到的给养和物资之后，他迎着大海而去。

在国会，就林肯的“百分之十计划”，激进共和党人通过了《韦德－戴维斯法案》，要求大多数选民，不止是百分之十，发誓在过去和现在都效忠于联邦政府，无论当地政府成立与否。该法案还要求废除奴隶制，并规定任何曾在脱邦州或南部邦联政府任职的人、任何以武力对抗联邦政府的人都不得投票。

林肯否决了《韦德－戴维斯法案》，他已把路易斯安那州和阿肯色州纳入重建联邦的“百分之十计划”。林肯称，无意执行任何单一的重建计划，他也否认国会有权废止州属的奴隶制。这就得修宪了。

激进派以《韦德－戴维斯宣言》予以回击，宣言维护国会处理叛乱州的绝对权力，并告诫总统他只享有执法权，而非立法权。宣言称，作为总司令，林肯的工作是平定叛乱，脱邦州的政治重组事宜应归诸国会。

尽管有分歧，但在 1864 年 6 月 7 日巴尔的摩的共和党人大会上，激进共和党人还是支持重新提名林肯为总统候选人，并乐于挑选田纳西州忠诚的军官安德鲁・约翰逊为副总统候选人，因为约翰逊效力于战中联合委员会时，批驳脱离论者的论调甚为响亮。提名约翰逊的潜在目的，是“司马昭之心，路人皆知”：在全国联盟的形成中，可能吸引民主党人的选票，也象征着回归联邦之意。

8 月下旬，民主党人在芝加哥集会，提名麦克莱伦将军和俄亥俄州的乔治・H. 彭德尔顿为总统和副总统候选人。在“铜头蛇”的操纵下，该会议发表了一份宣言，要求立刻停止南北剑拔弩张的状态，在联邦的基础上重建和平。麦克莱伦拒绝接受该宣言。

舍曼在亚特兰大的胜利，以及他向着大海继续进军，强化了全国联盟的可能。亚特兰大战胜，对哪个党派获胜而言，意义重大。11 月，林肯再度当选，以 212 张对 21 张的选举人票和 2,206,938 张对 1,803,787 张的选民票，完胜麦克莱伦。

当国会重新召开时，总统提出可否修宪，以在全国范围内终止奴隶制，并就此征求各州意见。参议院此前在春天就通过了这一议案，就看众议院了。1865 年 1 月 31 日，投票决议。众议院的走廊被填得满满当当，议事厅里，坐着联邦大法官萨蒙·P. 蔡斯、几位助理法官、一些参议员、几位内阁成员和一群外国使节。修宪以 119 张对 56 张的票比获准。这一结果公布时，整个众议院爆发出雷鸣般的尖叫声、掌声和跺脚声。女人们挥动着帕巾，男人们抱作一团，“欢呼声一浪高过一浪”，持续十分钟，分贝也没降下来。最后，“为纪念这一卓绝而不朽的大事件”而散会。1865 年 12 月 18 日，美国四分之三的州，都批准了宪法第十三条修正案。

到 1864 年，战事已近尾声。舍曼切出一条 60 米宽、300 米长的抵海通道，沿途毁坏了私人住宅、公共建筑、工厂、轧棉机、铁路和桥梁，并没收了所有可能被视作走私货或叛军增援力量的物资。抢劫成了家常便饭。12 月 22 日，萨凡纳沦陷，此后舍曼穿过卡罗来纳朝北而去，火烧途经城镇。南卡罗来纳首府哥伦比亚，是一个可以邀功的进攻目标。尽管舍曼后来将这一悲剧归咎于撤退的南部联盟军，1865 年 2 月 17 日，哥伦比亚还是如此前所预见的，毁于一旦。决断的舍曼继续勇往直前，那支士气越来越低落的同盟军阻挡不了他。

对于政府重组该如何进行，林肯的思路已经厘清。1865 年 3 月 4 日，在第二次就职演说中，林肯称：“对任何人不怀恶意，对一切人心存宽厚，坚持正义……让我们继续努力完成正在进行的事业，包扎好国家的创伤……去做所有力所能及的事，并珍惜我们自己中间和与一切国家之间的公正和持久的和平。”

与此同时，格兰特接着给弗吉尼亚州施压。李被迫从匹兹堡和里士满撤退，寄望与能干的约瑟夫·E. 约翰斯顿将军率领的同盟军在北卡罗来纳会合。但是格兰特堵住了他的去路，于4月7日要求李投降。李带着区区3万人的军队，还几乎全处于包围之中，鲜有选择的余地。4月9日，两人在阿波马托克斯会合，商榷投降事宜。李的军队被释放，因此他们可以返乡。李的军官们可以保留随身武器。所有士兵都被允许保留马和骡子。其他装备移交联邦军。格兰特没有要求李本人宣誓投降，李也没有主动宣誓。

在四年的痛苦肉搏之后，战争结束了。南方彻底溃败。双方阵亡人数惊人。联邦军359,528人死亡，275,175人受伤；同盟军约有258,000人死亡，100,000人受伤。

在北方，人们听到李投降的消息，都欢呼谢天谢地。当格兰特将军和他的部队在城里游行的时候，华盛顿“兴奋得疯了”。4月13日，是“欢欣鼓舞的一天……公共建筑和私家宅邸上到处插着星条旗……当夜幕降临……街上烛火燎人，焰火点亮天空，围城的枪响传递着和平的喜悦”。其他城市，与华盛顿无二。可怕的战争结束了。

接着，悲剧来了。林肯访问完里士满，就在返回华盛顿的途中，听说了李投降的消息。在一次内阁会议上，他再度表达了调和以及快速恢复国家统一的需求。4月11日，林肯站在白宫阳台上，面对欢庆联邦胜利的人们，做了最后一次演讲：“我们相聚在这个夜晚，不是心怀悲伤，而是满腹喜悦。匹兹堡和里士满的收复，主要叛军的投降，都给了我们希望，迅速走向和平的希望……让我们都来做一些有必要做的事，以求恢复这些州（即脱邦州）和联邦之间的可行性关系。”

4月14日晚，林肯赴福特剧院观看歌剧《我们的美国亲戚》。晚十点刚过，约翰·韦克斯·布斯，一名演技出色或许精神错乱的演员，走进了总统包厢，对林肯进行了零距离射击。林肯奄奄一息之际，被抬着穿过街道，安放在一间公寓房里。次日清晨七时二十二分，林肯逝世。林肯拯救了联邦，却在重建大业未完之时，命赴黄泉。

“他是划时代的。”战争部长埃德温·斯坦顿说。现在，安德鲁·约翰逊做了总统。此后的经年累月里，他带来了一场政府行政机构与立法机构之间的博弈，一场对后世影响深远的博弈。

第六章 重建与镀金时代

林肯去世三小时后，安德鲁·约翰逊宣誓就职，成为新一任美国总统。此时的激进共和党人欣喜若狂。他们以为，重建南方的方向盘毫无疑问将掌握在他们手中，并且认为这位出身于田纳西州的总统也将由他们控制。他们以为，总统将按照他们的想法将南方势力吸纳到国会的特别会议里，抑或等到 1865 年 12 月后再让这些反叛势力重返总统选举的进程之中。

然而他们错了。南方同盟势力最终投降之后，总统约翰逊大体执行了林肯的计划，宣布并且承认统一的联邦已经重新在阿肯色州、路易斯安那州、田纳西州和弗吉尼亚州建立起来。约翰逊签署了两份法令，在这两份文件中，他任命了南部剩余 7 州的临时州长，以期重建各州制度并废除分裂之后的各项法律，去除南方债务，并确立了宪法第十三条修正案的地位。他大赦所有宣誓效忠新联邦的反叛势力，也免去了南部邦联政府和军队中高级官员的职务。同时，约翰逊又强调私有财产数额达到 2 万美元以上者不在赦免范围之内。这种对南方社会富人和上层阶级的偏见无疑反映了这位总统幼年时期的穷苦和辛酸。然而，不在赦免范围内的人们可以向总统申请个人赦免，而只有获得大赦或个人赦免者才能参与到各州重建中去。

激进共和党人马上发现，此位总统不仅计划独自扛起重建南方的重任，而且还要在第三十九次国会召开之前将之完成。于是，激进共和党人被彻底激怒了——如果总统被宪法授权重组国家，那么他将国会置于何地呢？

撒迪厄斯·史蒂文斯毫不犹豫地开始了对约翰逊的反击。身在费城的他在给总统的信中表达了自己的不满。“希望您能同意我用笔写出这些本该简明扼要向你口头说出的话，”他写道，“国家重建是一个微妙复杂的问题……而且是一个只有立法机构才有权解决的问题。”

只有立法机构！这句话十分明确地表明了激进共和党人的立场。“您最好另外召开一个会议，”史蒂文斯指示，“而不要让人们认为行政权力已经开始对国家强取豪夺了。”他还建议总统停止批准赦免权。现在看来，史蒂文斯如此傲慢的口气和这种对国家行政长官指手画脚的态度简直难以置信。回到华盛顿后，史蒂文斯直面约翰逊指出，如果总统先生仍旧坚持执行他关于国家重建的计划，那么他就不要企盼得到国会中共和党人的任何支持与合作。

约翰逊在这次见面的整个过程中保持着冷静和克制，希望得到人们的理解与氛围的和谐。他认为，国人只有拨开战争的阴霾，才能重获和平；而这恰恰就是他所做的事情。实际上，到12月为止，在7个南部邦联州中，除得克萨斯州以外的所有州已经在约翰逊的指示下完成了它们所应完成的任务，并获得了他的认可。四个月之后，得克萨斯州也达到了总统的所有要求。

当12月4日国会召开之时，约翰逊首次向国会成员宣布联邦已经得到重建和恢复，然而国会却对这个声明置若罔闻，并且建立起了一个由9位众议员和6位参议员组成的国家重建15人联合委员会，用以对“反叛各州是否应在国会内获得代表权”进行报告。此外国会还宣称，直到委员会提交报告并由国会通过，“两院不会接受来自所谓南部邦联的任何成员”。因此，国会召开时出现的许多南部各州代表开始悄悄退出会议厅。尽管联合委员会成员中有相当激进的史蒂文斯，其整体人员组成基本保持温和与中立，并由缅因州议员威廉·费森登负责主持委员会事务。委员会召开会议期间，议员们总是可以听到各色证人相似的证词，这些证词都对约翰逊的赦免政策怀有敌意，并坚持如果这些反叛州的代表可以重新加入国会，那么今后“自由民就会比原来的奴隶好不了多少”。

事实上，几个南部邦联州已经通过了一系列“黑人法典”，规定把自由人重新禁锢在他们的土地上。尽管他们已经被解放，这些法典实质上重新确认了奴隶制的存在。撒迪厄斯•史蒂文斯在众议院对这些法典大加挞伐，认为南方应该被当作“被征服地区”。“我们已经解放，或者将要解放的，是400万无家可归、身无分文的奴隶。可憎的奴隶制度不让他们得到最低等的教育机会，不让他们明白最普遍的契约和规章制度，也不让他们可以经营自己再平凡不过的生活。这个国会必须把这些提供给他们，直到他们可以照顾自己为止。”

刚从与比利•布鲁克斯的争斗中恢复元气的查尔斯•萨姆纳在参议院表示大体同意史蒂文斯的说法，而另一方面他认为，分裂国家是南部各州的“自杀行为”。正因如此，只有国会才能为这些州设立回归联邦的条件。

重建问题终于被提上日程，而国会这时发现它所面对的国家有一半处在废墟之中：城市和种植园已经成为焦土，交通运输各处受阻，人们投在奴隶制里的数十亿资产也随着奴隶制的终结全部蒸发。史蒂文斯一心希望通过重新分配土地，即彻底摧毁种植园主贵族统治的权力基础来对南方进行转化。在这个过程中，从前的奴隶，也就是现在的自由人，可以从他们的敌人那里得到原来丧失的财产，重新开始供养自己和家庭。蓝图虽然美好，国会还是拒绝了这个提议，并在1865年3月3日通过了成立被解放黑奴事务管理局的议案（该议案被总统否决，但又在7月16日由国会投票重新生效）。1866年，国会又通过了补充法案，确定了管理局的永久性。该局可为自由人和南方难民提供服务，无论他是白人还是黑人。这个法案还为管理局授予司法权力，防止自由人受到歧视。该法案由温和共和党人发起，其成员包括费森登和来自伊利诺伊州的莱曼•特朗布尔。后者为参议院司法委员会主席，曾经力图与总统合作以消除黑人法典的祸患。不幸的是，约翰逊并不想寻求与任何温和派盟友合作，并宣称这份法案不过是又一次政治分肥，而且其代价过于昂贵了。众议院以 109 票对 40 票宣布总统否决的无效，而参议院一方却因为 5 个温和派共和党人接受了这样的代价而站在总统一边。

其他温和派议员对总统的行为表示失望。他们试图再次为 1866 年的《民权法案》做出努力，这份法案“体现了温和派的立场和观点”，赋予除美洲原住民之外所有生于美国的个人的公民权利。它勾勒出“不涉及种族的平等权利”，如提出法律诉讼，在法庭上提供证词，以及获得“个人生命和财产保障”的权利。它授权联邦官员对违反该法案者提请诉讼，并对任何胆敢践踏公民权利者处以罚金和监禁。为了安抚总统，特朗布尔也明确提出，该法案不应赋予自由人政治权利。

这部《民权法案》“第一次以法定形式规定了美国公民的权利”，“反映了那些从前被认为是激进的想法”如何最终被大批共和党人采纳。法案不仅适用于歧视性法律已经生效且仍然起着作用的北方，更适用于长期以来盛行奴隶制的南方。从这个角度上说，《民权法案》的生效并不能完全归于国家重建政策。

尽管如此，约翰逊还是义无反顾地否决了这个法案。他认为该法案违背了“所有人类的经验和常识”，“使国家向中央集权迈进了一大步，也使政府中所有立法权趋于集中”。不仅如此，约翰逊公然以种族主义者的姿态质疑黑人的公民资格，并坚持声称各州有权以种族为由进行歧视。

国会两院如火山般爆发了。温和派惊骇于这种观点，导致他们与总统的彻底决裂。他们本想与约翰逊合作，现在感觉彻底被拒绝了。《纽约先驱报》在 1866 年 3 月 28 日呼吁人民反抗这种“宣战行为”。特朗布尔在参议院中义愤填膺地大声吼叫，因为他明显感到总统将不可能通过任何旨在保护“自由人及其私有财产”的法律。在这种情况下，两院迅速宣布总统否决无效，而 1866 年《民权法案》就成为美国历史上第一部建立在总统否决基础之上的主要法案。

法案的重要性还体现在另一方面。实际上，该法案宣布国家政府有责任保护公民权利，而非保护各州权利。困扰整个国家几代人的各州权限问题终于得以解决。从此以后，法律面前人人平等的信条将会由国家政府保护执行。

约翰逊的否决使他失去了之前享有的温和派共和党人的全部支持。温和派全体悄悄滑向了激进派一边，这使得未来的任何总统否决都会被宣布无效。总统的这一行为无疑变成了政治自杀。

另一方面，一些明智的议员认为应当在宪法中体现《民权法案》。因此，15 人联合委员会提议设立宪法第十四条修正案以在某种程度上确立一种包含黑人男性的公民身份，禁止任何州在法定程序之外侵害公民权利。修正案废除了宪法中关于计算国会下院代表人数条款的五分之三，承诺在南方州重新加入联邦后，新增十二个南方席位。

由于该修正案特别将“男性”一词引入宪法，所以女权主义者如苏珊•安东尼和伊丽莎白•凯迪•斯坦顿感觉遭到了背叛。男人只保护自己的权利，他们为了自己争辩不已，却与女人毫不相关。于是，女性们开始依靠自己的力量，并于 1869 年成立了全国妇女选举权协会，只招收女性成员。不过之后不久，美国妇女选举权协会成立，而且开始接收男性。随后，斯坦顿领导下成立的这两个组织合并，成为全国妇女选举权协会。女性为选举权平等而展开的斗争，就此开始。

言归正传。田纳西州接受了第十四条修正案，并于 1866 年 7 月 24 日迅速重返联邦。然而南部其他各州拒绝了该修正案，希望激进派会在 1866 年国会中期选举中失利，从而得到形式更为温和的重建。这种情况下，国会以“承认第十四条修正案”为条件，希望南方各州返回联邦。

南方的形势每况愈下。1866年夏天，孟菲斯和新奥尔良爆发了种族暴乱。5 月 1 日，孟菲斯的白人与黑人马车夫发生激烈争执，从而引发了一场混战，导致 48 人死亡（其中只有 2 个黑人），5 名黑人女子遭到强奸；许多学校、教堂和住房惨遭焚毁。十二个星期后，新奥尔良发生了又一场暴力事件，这一天召开了授予自由人选举权的制宪会议。暴乱导致会议厅中大量黑人被屠杀，尽管那时他们已经举起了投降的白旗。两起事件向北方人证明了南方的冥顽、自大与目中无人，同时也证明，叛乱州还没有做好回归联邦的准备。

想要在选举年扳回局势的约翰逊总统着手在北方进行巡回演讲，在费城和纽约做短暂停留后转向克利夫兰和圣路易斯——整个旅行被笑称为“兜圈子演讲”。在格兰特将军、大卫·G. 法拉格特上将和海军部长吉迪恩·韦尔斯的陪同下，约翰逊开始了各地的演说；在演讲过程中，他频繁地发脾气，所以反倒给对手很多嘲笑和贬损他的口实。有几次，他显得十分歇斯底里，有时又有些野蛮，看起来显然不像个总统。“我被背叛了，”他咆哮道，“我被诽谤了，我被污蔑了。我被叫作叛徒犹大……可谁是我的耶稣？难不成是撒迪厄斯·史蒂文斯？”

这次旅行成了一场灾难，民主党人选票狂跌证明了这点。共和党人现在得到了国会三分之二多数，这就意味着共和党可以使未来任何一次总统否决无效。约翰逊被彻底中立化了。“总统现在没有力量控制或者影响任何人，”艾奥瓦州参议员詹姆斯·格兰姆斯称，“任何法律的确立都将会完全脱离总统，无论他持有怎样的观点和愿望。”

“现在是我们行动的时候了，”俄亥俄州代表詹姆斯·加菲尔德说。南部邦联“不会与我们合作重建那些它们自己毁掉的东西。所以我们必须清除这些垃圾，从头开始建设”。印第安纳州议员乔治·W. 朱利安表示赞同。南方不必对联邦宣誓效忠然后又背信弃义。它们所需要的，就是“政府，从权力中心华盛顿伸出的强力之臂”。

强力之臂起效始于选举归来的国会。1867 年 1 月 3 日，撒迪厄斯·史蒂文斯递交了第一个重建法案，该法案在多次修订后被称为《军事重建法案》。法案将南方分为五个军区，并给予每个军区的指挥官对该区进行军事管制、维护社会治安的权力。它们还有权保护黑人，并将原邦联逐渐融入现联邦。这个过程涉及组织新的制宪会议，而该会议应由黑人和并未参与反叛的白人进行选举。这些会议必须建立在承认黑人选举权且认可第十四条修正案的基础之上。自然，约翰逊否决了这个议案，而国会毫不犹豫地于1867年3月2日再次宣布总统否决无效。

紧接着，国会继续添加了《补充重建法案》，使各区军事指挥官开始登记选民，只待一个合理的制度确立并被改革后的选区认可，选举工作就可以运转起来了。当然，国会保留着认可每一项新制度、在适当时间结束军事管制和接受各州重回联邦获得其议席的唯一权力。国会还通过了《军事拨款法案》，规定总统作为国家军事总指挥发布的一切军事命令必须经由五星上将格兰特同意才能予以实行，而格兰特的办公地未经参议院允许绝不能移出华盛顿。在《任期法案》里，国会进一步限制了总统权限，禁止总统在未经参议院同意的情况下先行免去官员。“尽管总统是总指挥，”史蒂文斯激昂地说道，“国会是他的指挥；这是上帝的旨意，他必须执行。他和他的奴才们将会明白，这不是一个国王和总督组成的政府，而是一个由人民组成的政府；国会，就是人民。”

约翰逊在南方建立的临时政府就这样被清除出局，同时，黑人和一些白人的登记工作开始了。那些配合激进重建工作的南方白人被贴上了“流氓无赖”的标签，而那些趁机前往南方军区发展投机事业的北方白人被称为“投机北佬儿”。随着有资格的选民被登记造册，至少5个南方州——路易斯安那、密西西比、亚拉巴马、佛罗里达和南卡罗来纳中的黑人选民占了多数。超过70万黑人注册成为选民，白人只有6万。

几个月后，南方诸地纷纷达到了划定的制度要求。到1868年6月，6个原邦联州被允许加入联邦，宪法第十四条修正案也因它们的同意而在1868年7月28日获得批准。这6个州是阿肯色（6月22日）、佛罗里达（6月25日）、北卡罗来纳（7月4日）、路易斯安那（7月9日）、南卡罗来纳（7月9日）和亚拉巴马（7月13日）。佐治亚于7月21日回归，但国会并未授予其代表席位。1870年7月15日，佐治亚重新加入联邦，次年1月得到了国会议席。

总统约翰逊试图阻止激进重建，于是开始撤除那些热心执行重建法案的官员和将领的职务。按照顺序，他先是撤掉几位军事指挥官，然后又在1867年8月12日解雇了林肯时期留下的战争部长埃德温·斯坦顿，并让格兰特将军接替了他的职务。为了遵守《任期法》，约翰逊向参议院递交了撤销斯坦顿职务的几点原因，结果于1868年以36票对6票被否决。接着，格兰特被激进派劝离他的岗位，斯坦顿则恢复了职位。

仍旧勇敢无畏、目中无人的约翰逊在1868年2月21日第二次解雇了斯坦顿，而且还指控格兰特变节，接着任命副官洛伦佐·托马斯接替斯坦顿。当天，宾夕法尼亚州代表约翰·科沃德在众议院提交了一份提案，认为“安德鲁·约翰逊，美利坚合众国总统，理应因任职期间各种轻重罪行受到弹劾”。这份提案被管理重建事务的联合委员会提及，因而又为委员会同意并转交至国会进行投票。经过激烈辩论，众议院于1868年2月24日以126票对47票通过了这项议案；一个用来准备弹劾文件的委员会旋即建立；3月2日，委员会提出了九项指控。这些文件主要针对总统对《任期法》的违犯，但其中也不乏对总统恐吓、威胁并阻止斯坦顿执掌权力的控告。翌日，众议院在此基础上增加两份文件：其一指控总统“语言暴力”；其二则包罗万象，称为综合性文件。国会任命7名议员以这些罪名在参议院起诉总统；其中最积极者包括本杰明·F. 巴特勒（外号“野兽”）、撒迪厄斯·史蒂文斯、乔治·鲍特韦尔，还有约翰·宾汉姆。

3月30日，由首席大法官主持的会议在参议院举行，议员们开始了陈述。然而他们仅仅是对着参议员们高谈阔论，以为最终裁定已经成了既定的结论。他们未能提供切实的证据来证明总统所犯下的“各种轻重罪行”。

5月16日，参议院先对综合性文件进行了投票，约翰逊以35票赞成对19票反对逃过一劫，距离被弹劾所需的三分之二票数仅1票之差。19票中包含共和党7票、民主党12票。堪萨斯州参议员埃德蒙·罗斯，一位激进共和党人，在投票中展现了无比的勇气与信念，居然投了无罪票。几个控告约翰逊的文件接连失败之后，参议院于5月26日决定休会，弹劾终究失败。当史蒂文斯被告知判决结果时，他叫喊道：“这个国家真是见鬼了！”不久之后，他便去世了。当被问及休会这个决定时，艾奥瓦州参议员詹姆斯·格兰姆斯宣称有人请求他们依照政治做出决定。“我不能为了除掉一个不能接受的总统而毁了宪法赋予我们这个国家的和谐与一致。”

这个决定标志着林肯式总统权力的终结。约翰逊曾经试图控制国家重建，但以失败告终。通过实际行动，国会为恢复联邦制定政策。这才是正确的道路，如俄亥俄州参议员约翰·谢尔曼所说，“行政机构理应从属于立法机构”，这才是上帝的本意。

不久之后，共和党全国提名大会在芝加哥召开，第一轮投票中尤利西斯·辛普森·格兰特被选举为总统候选人，一同被选举成为竞选伙伴的是激进派众议院议长斯凯勒·科尔法克斯。民主党一边则提名纽约州前州长霍雷肖·西摩和密苏里州的弗朗西斯·布莱尔，后者曾在一个两党势力极不平衡的选举人团（80票对214票）选举投票中败给共和党一方。

激进派的实力和决心再次体现在1869年2月26日颁布的宪法第十五条修正案的文字里。该修正案禁止任何州以种族、肤色或之前的奴隶身份为由拒绝公民进行投票。所有未经重建的州或邦需要批准该修正案才有权重新加入联邦。弗吉尼亚州在1870年1月26日回归，密西西比州在2月23日回归，得克萨斯州则在3月30日回归。第十五条修正案在1870年3月30日被正式批准。

这些已经重建的南方各州派遣了本州的黑人公民前往国会，担任众议员和参议员之职。密西西比州共和党人海勒姆·莱维尔斯赢得了参议院选举。身为圣公会牧师，他曾经任职于美国内战的一个黑人团。他在1870年2月25日取得席位。在众议院中，首位赢得选举的非洲裔美国人是来自南卡罗来纳州的共和党人约瑟夫·雷尼，他于1870年12月12日宣誓就职。雷尼曾经是一位每日奔走在南方邦联封锁线上的理发师，而在1874年5月，他则是第一位从众议院议长、缅因州的詹姆斯·布莱恩手中接过小木槌的美国黑人。

几年之中，众议院里出现的其他非洲裔美国人，包括亚拉巴马州的本杰明·特纳、南卡罗来纳州的罗伯特·德·拉芝和罗伯特·艾略特、佛罗里达州的约西亚·沃尔斯、佐治亚州的杰弗逊·朗——也全都是共和党人。总共16位非洲裔美国人在重建时期进入国会，不过他们每个人都只待满了一到两个任期。

在整个重建过程中，军事法庭的主要职责就是执行国会颁布的各项法律。但在“米利根案”中，最高法院裁决军事法律违宪而判定民事法庭需在此发挥作用。由于惧怕法庭将判处《重建法》无效，国会在1868年3月通过立法解除了司法对于重建事务的管辖权。另一方面，法院支持国会的重建权力，并在“得州诉白案”中确认了安德鲁·杰克逊和亚伯拉罕·林肯对于联邦不允许分裂的论断。更重要的是，在接下来几年里，法院通过几个重要的判决逐渐赢得了人们对它释宪权的认可，使这些权力并不是简单停留在文件之上。

尽管第十五条修正案禁止各州以种族为由侵犯公民选举的权利，但它并未禁止各州在军事重建结束后制定可供白人调用的关于文化、教育和财产方面的规定。有了这些规定，白人照样可以有效剥夺黑人的公民权并且最终在南方恢复白人的统治地位。他们宣称要从“黑人重建”中“赎回”他们自己的州或邦。

更为有效地阻止黑人选举的诸多方法之中，恐吓威胁也是其中之一。1866年三K党在田纳西州普拉斯基建立，前南部邦联将军内森·贝德福德·福里斯特成为该党第一任大龙头，其目标明确地指向恢复白人统治，以暴力和非法的方式对胆敢参与选举的黑人进行恐怖打击。动用私刑和殴打囚犯成为家常便饭，尤其是在选举期间。据估计，1868年至1871年间，大约有400起黑人被吊死的事件发生。

这种诉诸暴力的手段只能让北方人确信一点，那就是联邦部队在南方强制执行联邦法律是十分必要且符合正义的。因此，国会在1870年至1871年间连续通过了三个《强制执行法案》。其中，前两个法案规定以武力或威胁的方式阻止公民行使选举权属于违法行为，并赋予联邦监管者监察投票者注册的权力。第三个法案，也被称为“三K党法案”，授权总统运用军事力量保护黑人选举，以免他们遭受恐吓和暴力威胁，并在需要之时暂缓执行人身保护令。直到民主党人重新执掌大权，也就是二十年后，这些被称为“武力法案”的条文才宣告废止。然而，格兰特政府渐渐脱离了使用军队和法院进行国会式重建的办法，最终使白人从共和党的统治中“赎回”了他们的州或邦。越来越多的前南部邦联中的人物被选举到国会里来，其中包括邦联副总统亚历山大•H.史蒂芬斯，此外还有6位内阁办公室成员、58位邦联国会成员、9位军队高级将领。由此，南方也渐渐被原先的统治阶级重新接管起来。

尽管如此，国会并没有放弃保护黑人的某些权利，使之免受白人的侵犯。1875年《民权法案》禁止公共场合、公交运输以及陪审团选定过程中出现种族歧视。此项法案由格兰特总统于1875年3月1日签署生效。

这无疑是一个里程碑式的事件，制宪革命也由此发展到巅峰。《民权法案》同宪法第十三、第十四和第十五条修正案一道，将法律下的平等又向外辐射了数以百万计的美国人，美国民主也因此前进了一大步。接下来的任务就只剩下解决性别歧视问题了。

一个新的时代开始了。这个时代一直延伸到19世纪末，马克•吐温和查尔斯•达德利•沃纳对它进行了十分细致的刻画和描述，最终这些描述构成了一部关乎美国社会的巨著。在他们的叙述当中，整个社会极度腐化，主人公自己就参与了官商勾结的铁路行贿计划。恰如沃纳在1873年所写的那样，这个故事描绘的就是内战过后整个国家中普遍存在的各式交易。“我们讲的，就是今天的故事。”这本书的名字，就是《镀金时代》。

同时期一位著名的历史学家亨利•亚当描述这段时期，“既缺乏目的，也鲜有成果。哪位如果有心查查1870年到1895年这二十五年之间国会、法院和竞争机构的名单，就会发现它们除了减损国家的声望和名誉，其实什么都没干”。实际上，它们还不仅是减损了国家名誉，还在很大程度上损害了整个政治链条。

这段时期，国家工业化受到了南北战争的强烈刺激，以至到19世纪末都没有减缓的趋势，而工业化的发展又在很大程度上使政府，尤其是国家政府直接或间接地对工业进行支持和补贴。这段时间里，贯通全国的铁路线从3万英里一下延长到约20万英里，这种扩展无疑涉及广泛的公共支持，尤其是大片的政府授地。保护性关税也是非常重要的扶持形式，直接刺激了锻钢、冶铜和纺织等制造业的发展。另外，联邦银行和货币政策也在积极吸引国内外投资，所有形式的投资都使美国工业在这一阶段飞速发展。

大量货币流入为许多个人带来了空前的财富，他们用金钱获取特权，又用特权继续发展事业。当然，想要获得特权，付出代价就是必不可少的。贿赂、阴谋、利益纠纷、敲诈勒索，镀金时代的人们对各种各样的犯罪可以说是司空见惯的。人们若想生存，就必须富有洞察力，还得找到一个合适的目标；而非常明显的是，人们若想在铁路上获益或者意图获得关税保护，那么国会议员和国家行政官员就成了他们的突破口。事实证明，在这个时期，人们选定的目标也是对任何赠予来者不拒。国会议员接受这些礼物，把它们看作别人对其地位和重要程度表示认可和钦佩的象征；他们乐于相信，通过立法为人们提供一些便利并由此得到他们的劳动所得，是理所应当的。

铁路上有什么利益呢？它可以提供自由通行权、企业股票，甚至是为合适的立法者，尤其是主席或关键委员会提供现金。一些国会议员甚至身兼行政职务或者手握筑路权，比如代表格伦维尔·道奇，他身为联合太平洋铁路公司总工程师，同时又是艾奥瓦州在众议院的代表。又如南北战争时期所谓的金融家杰伊·库克，他定期为国会议员提供金融支持，甚至握有议长詹姆斯·布莱恩的房产抵押。

没过多久，这种蒙骗公众的手段和通常并不合理的安排就会在报刊新闻上曝光。19世纪70年代，这种事情屡见不鲜。第一个，也许也是最为声名狼藉的便是动产信贷公司丑闻。1872年9月4日，查尔斯·A. 达纳在其《纽约太阳报》上曝光的问题不仅涉及众议院前议长——现任美国副总统斯凯勒·科尔法克斯，而且还包括1872年替代科尔法克斯成为格兰特竞选伙伴的来自马萨诸塞州的亨利·威尔逊。财政部部长——曾经积极参与约翰逊弹劾案的公诉人之一的乔治·鲍特韦尔也被牵涉其中，同样受到牵连的还有一大批国会议员，其中包括现任拨款委员会主席詹姆斯·加菲尔德、国家筹款委员会主席亨利·道斯、公务员事务委员会主席威廉·凯利（外号“生铁”）、现任司法委员会主席同时也是另一位约翰逊的公诉人约翰·宾汉姆，最后还有海军委员会主席格伦·斯科菲尔德。真是不少人啊！

动产信贷公司是一个由联合太平洋铁路公司虚拟出来的建筑公司，其成立旨在向有价值的国会议员提供实际利益。这些利润从公司的线路建设中获得，用以从国会议员处交换实际的政治支持。马萨诸塞州共和党代表欧克斯·艾姆斯负责向选定的众议员出售股票，而购买股票的众议员则需要用他们的政治影响力使公司受益。据称，为了表示他们的谢意，这些国会议员曾经帮助扼杀了一个将规范联合太平洋铁路公司铁路建造比率的法案。

这些真相由于在1872年总统选举时出现得有些晚，因此几乎没有影响到选举结果。格兰特顺利连任，而他的竞选伙伴亨利·威尔逊也赢得了副总统的职位。他们击败了以《纽约论坛报》主编贺拉斯·格里利和格拉茨·布朗为首的自由派共和党。自由派从1871年开始在共和党内部发展起来，由出生于德国的参议员、联邦前将军卡尔·舒尔茨领导，意图向人们推广行政服务和关税改革。

民主党并未推选自己的候选人，而是选择支持格里利和布朗一派；禁酒党则把詹姆斯·布莱克和约翰·罗素加入了候选人名单。在整个选战过程中，共和党人“挥舞着鲜血般的衬衫”，提醒人们不久之前发生的叛乱，成功地将反对联邦继续干涉南部发展的自由派共和党人和未经重塑的南方反叛者紧密联系在一起。格里利身体虚弱不堪，选举过后几个星期，便撒手人寰了。

国会在经过选举重新召集之后，立刻成立了一个专门调查动产信贷公司丑闻的委员会。被控者在委员会面前做证，艾姆斯拒绝承认自己曾经贿赂过任何议员，认为自己只是向同事出售股票、让同事进行投资。所有这些不过就是生意，仅此而已。但是，委员会发现艾姆斯"有罪，其向国会议员出售美国动产信贷公司股票的价格远远低于股票实际价值，因而含有影响议员对国会事务投票和决定的意图"。委员会还建议将他逐出众议院。然而，艾姆斯的同事们显然有着更精明的打算，以 115 票赞成、110 票反对和 15 票弃权，最终仅仅决定"谴责"他的行为。当这个决定被公布时，一些奇怪的、不可思议的事情发生了：刚刚投票希望谴责艾姆斯的共和党人蜂拥在他的身边，请求他的原谅。"我们知道你是无辜的，"他们口齿不清地说道，"但我们只有这样做才能让我们的选民满意。"

至于丑闻案里提到的其他成员，委员会宣称他们可能"轻率地"接受了公司的股票，但他们并无犯罪意图，因而也是无罪的。实际上，他们中的大多数在丑闻曝光之后马上就将股票返还回去了，所以可以理直气壮地否认自己得到过任何价值可观的金融资产。

虽然艾姆斯没有被逐出众议院，他的任期没过多久就结束了，而且不久之后便去世了。其他卷入此案的成员，大多数得以幸免，除了经常当众和委员会对着干的斯凯勒·科尔法克斯。公众转而开始反对他，他的事业也就在耻辱中宣告终结了。

其他丑闻渐次被揭露出来。国会开始忙于建立各种委员会，同时调查几个由报纸发起的指控，其中包括 1875 年春天由《圣路易斯民主党报》揭露的"威士忌环丑闻"。结果，据总统格兰特的私人秘书奥维尔·巴布科克将军申述，是他自己导演了这一"环"。通过这种手段，政府被敲诈了几百万美元税款，其亏空靠销售仿造的印花税票补齐。超过 200 个人受到起诉，其中很多来自财政部。尽管自己受到起诉，巴布科克却通过总统的干涉免受囹圄之苦。

战争部长威廉·贝尔纳普因受贿出卖印第安人保留区货栈于 1876 年 3

月 2 日在众议院受到弹劾。为避免参议院的审讯，贝尔纳普卸任辞职。尽管如此，财政部和战争部绝非仅有的涉嫌挪用和侵占公款的部门；被解放黑人事务管理局、海军部、内政部、国家邮政，以及首席检察官办公室均接受了大量的政治贿赂，因而也导致了众多起诉、辞职以及偶尔的定罪处罚。

政府官员接连陷入丑闻，似乎少有官员或者机构能够抵抗住金钱的诱惑。1873 年 3 月，国会自己也把手伸向了国库，通过了一条所谓的“工资获取法案”，该法案使总统薪水翻倍至 5 万美元，众议院和参议院薪水则分别升至 5000 美元和 7500 美元。更差劲的是，提升为国会议员还会被追溯奖励一次，所以每个议员还会拿到 5000 美元的奖金。不过，公众对这条法案反应十分强烈，于是国会只得迅速在下一次会议时废除了这条法案。除总统和最高法院法官们的薪金维持不变，其他官员的薪水都恢复至原来水平。

众议院前议长詹姆斯·布莱恩，现在是少数派的领导者、1876 年共和党竞选总统的有力候选人，也被指控向他人提供无价值的债券作为 6.4 万美元贷款的抵押，这些债券由联合太平洋铁路公司发行，而且从未要求布莱恩为之偿付。按照推测，他曾经运用自己作为议长的影响力慷慨地将一段铁路的土地使用权授予该公司。在一次激动人心的众议院演讲中，布莱恩不仅否认了这样的指控，而且还成功地说服了他的听众，以至到最后会场里居然为他爆发出热烈的掌声。

这些丑闻的后果以及国会和大型商业组织的勾结对于行政部门和共和党的危害都是相当严重的，而 1873 年开始的大恐慌则可以说是具有毁灭性了。从 1873 年到 1879 年，经济出现下滑，开始硬着陆，由此形成了长达几年的经济大萧条。经济的不景气由铁路线上狂热的投机买卖、不诚信的货币措施引起，进而扩展到工业、商业以及农业，杰伊·库克的银行企业由此遭到重创，大恐慌造成了波及范围十分广泛的损失。五年之内，300 万工人失业，股票市场被摧毁，银行关闭，农产品价格骤降，四家铁路公司里有一家已经无力偿还债券。

为了应对经济大萧条，国会释出2600万美元投入市场。以前，在1873年2月，也就是大恐慌来袭之前，国会通过了《铸币法案》，该法案禁止了银币的流通，并指定黄金为唯一可以铸造钱币的金属。然后，当整个国家在9月陷入危机、迈向破产边缘时，那些对软货币（纸币）情有独钟的人开始大肆批判这个法案，称它是“73年罪行”。他们要求通过铸造银质货币进一步增加货币供应。数以百万计的、与黄金比价为16 ∶ 1的银质货币投入市场流通，无疑可以刺激经济的复苏。他们宣称，最近在内华达、科罗拉多和犹他州发现的银矿完全可以供应市场的需要，从而为经济大萧条画上一个句号。

所以，1875年1月，国会颁布了《硬币恢复法案》，该法案增加了美元纸币的供应量，并规定从1879年1月起，纸币可以交换黄金。但是，拥护软货币就需要自由无限制地铸造白银货币。因此，来自密苏里州的理查德·布兰德（外号“银迪克”）在众议院提交了一个议案，该议案可以以16 ∶ 1的比价自由且无限制地提供白银货币。随后，参议院增加了一个由艾奥瓦州的威廉·艾莉森提出的修正案，认为国库的银质硬币数量须在每月200万到400万这个范围之间。最终，尽管又遭受了总统否决，这个提案还是获得通过，而且部分满足了软货币拥护者的愿望。

当然，镀金时代不仅仅关乎道德堕落。毕竟，这个时代还是有很多亮点，比如工业和农业科技进步、大型企业的快速增长、金钱变得愈发实用、外国资本的不断引入，还有美国国内移民人口的不断增加。所有这样那样的发展和进步，都在使这个国家发生剧烈的改变。电报业务和铁路向整个大洲伸展开去，电话和打字机被发明出来，一条电缆成功地铺设在大西洋海底，为各个地方的人们提供着更为快捷和便宜的通信方式。1882年，爱迪生电力照明公司在纽约市建起了第一座发电厂，不久之后，房屋内部和城市街道就被通电的灯泡照得熠熠生辉。农业科技的进步使农民可以获得更多收成，产出的粮食不但可以供给美国全境，更可以出口国外，获得利润。

结果，在联邦重建的同时，国家开始逐渐膨胀。国家的两个主要任务——重建和工业化，开始齐头并进。不出所料的是，北方各州时常会因重建中出现的问题和由此引发的改革需求分心。于是，它们转而把关注点放在了赚钱和能够转变美国人生活方式的资本主义发展上。正如南卡罗来纳州的共和党州长所说："北方已经厌倦南方问题了。"

尽管如此，格兰特政府还是为他的任期画上了一个圆满的休止符。1876 年，美国人民为美利坚合众国一百周年庆生。一百年间，美国完成了独立，完善了民主，达成了成年男性的选举权；如今，整个国家和社会已经踏上了高速工业化之路。

这一年也是总统选举年。共和党决定不提名近期深受人们怀疑的詹姆斯·布莱恩，而是提名俄亥俄州的拉瑟福德·海斯和纽约州的威廉·惠勒分别竞选总统和副总统之职。且不论任期内的经济大萧条，格兰特政府中出现的各种丑闻就已经预示了共和党选票的走势，这也是为什么共和党挑选了没有沾染丑闻事件的人参加选举。海斯享有清誉，自然就获得了党内提名。

另一方面，民主党人则决定让纽约州的塞缪尔·蒂尔登参加竞选。作为美国国内非常富有的企业律师之一，蒂尔登曾经只身起诉并最终瓦解了特威德集团。印第安纳州的托马斯·亨德里克斯成为他的竞选伙伴。11 月的选举很大程度上验证了人们之前的预测。蒂尔登获得的选民票数超出海斯 25 万张，而且赢得了"被赎回的"南方各州和纽约、新泽西、康涅狄格和印第安纳州总共 184 张选举人票。

佛罗里达、路易斯安那和南卡罗来纳 3 州作为共和党在南部的飞地，处境地位十分尴尬；而当地的白人也决心要夺回选举的控制权。这些州的选举过程中出现了大量欺诈和恐吓行为，并最终导致两种截然相反的选举结果的产生：一方宣称蒂尔登获胜，而另一方则宣称海斯获胜。俄勒冈州同样出现了这样的争议。在所有这些有争议的选票里，蒂尔登其实仅仅需要这些州中的 1 张选举人票就能获得总统职位，而海斯则需要全部。

因此，国会决定成立一个特殊的委员会，用来决定哪些选票应该被计入总数。这个选举人委员会包括参众两院各5名议员和最高法院的5位法官。15人里应包括7名共和党人和7名民主党人，第15名则是无党派人士大卫·戴维斯法官。然而，这个精妙的安排却被伊利诺伊州的立法机构选举打乱了，因为戴维斯被选入了美国参议院。所以，选举人委员会只能选用共和党的法官约瑟夫·布拉德利以代替戴维斯。

委员会于1877年2月初开始听证，2月7日就"将所有争议票投给海斯"进行投票，其结果为8票对7票，也就是完全按照党派进行了划分。民主党控制的众议院威胁称要通过阻挠议事来防止国会提出正式的、宪法规定的计票要求。随着3月4日，也就是总统就职典礼的不断临近，人们开始担心在格兰特政府期满下台之后无人可以经宪法允许接替其位置。南方的国会议员开始受到海斯方面的游说，并得到了承诺称如果海斯继任总统职位，南方所有联邦军队将会撤退，且至少有一名南方人会进入总统班底。联邦政府会慷慨地向南方提供赞助，它们也将会获得足够的资金来重建其破碎的经济。

最终，共和党人艰难地赢得了选举。1877年3月2日凌晨四时，拉瑟福德·海斯以185张对184张选举人票当选美国新一任总统。这个结果其实是可以预见的。民主党人，尤其是蒂尔登，没能在解决争端的问题上展现足够的领导能力。他们没能为了己方的正义而组织起一场有效的公众抗议，没能在这场争夺刚刚开始时就逼迫海斯让步，于是也就错失了良机。他们的失败恰好鼓励了对方，让他们继续开展着公认不可能成功的行动；而正是这些不可能的行动，最终导致了海斯的胜利。

因为3月4日恰逢周日，所以海斯首先是在白宫的红房子中秘密就职的，首席法官莫里森·韦特为这届政府主持了宣誓仪式。3月5日周一，公共的就职仪式过程中既没有示威也没出现其他问题，整个过程非常顺利。当天，海斯任命田纳西州的大卫·基为邮政部长，由此完成了选举时承诺的一部分交易。一个月后，总统撤离了所有驻守在南方的联邦军队，终结了国家重建计划。算起来，联邦总共花费了整整十二年时间来把整个国家重新团结在一起。

许多人仍旧认为这次选举是政治腐败存在于华盛顿，甚至普遍存在于整个镀金时代的又一实例。事实上，丑闻也不只出现在首都。在纽约，特威德集团掠夺了这个城市数以百万的钱财，直到蒂尔登彻底除掉了它。威廉·马西·特威德曾是慕尼黑协会，也就是整个城市中推动民主党运转的机器的老板。他的追随者曾经以各种方式，如回扣、假收据、花账单和其他欺诈手段劫掠了包括市银行在内所有地方的钱财，其总价值在1亿到2亿之间。特威德最终被捕，并被证实有各种各样的罪名，最后死在监狱里；而他的几个手下，却携款逃到了欧洲。

南方也有相当程度的腐败。破碎经济和社会的重建为一些无赖、投机者和具有犯罪思想的人提供了温床，使他们为新兴的社会服务订立合同或进行投标。这些社会服务导致更高的税收和国家债务攀升；在某些情况下，每过几年这些债务就会增至原来的三倍。南方重建也为诈骗、偷盗和行贿提供了不少机会。甚至在南方被“赎回”之后，这些犯罪活动仍在持续，且在某些地方愈演愈烈。不过，需要指出的是，在社会重建过程中，大量资金花在了改善医疗条件、公共教育和兴建多种收容所上，给穷人和残疾人带来了方便和实惠。

政府机构一个十分重要的腐败之源是任免系统的滥用。人们迫切需要公共服务改革。纽约州参议员罗斯科·康克林把当时的公共服务戏称为“流鼻涕服务”。“过去二十五年间，”詹姆斯·加菲尔德评论道，“国会和人民都逐渐了解到，想要获取行政职务，就得依靠参议员和众议员的支持和援助，而一旦他们开始给予援助，他们就因此成为分配者，有时甚至是任免系统的经纪人。”坦白地讲，他继续说，《任职法案》的颁布“实际上导致了参议员对委任权的非法使用”。这个法案“严重削弱了行政机构行使权力的公正性，并将至为腐化和危险的权力置于参议员和众议员手中”。

海斯总统曾试图通过挑战国会中最有权势的人物重新夺回对任命权的

控制，被挑战者中就包括激进派共和党人、“坚定分子”参议员康克林。总统下令调查纽约海关运作过程中的任免腐败，而纽约海关正是康克林政治力量的核心所在。当时，切斯特·阿瑟是纽约海关的征税员，阿朗佐·康奈尔则是其税务助理。虽然格兰特总统之前授予过康克林持掌海关职位任免的权力，但海斯决心终止这种授权，并以解雇阿瑟和康奈尔并另寻其他人充任其职的方式做到了这点。参议院随后批准了这项任命。由此，总统成功地削弱了共和党内坚定派势力而加强了“混血派”，后者如此命名是因为派内党员大多不是纯正的共和党人。混血派由詹姆斯·布莱恩领导。

在两个派别不断斗争的过程当中，共和党在芝加哥举行了他们的全国提名大会，准备参加下一任总统的竞选。海斯以前曾经保证不再寻求下一个任期。为了在本党对立的两个派别之间架起一座桥梁，会议在三十六轮投票后选中了一匹“黑马”。他们提名詹姆斯·加菲尔德参加总统竞选；为了讨好坚定派并保住纽约的选举人票，他们又提名切斯特·阿瑟竞选副总统。

民主党一方选择了南北战争时期的将军温菲尔德·斯科特·汉考克和印第安纳州的威廉·英格利希参加竞选。选举中还出现了第三个政党——绿币党。该党提倡大量造币，其中包括自由无限制的银币铸造。该党还支持制定关于州际贸易、妇女选举权和累进收入税的联邦法规。绿币党提名艾奥瓦州的詹姆斯·韦弗和来自得克萨斯州的钱伯斯为总统和副总统候选人。第四个党派，即禁酒党，则将来自缅因州的尼尔·道和俄亥俄州的A.M.汤普森推举出来。

由于1873年大萧条后社会经济繁荣的重新到来，共和党从商业贸易中得到了巨大的财政支持，加菲尔德因此以214张对155张选举人票险胜对手。他也成为美国历史上第一个直接由众议院入主白宫的总统。绿币党推举的候选人获得了30万余张选民票，禁酒党获得了1万张选民票。汉考克赢得了“坚固的南方”，也就是被民主党候选人占有近一百年的南方诸州的支持。毫无疑问，“坚固的南方”是靠针对选举权的恐吓、威胁和多种歧视性法律缔造出来的，通过这些方法，南方各州有效地取消了宪法第十五条修正案中关于黑人选举的叙述的有效性。但是，这次选举也无疑证明，就算没有南方支持，共和党照样可以获得白宫的职权。

1881年3月总统就职典礼之后，加菲尔德不断与党内坚定派在任免权的分配问题上发生激烈冲突，而且，他还通过任命詹姆斯·布莱恩为国务卿进一步激怒了他们。几个月后的1881年6月2日，总统遭到情绪极度不稳定且不满于当时职务安排的查尔斯·吉托的刺杀。吉托认为，阿瑟应当取代加菲尔德成为总统，未想此举反倒帮了个倒忙，导致了坚定派的毁灭。加菲尔德在死亡线上徘徊了两个月，最终于9月19日去世。

因为这场暗杀，1883年1月16日，总统阿瑟支持国会通过了《文官改革法》，建立起一个永久性的3人行政事务委员会。该委员会负责引导文官选拔考试，并以成绩的优劣为标准任命官员。这体现了决策者彻底改革因腐败而妨害公义的官员任免系统的迫切愿望。阿瑟任期之内，10万个政府职位中已有1.4万个经由文官考试选拔。这是一个值得赞扬的开始，但如果想完全控制官员任免，行政部门的改革就仍然需要进行下去。一些独立的共和党人认为更为深入的改革优先于其他任何事项，这些人也被称作“骑墙派”，因为他们就像坐在政治的围墙上，一面放着自己的水杯，一面放着杯子的把手。骑墙派里有3个人表现十分突出，他们分别是卡尔·舒尔茨、查尔斯·弗朗西斯·亚当斯和E.L. 戈德金。

镀金时代除了绿币党和禁酒党运动之外，还有一个美国农业保护者协会。他们更为人熟悉的名字是格兰其。1867年后，格兰其开始逐渐发展壮大。起初，它只是一个寻求增进农民利益的秘密社团。格兰其成立于华盛顿，呼吁采取行动以反对垄断企业，因为后者阻止任何人与其竞争，反对商品运输的差别对待和对农民及小货主货物的高额铁路运价，它使农民苦不堪言。其中，最令协会成员恼火的是铁路收取的款项。这个运动不久便在伊格内修斯·唐纳利的领导下扩展到了中西部地区。伊利诺斯于是成为第一个通过颁布法律、建立委员会来设立铁路和仓库所能收取的最高运价的联邦州。威斯康星州和艾奥瓦州随后也制定了法律，规定了铁路货运的运价。而后，这些格兰其法律迅速在众多法庭上遭到挑战，但最高法院通过 1877 年“穆恩诉伊利诺伊州案”维持了这些法律的有效性。最高法院认为，其他法庭只是在州治安权范围之内保护了公共利益。据说，该案并未经由法庭，而是通过投票进行了上诉。

为了更进一步削弱国家重建计划的影响，南方各州制定了“吉姆·克劳法”。田纳西州于 1881 年第一次通过了这种法令，为不同色人种分设火车车厢。随后佛罗里达州、得克萨斯州和路易斯安那州也分别在 1887 年、1889 年和 1890 年通过了该法令。最高法院又一次接到上诉，并在 1896 年“普莱西诉弗格森案”中宣判州法律有效，认为只要车厢膳宿条件相同就并不违法。

垄断企业的崛起和为消除竞争而产生的托拉斯是镀金时代社会经济发展的又一重要标志。1882 年，美孚石油公司与许多石油生产和精炼公司一同形成了托拉斯，成为一家可以控制美国 90% 石油生产和精炼项目的联合公司。投资银行为铁路、公共事业和其他工业企业提供整合资金。没过多久，州政府特许的托拉斯数量就将近 300 个，投资数额接近 2.5 亿美元。这些大鳄的横征暴敛给他们赢得了不甚雅致的称号——“强盗大亨”，而显贵们又进一步运用其钱财控制了立法者和立法机构，尤其是那些可以管理或者控制他们公司运营的重要人物。利用游说者腐化国会议员变得越来越常见，那些所谓的“游说者”，其实就是些像猛禽一般到处徘徊、游荡在国会大厦各个角落的新闻记者或者国会前议员，甚至还有“很不容易甩掉”的国会前议员的遗孀和遗孤。

由于垄断交易的不断增加，拥有农业社区的州或邦也同样见证了高度的政治性活动是如何为垄断企业获得好处，然后又是如何抛弃了它们。农民不得不形成联盟来对抗铁路大亨、工业垄断企业和硬通货支持者。在所有地区性组织当中，有两个十分重要：一个被称为南方联盟，另一个被叫作西北地区全国农民联盟。

当然，垄断和托拉斯还不是仅有的两个问题。腐败似乎已经渗透到每个可以想到的活动当中，只要涉及金钱，腐败就会存在，而且是以各种形式存在。城市里的政治机器只选择那些听话的人成为官员候选人，然后这些机器又被操纵着去参加竞选。当越来越多的移民挤入城市，他们不仅会轻易变成政治首领构建选区的目标，而且还会成为工业巨头开办的血汗工厂的炮灰走卒，甚至不会得到足够的薪水养家糊口。

在国会里，人们一直在为哪个议题事项应该被提上日程、哪个改革计划应该被优先处理争论不休。起初，他们主要关心的问题涉及硬通货、软通货和关税保护。在他们之中，民主党人经常因关税改革发生分歧，大部分人认为关税是为了收益，而不是保护，但也有一些人比如宾夕法尼亚州的议员，就会认为关税是为了保护，而不是收益。共和党人则在行政部门改革上发生分歧。当共和党全国代表大会推选布莱恩竞选 1884 年总统、伊利诺伊州约翰・洛根竞选同年副总统时，骑墙派显得非常气愤。他们不相信布莱恩会支持改革，而且更糟的是，他还被扯入了一桩铁路腐败案。由此，骑墙派开始支持民主党候选人，一位乐于进行改革的水牛城市长和纽约州前州长格罗弗・克利夫兰，还有他的竞选伙伴、来自印第安纳州的托马斯・亨德里克斯。在一次竞争十分激烈的选战中，两位候选人全都遭到了中伤：一方面，对方认为布莱恩在谈到涉及他本人的铁路丑闻时撒了谎。“布莱恩，布莱恩，詹姆斯・布莱恩，你个超级大骗子，来自缅因。”民主党人唱道。而另一方面，布莱恩认为克利夫兰供养着一个私生子。“妈，妈，我爸呢？往白宫去啦，哈哈哈！”共和党人笑道。

不过，选战中真正损害布莱恩形象的还是塞缪尔・伯查德教士的一句话。教士认为，民主党是一个“古怪的、天主教的、反叛的政党”。这句话是伯查德在纽约一家旅馆的房间里当着布莱恩说出的，而布莱恩当时并未否认这句话。他没想到的是，纽约大量的爱尔兰裔天主教徒对此语十分气愤，因此也使布莱恩失去了很多选票。克利夫兰最终以 219 张对 182 张选举人票战胜了布莱恩，成为自詹姆斯・布坎南之后第一位民主党总统。

随着腐败的增加和垄断的形成，选民对于政府采取行动的需求也变得越来越大。农民不停地抱怨铁路公司的恶行，包括歧视性的运价和回扣。他们的同盟开始威胁要在投票时进行报复行动，于是最终导致了国会对此事的调查，并形成了联邦范围内的州际贸易法规。1887年，国会通过了《州际商业法》，该法案禁止铁路设置歧视性运价、收取回扣，并规定不得向短程旅途收取比长途更多的费用。铁路公司被要求公开运价，未经事前告知不得对其进行更改。这个法案还规定设立了由5名成员组成的州际商务委员会，而该委员会也成为美国第一家监管机构。当然，铁路公司的律师也不会善罢甘休，他们找到了法律的漏洞，连同游说者娴熟的技巧和最高法院对铁路公司做出的精明决定，差一点就让州际商务委员会因无力掌控他们的胡作非为而名存实亡了。

制造厂商不仅站在了铁路公司一边，而且还雇用游说者参与政治活动，帮助他们的产品在对外竞争中获得更多保护。共和党人对此深表支持。年复一年，关税税率有增无减，政府因此获得了更多的收入和财政盈余，这些又刺激政治拨款进一步增加。总统克利夫兰曾为关税下调辩护，但他也只是成功地离间了自己党内，尤其是宾夕法尼亚州的几位成员。他的成就其实在于创造了一项新的纪录，也就是在任期内总共行使了414次否决权，其中大多数是针对养老金问题，而且有至少四分之一是可能具有欺诈性的。克利夫兰的前任仅仅否决过205项提案，而他近乎把这个数字翻倍了。

克利夫兰在关税问题上的立场以及他的众多否决为共和党人提供了足够的口实对他进行攻击，并导致了他在1888年选举的失利。共和党人推举印第安纳州共和党人本杰明·哈里森（威廉·亨利·哈里森的孙子）和来自纽约州的利瓦伊·莫顿参加竞选。而且，当英国大臣莱昂内尔·萨克维尔-韦斯特致信美国，建议一个加入美籍的英国人（结果证明是一名加利福尼亚州共和党人）为克利夫兰投票时，克利夫兰又丢掉了大量选票。这封信后来被刊登出来，引起了许多投票者，尤其是爱尔兰裔美国人对这种外国直接干涉美国内政的行为的强烈不满。最终，哈里森以233张对168张选举人票击败了克利夫兰，尽管大众方面的投票结果大相径庭：554万张选民票投向了克利夫兰，而只有544万张选民票投向哈里森。

习惯上讲，共和党人支持高关税而民主党人支持关税降低，这种情况尤其体现在贸易顺差已如脱缰野马难以控制的时候。托马斯·布拉克特·里德在担任众议院议长期间，对本院议程采取了十分严密的控制，引入了新的规则，强制众议院参与到某些事务的讨论当中，也因此被民主党冠以“沙皇里德”的名号。共和党人就曾经在众议院的这种制度下强行通过了一个法案，规定任何与美国产品竞争的进口产品均需缴纳更多关税；平均来说，税率甚至达到了49.5%。这个提案由来自俄亥俄州的筹款委员会主席威廉·麦金莱提出。他是关税保护的坚定支持者，办起事来十分具有原则，演讲水平高超，同时也是令人感觉十分愉快的投契的同僚。在共和党中，他的声望应属最高。法案以164票对142票通过，但遭到了参议院的严重反对。西部的参议员更是承诺一定要毁掉这项法案，除非通过新的铸币法案，允许自由地无限制地以16 ∶ 1的黄金比价铸造更多白银货币。南方参议员威胁称，一旦众议院通过了《联邦选举法案》或他们所称的“武力法案”，他们就会与西部的议员合作。这里所说的《联邦选举法案》，旨在通过联邦检察者监督联邦选举，从而保护南方的黑人选民的选举权。法案指明，任何地区只要有100名选民申请对投票进行调查，联邦官员就会进行视察，核实或质疑选举结果。

由于惧怕麦金莱的关税提案遭到否决，共和党的领导者放弃了武力法案，并且暗示在白银货币问题上有所妥协。后来的《谢尔曼白银收购法》即在此时于西部参议院那里找到了支持，因为它要求国库每月以市价收购450万盎司白银，并且付款时能够使用可以兑换金银的法定纸币，而这个购入量是之前《布兰德-艾利森法案》规定下的两倍多。据估计，将要收购的白银相当于美国白银的全部产量。这项法案于1890年7月4日通过，于是作为交换，参议院同意了《麦金莱关税法》，并由哈里森总统于10月1日签字生效。制造商自然而然地调高了产品价格，再也不用担心被国外竞争者夺去生意。所以，没过多久，这种关税政策就变成了压榨穷人、惠及富商的一大利器。

这项法案里还包含一项有趣的规定，即为了鼓励与国外达成互利关税，总统可以未经国会同意提高关税。这个规定使得国会放弃了一直以来非常重要且被严加看管的特权，即征税和控制财政收放的权力。

《谢尔曼反托拉斯法》的确立实际上具有更重要的意义。控制油、糖、肉等基础工业中垄断企业的无限制扩展已经在许多年内被改革者数次提上日程，他们越来越清晰地认识到，消除竞争阻碍了中小型公司的形成和发展。消费者需要花费更多的钱财购买商品，这给中产阶级和穷人带来了沉重的负担。公众对垄断企业增长的担忧已经使美国20个州和地区通过了反托拉斯法规。但是，要想真正解决问题，联邦或国家就需要采取行动。尽管大体上反对这类立法，共和党还是看到了接受公众需求的必要性。1890年7月，《谢尔曼反托拉斯法》得以通过，其中写道："每个以托拉斯或其他形式结合而形成的契约关系，或者任何限制贸易的阴谋……都将据此成为非法。"

但是，这个法案仍旧是先天软弱的。法案的条文十分模糊，未能给"托拉斯""限制""结合"这样的词下明确定义；而且，法案也并未明确工会和铁路公司是否在此法案范围内。因此，该法案并没有得到大力执行，垄断企业也开始在别的名义下继续发展。

这届任期内的国会通过了641个法案，其中很多法案都十分重要，然而令美国人民感到震惊的是，国会前后挪用了10亿美元的公款。10个亿！很多人都觉得难以置信，因而要求这个"10亿国会"给出一个解释。议长于是给出了一个模棱两可的答复："这就是一个需要花费10亿美元的国家。"

这个解释显然不能让选民满意，所以他们的不满就全部表现在了选票上，民主党也就借此重回政府机构。民主党现在拥有众议院多数席位，而由于很多参议员还在等待延期改选，所以参议院仍然掌握在共和党手中。麦金莱的关税法在共和党失利的局面里扮演了重要角色。实际上，麦金莱本人也因此失去了参加1890年选举的机会。

美国人民对国家走向的种种不满反映在了几年之内的一系列暴力事件上。比如说，1886年5月芝加哥发生了干草市场大屠杀。城市工人因不满于自身劳动条件与警察发生冲突，导致4名无政府主义工人领袖被吊死。1892年7月，宾夕法尼亚州的霍姆斯特德又发生了卡内基钢铁厂暴力罢工事件。伊利诺伊州同样未能幸免。1894年，普尔曼机车的发明者乔治•普尔曼解雇了三分之一的劳动力并且削减了余下工人的薪水，于是也出现了程度相当的暴力事件，以至联邦动用武力才结束了所有的暴力和罢工。显然，穷苦工人的生活已经到了难以为继的地步，人们不得不诉诸暴力手段来让国家和政府对这种已经存在的（尤其存在于城市中的）可怕状况有所意识。像美国劳工联合会这样的工会组织便组织了很多这样的示威，意图就是向人们展现工厂当中可怜的工作环境。

19世纪90年代的农业同样经历了巨大的经济衰退，农民们意识到他们的问题恰好与工人问题成为对照，所以他们需要联合起来共同解决问题。1889年12月，农民联盟的代表在圣路易斯与工会领导、格兰其以及绿币组织进行了会面，由此成立了人民党。1892年7月，该党在内布拉斯加州的奥马哈市举行了第一次全国提名大会。出席大会的有伊格内修斯•唐纳利，“不穿袜子的”杰里•辛普森和玛丽•伊丽莎白•丽丝，出席会议的还有南达科他州参议员詹姆斯•凯尔。他们提名来自艾奥瓦州的詹姆斯•韦弗和弗吉尼亚州的詹姆斯•菲尔德为总统、副总统的候选人。人民党呼吁政府以16∶1的比率自由、无限制地铸造白银货币，并获得所有交通运输和通信设施的所有权，实行累进收入税制，直接选举参议员，采取不记名投票制度，缩短工人工作时长，使其有权通过创制和复决影响立法。

19世纪末出现的社会和经济不公不仅仅迫使人们聚集在一起组成人民党，而且也使人们在几年之后开始了进步运动。各个阶层的、各个地区的人们开始要求获得更好的工作条件，其中包括时间和薪金，妇女儿童劳动法，还有保护工人健康和安全的严格规范。这些经济需求表明美国已经形成了以财富为基础的阶级分野。

1892年的总统选举中，民主党再一次推举格罗弗•克利夫兰竞选总统，推举艾奥瓦州的阿德莱•史蒂文森竞选副总统。共和党一边，哈里森将要竞选的是第二个任期，与他共同参加竞选的是来自纽约州的怀特劳·里德。竞选中还出现了社会党和禁酒党的候选人名单。最终，克利夫兰获得了 550 万张选民票和 277 张选举人票，而哈里森则获得了 500 万张选民票和 145 张选举人票。人民党候选人韦弗收获了超过 100 万张选民票和 22 张选举人票，也因此为人民党在众议院中获得了 8 个席位。这也是自南北战争以来，民主党第一次控制了国会两院和总统职位。

然而，民主党人才刚刚接手政府事务就遇到了一次金融危机，而且十分严重。这场危机由英国巴林兄弟投资银行的黄金储备问题引发，大量美国证券因《麦金莱关税法》投放，从而减少了美国税收收入。同时，由于哈里森政府对南北战争之后老兵、寡妇和孤儿发放过多养老金，导致政府财政盈余不断减少。恐慌于 1893 年 5 月到来。先是股票崩盘，接着 500 家银行倒闭，上百家企业破产，失业者数量骤然飙升。到年底，国库中就只剩下价值 8000 万美元的黄金储备了。

为了防止黄金的进一步流失，克利夫兰要求国会成立特别会议废止《谢尔曼白银采购法》。国会马上同意并迅速行动起来。尽管如此，黄金仍然继续流失，萧条变得愈发严重。在这种情况下，一支由人民党党员——来自俄亥俄州的雅各布·考克西带领的和由失业工人组成的“军队”开始向华盛顿进发，他们要求获得工作机会和薪水。随后，考克西和其他几位领导者被逮捕，考克西的“军队”也被强制解散。

民主党在众议院成功地降低了关税，但参议员添加的 634 条修正案又把税率抬回了高点。这个《威尔逊·戈尔曼关税法》在 1894 年 8 月 27 日通过，但克利夫兰拒绝为之签字。这个法案有一个重要特点，就是它为收入超过 4000 美元的个人和企业规定了 2% 的统一税率。但最高法院在“波洛克诉农民贷款和信托公司案”中宣称这条规定违宪，因为直接税收只能根据每个州的人口来制定。

为了解决持续的黄金储备损耗问题，政府从皮尔庞特·摩根和奥古斯特·贝尔蒙领导的银行集团放出 6200 万美元贷款，其中 350 万盎司的黄金会以政府债券购买，175 万盎司黄金将从国外购进。为了感谢他们的帮助，两位银行家也将敛得 150 万美元的利润。

经济的大萧条贯穿了整个克利夫兰政府的任期，形势对民主党非常不利，维持金本位仍然是 1896 年总统选举的重要问题。在克利夫兰采矿业和航运业巨头马库斯·汉纳的精明管理下，共和党人在 6 月中旬的圣路易斯大会上推选威廉·麦金莱竞选总统，推选新泽西州的加勒特·霍巴特为副总统。他们倡导单一金本位、保护性高关税和积极的外交政策。

6 月 8 日在芝加哥举行的会议上，民主党人确定了本次选举的方针，明确了以 16 ： 1 的比价自由、无限制地铸造白银货币的要求，提出终止保护性高关税政策和对工人的禁令。威廉·詹宁斯·布赖恩在会议上发表了令人激动的演讲，回答了共和党人的金本位问题：“我要告诉他们：你们不要再把荆棘的王冠按压在工人的头颅之上，不要再用黄金的十字架折磨我们的同胞。”这次演讲为他赢得了总统的竞选资格。来自缅因州的亚瑟·休厄尔提名副总统一职。会议还谴责了最高法院对所得税的裁定。

这场选战可以叫作“本位的战争”，也就是金本位对银本位的战争。人民党支持布赖恩，但提名暴躁的佐治亚州的托马斯·沃森为副总统。该党未能推举自己的总统候选人使党员士气低落，从此以后也再没能像一个有效政党一样运转起来。

尽管布赖恩巡游全国 29 个州，向狂热的大众进行十分具有煽动性的演讲，还是输给了由马库斯·汉纳出色管理、拥有充足资金的共和党。麦金莱从位于俄亥俄州坎顿的家乡开始进行选战。在汉纳的呼吁下，工业家们为他的选举贡献了 1600 万美元，这些钱经常用以描绘麦金莱的激进，从而又会导致政府的基础制度的破坏。最终，麦金莱获得了 271 张选举人票，布赖恩则获得了 176 张选举人票。普选中麦金莱获得了超过 700 万张选民票，布赖恩获得了 650 万张选民票。

国会两院重回共和党人之手。新的时代即将开始，美国的政治历程将被重塑。

第七章 天定命运、进步主义、战争和咆哮的20年代

在经历了商业的快速发展和财富积累之后，美国逐渐意识到，尽管道路曲折漫长，它却用了相对较短的时间就走完这段路程。南北战争之前，整个国家几乎没有什么财富。尽管战前一段时期工业确实在发展壮大，但大多数工厂规模很小。实际上，只有一小部分人赚到了钱，所以新的世界才被设计出来描述他们。“百万富翁”这个词，就适合描述像约翰·雅各布·阿斯特这样的人物，他通过毛皮贸易获得了财富，同时也改造了世界。

然而，伟大的商业繁荣并不是凭空幻化出来，而是由于南北战争对工业企业的规模、组织方式和市场营销的彻底变革。美国大型企业的崛起造就了钢铁制造、石油冶炼和制糖业中巨型托拉斯的产生。甚至农业耕作都开始因麦考密克收割机的发明而变得机械化起来。像1876年亚历山大·格雷厄姆·贝尔发明的电话、1879年托马斯·爱迪生发明的电灯泡和1886年奥特马·默根特勒发明的排字机，这些新的发明居然创造了全新的公司和企业。正如前面提到的那样，19世纪20年代出现的铁路，现在已经遍布整个大洲。到1990年为止，几十万英里的铁路轨道连接着城市中心和偏远的乡村。正如经济历史学家艾尔弗雷德·钱德勒所讲的，这个伸向四方的铁路系统需要专业的经理、工程师和其他专家为其提供建设和维护，还

要有广告、托收和时间表的准备等服务。结果，一个新的专业管理人员阶层诞生，铁路公司的规模和效率也在他们的帮助之下迅速膨胀起来。

发生在铁路行业的事情，也就是专业管理人员的出现，不久就传到了其他行业。那些执着于把自己利益最大化的强盗大亨开始把资本转换成新的管理模式，通过这种方式他们就可以更好地支配自己的产业，形成垄断并且保持控制。一个公司可以在全国各地建立自己的分支，雇用专业经理管理成千上万的工人和售货员。一些强盗大亨，比如约翰·洛克菲勒和安德鲁·卡内基，甚至因为赚的钱太多而建立了散财的基金会。由于没有个人所得税，他们中的很多人成为亿万富翁。

因为大型商业的扩张，巨额财富开始产生，美国逐渐意识到自己在世界范围内不断增长的力量——不是它想要参与到外国的问题之中或者在国际问题上发挥作用，而是被卷入其中。孤立主义似乎通过乔治·华盛顿总统首倡的中立政策给很多人带来了安全感，但是，美国人在“自由实验”中创设的共和政府的成功无疑给他们带来了一种仍然处于潜藏状态的自豪感，这种自豪感对于其他民族或者模仿者来讲，是十分具有诱惑力的。如果其他国家想要获得美国在财富和实力上已经达到的成就，它们只需要从君主政体转变为民主政体。美国人有一种想要看到他们的“实验”在全球各地生根发芽的欲望，而且如果需要的话，美国也将直接或间接地为其提供帮助。

美国的进步看上去十分不可思议。它稳健的发展脚步自从欧洲人登上这片土地，征服了满是土著部落的荒地之后，就再也没有停止过。在革命和宪法之下建立统一政府之后，美国继续向西扩张。1803 年，联邦买下了路易斯安那州的领土，1821 年又购进了佛罗里达，1845 年买下了得克萨斯州，又在 1848 年墨西哥战争之后夺取了墨西哥的部分领土。1853 年，美国又支付了 1000 万美元“补缴款”，购买了亚利桑那和新墨西哥州境内的希拉河南的一片四年之前就已得到了的领土加兹登。此后，1867 年，林肯和约翰逊时期的国务卿威廉·苏华德与俄国进行谈判，以 720 万美元的价格购买了阿拉斯加。所有这些收购都引来了坚决的反对：联邦党人公开谴责购买路易斯安那一事，认为此宗购买违宪；杰克逊也曾因夺取佛罗里达受到抨击；英国辉格党强烈斥责美国对墨西哥开战；苏华德因购买阿拉斯加的巨额花费受到人身攻击，其并购也被斥为“苏华德的蠢事”。然而，当地的黄金和后来石油、天然气的发现证明，阿拉斯加的价值根本就无法用金钱衡量。

美国在地理上的扩张一直持续到 1898 年 7 月夏威夷群岛的并入。美国的传教士、商人和种植者从 19 世纪 30 年代起就和这个群岛建立了经济和文化关系。在一次成功的策反中，美国人废黜了当地的君主利留卡拉尼女王，并在 1893 年建立起了一个新的政府。直到 1898 年麦金莱时期，国会才通过了参众两院的联合决议决定吞并这个群岛，尽管当时民主党和共和党中都有反帝国主义者表示强烈反对。除了有利可图的市场和异乎本国的水果（比如菠萝），夏威夷群岛最能吸引美国的地方就在于它能够为美国海军的跨洋远航提供加油基地和海军设施，同时也可以为大洋另一边贫穷而渴望幸福的国家带去一个开明的政府系统。两年之后，国会授予了夏威夷国土地位。

19 世纪末的美国绝对可以骄傲地庆祝自己的成功。它发展起了致力于个人自由和民主制度的工业社会，同时也对仍然生活在贫困线之下和独裁统治之中的人们的苦难怀有强烈的人道主义同情心。此时的美国渐渐将它新的信念嵌入了它的使命之中，希望将自由和民主播撒到世界上的每个角落。“天定命运”再次降临。这个想法首先在 1845 年由《民主评论》编辑约翰·奥沙利文提出。他认为，“上苍”指定了这个国家的“天定命运”，使这个国家在整个北美洲范围内“进行对自由和委托于我们的联邦型政府的更大实验”。最初停留于我们想法之内的“扩张和占有”整个大陆现在已经成为一种达成的任务，至少是在传播自由和民主的福音方面。这个国家遗忘了约翰·昆西·亚当斯的警告，即宣称美国应该成为“所有自由和独立国家的支持者”，但不应“去国外主动寻找需要消灭的妖怪”。一旦开始主动寻求，美国就会在全球寻找“领土和权力”，并且将最终丧失自身“自由和独立”。

美国不顾这条审慎的建议，在19世纪末看准了第一个要被“消灭的妖怪”：西班牙。古巴的反叛者为了赢得独立，首先在一个岛上发起了反对西班牙统治的暴动。革命的部分原因其实是美国的关税政策。过高的关税导致了岛上主要出口物粗糖负担过重，并最终致使整个岛上的经济溃败。西班牙对反叛者的残酷镇压激起了美国国内的同情和强烈的抗议。古巴民众被西班牙官员强奸、袭击和用刑的恐怖信息刚好成为美国记者用以满足民众猎奇感的极好材料。这样的“黄色新闻”（之所以被如此称呼是因为一个名叫“黄孩子”的卡通画曾经出现在这些报纸上），比如威廉•伦道夫•赫斯特的《纽约日报》和约瑟夫 • 普利策的《纽约世界报》刊登了西班牙人如何蹂躏古巴国民的众多详情和细节，于是这些报纸也变得诱人起来。在这种情况下，国会两院又好像是对公众的情绪有所回应一般，在1896年2月通过了一项无须总统签署的共同决议案，赞同古巴与西班牙交战。1898年2月15日，“缅因”号战舰在前往哈瓦那的途中爆炸沉没，260名指挥官和水手丧生。情况骤然升温，人们立刻把矛头指向了罪恶的西班牙。好战者在接下来的一日里一直鼓吹国家应该进行反击——好像西班牙人的罪行确实存在一样。一名众议院议员这样咆哮道：“西班牙需要明白，全世界所有的国家也需要明白，我们的国家极力希望保持和平，但只要需要，我们也时刻准备战斗。”

西班牙还在焦急等待着美国一方对其回复的应答，国会却于1898年4月通过了另一个决议，该决议承认古巴独立，并要求西班牙当局立刻撤离古巴。总统获得了国会授权，一旦需要便可以动用军队执行国会决议。决议产生的《特勒修正案》声明，美国没有吞并古巴的企图，而且将在和平局势呈现之后“把政府和该岛的控制权交由当地人民”。4月20日，总统麦金莱签署了这个决议。于是，西班牙马上与美国断绝外交关系，4月24日即与美国宣战；翌日，美国也向西班牙宣战。

大多数美国人带着一种荣誉感和民族自豪感，带着给古巴人民带去自由民主福音的欲望，积极投入到了一场被他们称为“辉煌的小战争”之中。美西战争中，美国在古巴和西班牙的又一殖民地菲律宾群岛附近赢得了一系列海战和陆战胜利。5月，海军准将乔治·杜威进入了菲律宾马尼拉湾，彻底摧毁了西班牙海军守卫几座小岛的微弱势力。古巴境内，1.7万名美军士兵空降在岛上。其中，最为杰出的“狂野骑士团”由陆军上校伦纳德·伍德和陆军中校西奥多·罗斯福指挥，后者特地辞去了海军副部长的职务，以便能够参加到此次战争之中。

西班牙一次又一次遭受到了军事上的耻辱，失去了整整一支陆军和其海军舰队。美国正如一个年轻、富裕、身强力壮的巨人向一个穷苦、弱小的老古董西班牙挑衅，并且最终让它低头谢罪。西班牙在7月向美国求和，8月12日在华盛顿签署了初步和约。两国于1898年12月10日在巴黎为最终的和平条约进行谈判。西班牙承认古巴独立，向美国割让波多黎各和关岛作为赔偿，并以2000万美元的价格交出了菲律宾群岛。

麦金莱总统声称他在如何处置菲律宾这个问题上大伤脑筋，希望得到神的引导。“我在白宫里一夜夜地踱步，经常走到午夜。”他回忆道，“我虔诚地双膝跪地，祈求全能的上帝能够给我带来光明和指引。”答案终于在一日深夜降临：“我们不能把它们交还西班牙——这象征着懦弱和无耻……我们也不能把它们交给它们自己——他们不足以自治……除了全部获取，没有什么其他的可以做了。我们要教育菲律宾民众，教化他们并让他们崇信基督，蒙上帝恩典，尽我们所能。”

教化他们！美国甚至想让他们崇信基督，尽管大部分菲律宾人是罗马天主教徒；他们还想把美国化的自由和民主带去，让菲律宾人变得富强起来。许多美国人实际上相信为落后的菲律宾人带去“开明的社会制度”是他们的道德义务，而另一方面某些企业也在向亚洲国家扩展贸易、拓展市场的过程中满足了自己的胃口。

在向菲律宾群岛进行索取的过程中，美国愚蠢而且不必要地走上了帝国主义道路，这样做不仅割裂了国内政治势力，而且还为今后战乱祸及本土埋下了隐患。通过插手根本没有多少实际利益和重要关切可寻的亚洲事务，美国招致了灾祸，也就是发生在1941年12月7日的珍珠港事件。

美国购买菲律宾的决定让岛上的很多居民十分震惊，于是他们开始反抗。他们本来希望能够获得独立，现在在埃米利奥·阿奎纳多的领导下，他们终于准备为之战斗。然而，美国军队镇压了叛乱，违背了一切这个国家所声称的民主和自由。总统麦金莱指派了一个委员会——由联邦巡回法院法官威廉·霍华德·塔夫脱领导——准备在菲律宾建立政府。直到差不多五十年后，菲律宾人民才终于获得了自由。1916年，《琼斯法案》允许菲律宾群岛自治，许诺它们独立。然而美国又花了几十年的时间才把独立真正授予菲律宾人。1917年，美国又以2500万美元从丹麦手中购买了维尔京群岛。

20世纪始于几个重要的事件。首先，3月14日，《货币或金本位法案》获得通过。该法案规定黄金，而且只有黄金成为货币的基本单位，由此结束了金银之间长达二十年的斗争。同年11月，麦金莱再次当选总统，西奥多·罗斯福任副总统。由于罗斯福在担任纽约州州长时曾有改革记录，曾经在1896年娴熟运作选举的马库斯·汉纳对他当选副总统表示强烈反对。民主党提名的威廉·詹宁斯·布赖恩和阿德莱·史蒂文森站在了反帝国主义、反托拉斯和白银自由的立场上。社会党推举印第安纳州的尤金·德布斯和加利福尼亚州的乔布·哈里曼竞选总统。禁酒党和人民党也推举了各自的候选人参加总统职位的竞选。

几个月之后，1901年9月6日，麦金莱总统被无政府主义者里昂·乔戈什在纽约州水牛城举办的泛美博览会上枪杀。一个星期之后的9月14日，凶手即被处决。尽管新总统西奥多·罗斯福为了让整个国家消除疑虑，向人们保证“继续实行麦金莱总统的政策并且绝不动摇”，但人们知道他支持如童工保护法、食品药品监管、资源节约、铁路改革和取缔垄断等进步事业。很多党派领导人表达了自己对这位行政长官的忧虑。“看吧，”马库斯·汉纳大喊，“这个该死的牛仔现在是美国总统。”

事实上，这些领袖的担忧也是有原因的。人民党人和全国各地、从东到西各种各样的社会改革者来到罗斯福旗下，举起进步主义的大旗，形成了一个推进全民政府形成和立法进步的运动。他们坚持认为国家需要保护妇女和儿童的劳工法，立法规范薪金和工时，保障工厂工人的安全和健康状况。托拉斯和铁路公司与它们众所周知的、侵犯伦理和道德准则的商业惯例一道，位列改革名单前排。其中，特别受到关心的，是形成托拉斯的无情的工业驱动力。

通过运用他所谓的“天字第一号讲坛”，也就是他国家行政首长的职权，罗斯福开始为他的改革计划寻求大众认可和支持。全国首个价值超过10亿的美国钢铁公司和铁路控股的北方证券公司的形成，揭开了罗斯福制止工业无序发展的序幕。在总统的刺激下，联邦法院加快了对垄断案件的起诉，国会也于1903年2月11日通过了《考察法案》，该法案允许这些诉讼在巡回法院优先进入法庭审理。几天后，也就是1903年2月14日，劳工和商业部正式成立，其中设有企业局，该局有权调查和传讯涉及州际贸易的企业。1903年2月19日，《埃尔金斯法案》的颁布旨在消除货运回扣，规范了铁路运输。1906年，《赫本法案》又加强了《州际商业法》，限制了铁路运价的最高额度。

作为一名致力于节约资源的总统，罗斯福迫使国会通过了《纽兰兹法案》，用以管理西部出售干旱和半干旱土地的收入，并将这些收入投入到大坝、灌溉和其他开垦项目中去。此法案可与《宅地法》对照，二者的确立都是为了更好地发展国家西部地区。

在外交事务方面，罗斯福认为，日益剧增的国家利益使美国必须在国际事务中扮演更为重要的角色。他以一句非洲谚语总结了自己的外交哲学：“语气轻柔，手持大棒，万事亨通。”对罗斯福而言，美国的命运就在于是否能够探索新的机遇来加强其名誉、财富和威望。可以做到这点的，也是已经计划了几十年，并且因美西战争得以复苏的其中一个方式，就是修建一条可以连接大西洋和太平洋的人工海峡。

因此，罗斯福鼓动哥伦比亚的一个省份巴拿马寻求自由以允许修建横跨巴拿马地峡的运河。当巴拿马人在1903年11月受到国外势力支持而发生叛乱之时，美国军队阻断了哥伦比亚镇压反抗的努力，而总统罗斯福迅即承认了巴拿马共和国的独立地位。1903年11月10日，《美巴条约》签署生效，美国获得了地峡附近10英里范围内的控制权。美国还同意保障巴拿马的独立，而且还获得该国授权，可以在任何时间介入以保护新生共和国主权。在运河建成之后，美国承诺向巴拿马支付1000万美元并且每年提供25万美元管理运营费。

“天定命运”现在已经移向南部边境之外了。陆军上校威廉·戈加斯手下的军队工程师前往运河开始工作，1914年1月7日，第一艘航船顺利通过运河。后来，罗斯福曾经自豪地说：“是我拿下了运河区。”运河不仅有助于世界贸易，而且为美国舰队航行、保护太平洋和亚洲领地提供了一条重要通路。很久之后，在1977年吉米·卡特任职期间，两国签订条约，认定美国将继续运营巴拿马运河至2000年，之后运河所有权将递交巴拿马一方。两国同时达成共识，保证即使在战争状态之下，运河将仍然保持中立状态。

1904年总统大选中，罗斯福战胜了民主党候选人奥尔顿·帕克、社会党候选人尤金·德布斯、禁酒党候选人赛拉斯·斯沃洛以及人民党候选人托马斯·沃森，重新获得了总统的职位。这时的他更为从容，于是也开始希望鼓励更多的社会和经济改革。11月4日选举之后，他向国会放出了第一个信息，提出了几个涉及童工、贫民区清拆和加强调查机构的措施。这些提议导致了在他任职期间以1906年6月30日《纯净食品和药品法》的通过为开端的一些重要法规的形成。这项法规禁止制造、销售和分配假冒伪劣药品和食品并进行州际贸易，禁止为这些商品贴上欺骗性标签。国会还颁布了《肉品检查法案》，但直到厄普顿·辛克莱的著作《丛林》出版，并向大众揭露了肉类加工厂肮脏污秽的环境之后，反对该法通过者才终于缄口。法律规定了任何涉及州际贸易的运营必须达到的卫生条件以及联邦对肉类加工业检查的具体措施。

总统的努力很大程度上反映了一个更大的进步运动已经在全国范围内展开，贪婪的企业和机器政治已经走到了尽头。几个州已经开始通过要求企业履行更多的义务与责任和把政府重新交给选民的方式进行改革。例如，威斯康星州在罗伯特·拉福莱特任州长时就颁布了铁路法规并且制定了个人所得税。其他州同样加入了这个行列，通过采取直接预选和授予公民创制和复决权的形式使选民拥有更大的发言权，从而推动进步主义的施行。更广范围内的运动由数量众多的作家推进，其中包括辛克莱、艾达·塔贝尔、亨利·德马雷斯特·劳埃德、林肯·斯蒂芬斯、大卫·格雷厄姆·菲利普斯，他们揭露了商业、州或邦甚至国家政治中的腐败和贪婪。全国发行的杂志如《大都会》《麦克卢尔》和《美国人》刊登着他们的报道，而当它们深入挖掘到美孚石油公司、肉类托拉斯和芝加哥畜牧饲养场等垄断企业的真实内幕，切实了解到城市政府和美国参议院中的腐败时，这些报道变得越来越轰动甚至骇人听闻。罗斯福把它们叫作“扒粪者”，把它们和约翰·班扬的《天路历程》中那个拿着粪耙的男人相比较，因为它们从来看不见自己周边的事情，只顾自己所耙的这片污秽。

进步运动是美国民主演进的重要发展过程。它鼓励立法，允许选民发出自己的声音并创制真正对他们有益的法律；它鼓励立法，允许公众认可或者否决州议会通过的法律措施；它还鼓励确立这样的法律，它们允许投票者罢免已经当选的出于某些原因未能奉献于公众福祉的官员。然而，选民也不总是在被提议的改革中占有优势。实际上，相比于世界上其他民主国家的公民，美国公民并没有很好地行使他们的投票权。有资格并且经常参与投票的男性和女性的比例刚刚超过 50%，而其他国家可以达到 80%，甚至 90%。

20 世纪的头十五年，许多的改革内容都成为几个政党（包括民主党、共和党、人民党、社会党、社会工党、进步党、禁酒党、独立党和联合基督教党）党纲和竞选宣言的一部分。1908 年，罗斯福正式卸任——他本可以再连任一届，但他却选择遵守乔治·华盛顿留下的习惯仅仅服务了两届，并且建议威廉·霍华德·塔夫脱继任总统职位。塔夫脱呼吁更加严格地执行反垄断法和进一步的关税保护，并以这些施政纲领击败了威廉·詹宁斯·布赖恩。1909 年 6 月 18 日通过的《曼恩 - 埃尔金斯法案》把电话、电报和电缆公司加入了州际商务委员会的管辖范围，并且允许委员会通过暂停加息或在必要情况下减少利息的方式，使之服从于司法审查。

共和党还在 1909 年通过了《佩恩 - 奥德里奇关税法》，该法案将关税水平提高到平均 40% 从价税，塔夫脱同意签署，并且声明“这是共和党有史以来通过的最好的关税法案”。许多叛乱共和党表示强烈反对，决定加入民主党一边削减关税，但塔夫脱否决了这些议案。1911 年 1 月 21 日，这些叛乱共和党人在华盛顿组成了共和党进步派全国联盟，该联盟由参议员罗伯特·拉福莱特指挥，要求共和党直接支持进步主义立法，比如参议员的直接选举，各州的创制、复决和罢免权改革，全国提名大会中代表的直接选举，还有重要官员的直接初选。坚定派共和党人抵制了这些需求，所以 1912 年再次提名塔夫脱为新一任总统。

来自内布拉斯加州的议员乔治·诺里斯领导下的众议院叛乱共和党人剥夺了议长约瑟夫·加农控制立法的独裁权力。他们还指摘塔夫脱未能支持和维护他前任的环保主义观点。西奥多·罗斯福从非洲返回之后，便与塔夫脱断绝了关系，认为塔夫脱背叛了他的路线，然后坚持向人们阐释他所说的“新民族主义”，包括支持征收个人所得税、对工人给予补助、为妇女和儿童设立劳工法、对公司进行更严格的管理。接着他接受了进步党 1912 年对他的提名，声称自己强壮得像一头“公驼鹿”。

在巴尔的摩召开的民主党政党大会上，来自密苏里州的比彻姆·克拉克（外号“冠军”）和新泽西州州长——普林斯顿大学前校长伍德罗·威尔逊进行了艰苦卓绝的竞争，最终代表们在第四十六次投票后选择威尔逊携其政治和经济改革纲领参加总统选举。威尔逊自己也推出了一个被称为

“新自由”的计划。他呼吁降低关税、改革银行和货币行业，加强《谢尔曼反垄断法》并终结联邦政府授予商业企业的种种特权。

竞选以民主党的全面获胜告终。该党横扫40个州，以435张选举人票对罗斯福的88张选举人票和塔夫脱的8张选举人票毫无悬念地赢得了总统职位。普选投票中，威尔逊获得了6,286,214张选票，罗斯福和塔夫脱则分别获得了4,126,020张和3,483,922张选票。这也是美国历史上第一次大量黑人参加的投票，因为威尔逊承诺给他们更好的待遇和更多的警卫保护。他获得了1909年创建全国有色人种促进会（NAACP），帮助黑人获得经济和社会平等地位的杜波依斯的支持。民主党还赢得了对众议院的控制，推选了二十几名州长，其中还有几名来自传统上支持共和党的州或邦，比如马萨诸塞州、俄亥俄州和纽约州。

很明显，进步运动已经深刻地影响到了美国的政治走向。国会还在它的帮助下通过了两项重要的宪法修正案：第十六条宪法修正案，确认个人所得税的合法性（1913年2月被采用）；第十七条宪法修正案，规定参议员由普选产生（1913年4月批准实行）。

威尔逊入主白宫之后做的第一件事就是呼吁降低关税。事实上，他曾经出现在国会议员面前，做出了国情咨文演说，也因此恢复了华盛顿和亚当斯总统时期一直存在但被杰弗逊总统中止了的惯例。威尔逊向议员们表明，他希望充当立法者的合作伙伴，而不“仅仅是一个只能站在权力的孤岛上如猿人一般向国会挥手呼喊的行政部门”。最终，《安德伍德－西蒙斯关税法》于1913年10月13日正式通过。该法削减了将近1000项税收，包括羊毛、糖料、铁矿、毛皮、大麻、木材、煤矿以及很多种类的食品。法案还规定对个人收入高于3000美元或夫妇收入高于4000美元者征收1%所得税，从2万美元开始按照累进税率征收，直至50万美元时征收其收入的6%。这是宪法第十六条修正案通过之后首个获得批准的个人所得税条款。

在银行和货币附属委员会（由路易斯安那州阿尔塞纳·浦若主持）对银行机构的垄断行为进行调查之后，《联邦储备法案》于1913年12月23

日通过。法案设立了12个联邦储备银行，每个联邦储备银行拥有会员银行，有权向其分行发行联邦储备券。由总统任命、参议院同意的7人联邦储备委员会负责控制这个分散管理的系统。该法案还授权委员会提高或降低成员银行的贴现率，从而使得委员会得以在全国范围内控制信贷的可用性。

还有两个进步主义的法规也被允许批准施行：其一是1914年10月15日出台的《克莱顿反垄断法》，这个法案加强了《谢尔曼反垄断法》，添加了原法案中没有的规则；其二是1914年9月26日通过的《联邦贸易委员会法》，该法则打击了被认为不公或限制了贸易自由的商业行为。

为了加强对农民的支持从而为1916年竞选增加筹码，威尔逊签署了《联邦农业贷款法》。该法将全国分为12个区，每个区拥有一家为农民提供长期、低息贷款的农业贷款银行。他还在1916年9月签署了《基廷-欧文童工法》，禁止在州际贸易中销售任何由十六岁以下儿童制造的商品。

1914年夏天，战争在欧洲打响。整个国家的注意力因1915年5月7日德国潜艇用鱼雷袭击“卢西塔尼亚”号猛然转向了这场战争。128名美国人在这次袭击中丧生。威尔逊对这个行为表示抗议。而当德国宣布其将在不进行警告的情况下，袭击任何靠近不列颠群岛的商船的进攻意图时，威尔逊告诫美国人民要反对任何破坏国家中立的行动。同时，他于1916年6月3日签署了《国防法》，将常规军队数量扩展到17.5万人，并在五年之内将其扩充到22.3万人，国民警卫队数量也在该法指导下增加至45万人。该法同时规定在学院和高校中建立预备役军官培训队。

为了让威尔逊得以连任，民主党强调了他希望维护和平的愿望。“他让我们远离战争。”他们说道。但1916年竞选中两党实力其实还是非常接近的。共和党推举曾经的纽约州州长——现任最高法院法官查尔斯·埃文斯·休斯竞选总统。进步派试图劝诱罗斯福再次参加竞选，但他拒绝了这个请求并且力劝其追随者支持休斯。直到加利福尼亚州选票清点完毕，本次大选的结果才最终尘埃落定。威尔逊以277张对休斯的254张选举人票再次赢得了总统职位。民主党继续掌控参议院，但丢掉了众议院。而且，两个主要政党的议员人数十分接近，这导致进步派和独立派形成了均势。由于独立派的支持，民主党人最终改选钱普·克拉克为议长。

新议员中有一位名叫珍妮特·兰金的蒙大拿州共和党人，她当时三十六岁，是一名社工和妇女政权论者。她曾经说她将代表所在州里的每一个人，然后又补充说，她感到“我的特殊职责就是表达妇女的观点，并且要让人们清楚，国会将全面解决妇女所遇到的问题”。人们应该记住，此时的宪法还并未修订，妇女还并没有选举权，但是蒙大拿州却和很多其他的州一样开始向新的、进步的方向前进。直到1918年，国会参众两院同意了授予妇女选举权的决议。这就是1920年8月26日通过的宪法第十九条修正案。

兰金还是一名坚定的和平主义者，强烈反对任何会让美国加入到正在进行的欧洲战争中的行动。威尔逊总统希望战争的结果是哪一方都没有获得胜利，在这之间应该有一个国际组织致力于维护世界和平。但事情却发生了意想不到的转折。1917年初，德国发动了无限制潜艇战，企图迅速解决矛盾、达到目标，即使是冒着把美国扯进战争的风险。按照这个说法，潜艇将在不进行警告的情况下击沉所有船只，无论是中立方还是敌对方。威尔逊迅速在1917年2月3日与德国断绝了外交关系，并要求国会授权武装商船。国会同意了这个请求。同时，总统向全国公开了一份英国拦截的、由德国外交大臣阿瑟·齐默尔曼发给德国驻墨西哥公使的电报。电报承诺，只要墨西哥在德国与美国发生战争时与美国宣战，墨西哥就将得到得克萨斯、新墨西哥和亚利桑那州。

德国潜艇击沉了三艘美国商船之后——其中一起造成了美方惨重的人员伤亡——威尔逊在4月2日召集了国会特别会议，并在参众两院的联席会议上提请宣战。“要带领极度向往和平的人民进入战争”，他说，无疑是一件“可怕的事情……但权利比和平更为宝贵，我们将为我们的心之所向而战”。经过一场激烈的辩论，参议院于4月4日以82票对6票批准了决议。众议院则经历了更为激烈的斗争，但也在4月6日早晨以373票对

50 票通过了宣战请求。其中珍妮特·兰金投票反对。当天下午一时十八分，威尔逊签署决议，美国加入第一次世界大战。

此后，国会通过的第一个决议是 1917 年 5 月 18 日的《义务兵役法案》。法案规定十八岁至四十五岁之间的全部男性为兵役注册登记对象。超过 2400 万的男性参加了登记，其中有近 300 万人被召集服役。国会还在 1917 年和 1918 年通过了《间谍活动和煽动法案》，为那些帮助敌人或者有其他不忠行为的罪犯设立了罚款和监禁的惩罚。法案还授予邮政局长从邮件中排除被视为煽动和谋反材料的权力。这项法案是在 1919 年审理“申克诉合众国案”时由最高法院支持立宪的。

国内战时的行动经历了两个阶段的发展：其一，从战争爆发到 1917 年末，主要依靠志愿的力量；其二，从 1918 年到战争结束，政府开始进行全面控制。通过运用国会提供的权力，威尔逊以食品管理部门动员农民和家庭主妇。该计划由曾经成功领导比利时救灾委员会的公认专家赫伯特·胡佛主管。食品管理部门则成功地增加食品供给，从而使食品出口数量变为原来的三倍。铁路在这段时间被管理起来，伯纳德·巴鲁克领导的战时产业委员会也加速为战争提供稳定的设备来源。为了供给战争所需的 335 亿美元，个人和企业所得税增加到大约 65% 的水平，额外的利润税也被制定出来，而且遗产税也有所提升。

直到 1918 年春末，由约翰·潘兴指挥的美国军队在法国加入了协约国部队，并且夺得了凡尔登东部的战略要地。同时，德国与新成立的苏俄政府签订了条件苛刻的和平条约。此时的俄国刚刚经历了罗曼诺夫王朝的覆灭、沙皇的处决和共产主义国家的建立。紧接着，德国向所有协约国家发动了奇袭。6 月 3 日，美国的几个师与法国军队一道对德国在蒂耶里堡的进攻发起了反击。7 月后半月在法国马恩进行的战役里，德国的攻势终于得到了压制。

此时的威尔逊已经开始为战后事宜做准备，1918 年初，他致辞国会，概述了他的“十四点计划”，希望以此为基，在德国被击败之后建立起公正、持久的和平。这些项目中包括普遍裁军、保持海洋自由、契约公开缔结、恢复国家边界、建立起一个独立的具有入海通道的波兰国、成立国际联盟、去除国际贸易中的人为障碍、公正解决殖民地归属问题、俄罗斯的民族自决、恢复比利时、将阿尔萨斯－洛林交还法国以及奥匈帝国中各民族的自治权问题等。美国试图运用“十四点计划”建立起一个新的世界秩序，而威尔逊和整个国家也将马上认识到，这根本就是不可能的。

对威尔逊希望和计划的破坏始于协约国决定干涉俄国爆发的布尔什维克红军和白军之间的内战。尽管威尔逊相信这个决定是错误甚至是适得其反的，但他还是在协约各国的压力下勉强同意干涉。接着，为了防止欧洲把民主党的选举失利当作否认其领导能力的理由，总统愚蠢地“先发制人”，请求美国人民在 1918 年中期选举时将国会交还民主党人。他的请求及其傲慢得罪了全体选民，于是，国会参众两院又重新掌握在了占有大多数席位的共和党人手中。结果，正如他所惧怕的那样，共和党的胜利确实严重破坏了威尔逊的领导。同时，欧洲的战争也在德国军队被打败和德国政府倒台之后，就非常突然地结束了。11 月 11 日停战协议签订之时，德国皇帝威廉二世已经退位，并且逃到了荷兰。

1918 年 12 月，威尔逊带领专家团前往欧洲参加凡尔赛和平会议，为正义的和平贡献自己的力量。让他惊讶和气愤的是，会议上并未出现战败方或者俄罗斯方面的代表。事实证明，是威尔逊（而不是战败方）在反对协约国领导人，包括英国首相大卫·劳合·乔治、法国总理乔治·克列孟梭、意大利首相维托里奥·奥兰多——他们下定决心瓜分战败国领土，并且让德国偿还战争的损失。通过威胁撤出会议、让欧洲独自承担战争恶果，威尔逊的确获得了几项重要的让步。独立且有入海通道的波兰国建立了起来，阿尔萨斯－洛林重回法国，比利时得以恢复，奥匈帝国各民族也赢得了独立和自决。协约国还同意建立国际联盟。但是，德国还是需要支付不可能付清的 560 亿战争赔款，且协约国瓜分了德国的殖民地，引发了德国后来的报复行动。

俄国沙皇政权的推翻、布尔什维克对白军的最终胜利，以及共产主义国家的建立使全美范围内产生了一种孤立主义的情绪和浪潮。美国人民再也没有心情更进一步参与欧洲事务，而且这种敌视态度进一步加强了参议院中那些反对者的情绪。他们为威尔逊邀请一个国会代表团陪同他前往巴黎参加会议却无功而返一事感到十分愤怒。这些参议员由外交关系委员会主席——来自马萨诸塞州的亨利·卡伯特·洛奇领导，决定阻止批准《凡尔赛和约》。他们认为这项和约危害了美国安全和国家的传统中立性外交政策。另外，和约并未排除国际联盟对国内事务的管辖权，也没有任何认可“门罗主义”的内容存在其中。因此，洛奇把和约搁置了长达六个星期，为的就是唤起足够的公众反对。

为了对其反对者进行还击，1919 年 9 月，威尔逊把他的情况直接交由人民判断，并为他的事业进行了辩护。他乘坐火车旅行将近 1 万英里，在各地进行巡回演说。然而，他的身体无法坚持下去了，在参加了科罗拉多州普韦布洛的一次集会之后，威尔逊彻底垮掉了。几天之后的 10 月 2 日，他罹患大面积中风，未能再为他的选举事业战斗下去。

与此同时，洛奇提出了十四项保留意见，其中之一否定了美国拥有保护国联成员国独立和领土完整的义务。而这项义务，就威尔逊所说，恰是整个和约的核心所在，所以拒绝将其去除。公众希望两边能够达成妥协，但总统并没有听从，于是也就失掉了公众的支持。相反，他号召民主党人挫败这些保留意见。1919 年 11 月 19 日，当和约与洛奇的保留意见共同接受参议院投票时，它便被否决了。然后，民主党动议在除去保留意见的情况下批准该和约，同样以 53 票对 38 票遭到否决。很大程度上讲，是威尔逊自己扼杀了这个条约。不久之后，国会通过了一个决议，宣布对德战争结束。威尔逊否决了这项决议，而众议院未能通过他的否决。

处在孤立无援状态之中的威尔逊宣称，即将到来的 1920 年总统选举应该是联盟中的一个“伟大而严肃的全民公投”。共和党由于缺乏杰出的候选人，最终选择了俄亥俄州参议员沃伦·哈定参与竞选。哈定首先向领导阶层保证，自己从来没有涉入任何丑闻和不正当行为。然而他英俊有余、智力不足，一直想设法隐瞒自己多次婚外情却不得其法。他的机灵劲儿，正如历史学家约翰·希克斯所认为的那样，“并没有放在如何隐藏自己的想法上，因为他其实就没有什么可以透露的重要想法”。选举大会同时选举马萨诸塞州的卡尔文·柯立芝竞选副总统。据其支持者说，他作为州长最为杰出的成就，就是成功地破坏了波士顿警察的罢工活动。

民主党人也是为总统候选人的提名绞尽了脑汁。四十四轮投票之后，精疲力竭的代表们终于选择了俄亥俄州州长詹姆斯·考克斯和任威尔逊政府海军部副部长的来自纽约州的富兰克林·罗斯福。考克斯和罗斯福曾经试图将选战的重心放在国联上，但美国人已经受够了涉及欧洲的任何东西，而且也被哈定的口号“回到常态”和“美国第一”所吸引。所以不出所料，选举以共和党压倒性的胜利结束。该党以 404 张对 127 张选举人票获得了总统职位，而且获得了国会两院的主导地位。

在就职演讲中，哈定竭尽全力地告诉人们，美国绝对不会加入国际联盟，宣称美国将“不会寻求任何引领世界命运的机会”。而病入膏肓的威尔逊断言，哈定的言辞是一种倒退，进入了一种“明显由于无耻和懦弱导致的、极度卑微的、阴沉自私的孤立之中”。当国会通过了一个与威尔逊所否决的议案相似的议案，内容同样是结束对德战争，哈定立马于 1921 年 7 月 2 日签字通过。这就意味着，美国不仅脱离了积极参与欧洲问题的路线，而且还彻底退回了孤立主义。

随着国家迈进了 20 世纪 20 年代，后来被称为“咆哮的 20 年代”，人们很快就会明白，意义深远的变化自世纪初就已经开始了。首先，1920 年人口普查显示，大部分美国人其实生活在城市内部或在城市周边，而不像大家所认为的那样，生活在农场之中。超过 1300 万人在 20 世纪 20 年代从农村迁移到了城市中心地区。他们组成了城市大家庭，在工厂和办公室里工作并且运营着当地服务机构。他们的举止、衣着和生活方式也反映了当时出现的很多变化。20 世纪早些时候妇女们所穿的拖地长裙渐渐为可以露出越来越多腿部的短裙让路，需要别针固定的大羽帽不再流行，有的被整个抛弃，有的则逐渐被更小、更舒适的帽子代替。

整个国家普遍城市化，而其中最重要的一个例外当属南部地区，因为它看上去“与19世纪70年代重建末期时的状态并无二致”。如同几十年以来一样，南方人仍然继续种植和收获庄稼，仍然经受着长期的农业萧条和衰退。因为种族偏见和歧视使50万黑人在一战之后前往北方工业城市寻找生计，所以留在南部的非洲裔美国人就仍然需要承受令人难以接受的贫穷。这50万人成为人口迁移中的重要部分，甚至使整个年代都具有了十分鲜明的特点。后来，另外100万人遗弃了南方，开始向北方进发并寻找在工厂和食品加工厂的工作，黑人移民的人数也由此在这十年持续增加。

战后经济繁荣是移民增加的一个基础因素，而这种繁荣之所以能够延续，则是因为科技革命。新的产品不断被研制出来，新的机器不断被发明出来，新的方法被用来提高生产效率，新的产业也被建立起来，这些反过来又会刺激国家经济的进一步发展。“无马车”的发明就是其中一个很好的例子。20年代，数以百万计的汽车从美国工厂的生产线上生产出来。亨利·福特将生产线技术应用到汽车生产当中。不久之后，福特T型汽车就成了全美最受欢迎的交通工具。到20年代末，汽车工业已经给400万人提供了就业机会。

国家的电气化也在以惊人的速度发展，将近70%的美国家庭在那个时候就已经接通了电。不断增长的电力需求引发了此类工业的扩张，于是电力工业迅速成为整个国家第二重要的经济活动。结果，家电、电动机器、电动涡轮的生产也随之扩大。一战之前就已经被发明出来的无线电发射器和接收器成为非常受欢迎的商品，这也使广播系统逐渐覆盖了整个国家。1896年，托马斯·爱迪生发明了电影摄影机，但直到20世纪，尤其是1915年出产的《一个国家的诞生》开始，电影工业才成为一种艺术形式。电影院在全国几千个城市和村庄开门营业，到1930年为止，电影工业得到了20亿美元的投资，雇用了将近50万人。

也许，美国历史上这段时间里最能体现惊人科技发展的，便是飞机工业的进步。以 1903 年 12 月 17 日北卡罗来纳州小鹰镇为起点，威尔伯·莱特和奥维尔·莱特第一次成功试飞了比空气重的航天器。在一战中，航空开始展现出了它的价值和重要性。受到战争的刺激，飞机工业开始起航，24 座工厂建立起来，每年可以生产超过 2 万架飞机。于是，飞机制造业变成了国家陆军和海军的组成部分，很快飞机也开始在全球各地运输邮件、乘客和货物。以往需要几天、几个星期，甚至几个月才能走完的行程现在只需要几个小时。而后，1927 年 5 月 21 日，在一次单人飞行中，查尔斯·林白驾驶着他的单翼飞机“圣路易斯精神”号不间断地从纽约向巴黎飞行了三十三个小时。航空时代确实到来了。再往后，特别是在喷气式飞机传入之后，国会议员甚至就会在周末飞回自己的家乡，哪怕是从华盛顿到阿拉斯加或者夏威夷。

一战以后，美国社会在很多方面发生了变化。1917 年提出、1919 年获得批准的第十八条宪法修正案规定，禁止制造、销售和运输烈酒。1920 年 1 月 16 日，旨在落实第十八条修正案的《禁酒法案》也在受到威尔逊否决的情况下顺利生效。禁酒虽然已经成为法律，但美国人却没有想过要改变他们喝酒的习惯。为了得到烈酒，他们开始依靠私酒贩子，甚至自己在浴缸里进行酿制。这种对非法活动的默许腐化了整个国家中人们的思想，鼓励了人们对法律不负责任的漠视。甚至是在华盛顿，对于那些投票赞成禁酒的人来说，法律都被他们忽视了。国会议员甚至有他们自己的私酒贩子，其人名叫乔治·卡西迪，店就开在众议院办公楼外的独立大道上。当禁酒令“第一次到来”的时候，西奥多·罗斯福的女儿——众议院议长尼古拉斯·朗沃思的夫人艾丽丝·罗斯福·朗沃思宣称：“我们抱怨着耸耸我们的肩膀，决定拿出我们的存货，当存货喝完时，我们就只能在家里自己造酒、自己蒸馏，心里想着那从原料到醇酒的涓涓细流。我想，我们怎么也没能料到私酒工业竟能如此完整而有组织地践踏法律和秩序，怎么也没想到私酒工业竟然发展到如此地步。”

由于购买烈酒的顾客和从外国（如加拿大）而来的非法运输利润与日俱增，不法之徒常常被吸引到这种交易之中。于是，有组织犯罪便蔓延开来。比如，作为西西里岛犯罪组织分支之一的黑手党，不仅控制着私酒贩卖，而且还操纵着主要城市的赌博和卖淫。

很多普通市民频繁出入可以购买非法烈酒的“地下酒吧”。在这种黑暗、拥挤的环境中，人们可以看见被称为摩登女的年轻女性跳着查尔斯登舞，或者听着爵士和布鲁斯。爵士开始时虽只流行于新奥尔良州的黑人音乐家之间，但不久便迅速传播到北方并且恰好在一战之前来到了芝加哥。爵士乐的旋律和传统本质上具有非洲性，既借鉴了黑人的拉格泰姆，同时也借鉴了包括法国、西班牙和英国音乐的元素。20世纪20年代，爵士乐风靡全球，吸引了众多严肃作曲家的关注。一大批流行音乐家，如科尔•波特、杰罗姆•科恩、欧文•柏林和乔治•格什温，做出了后来被誉为经典的、传唱全球的名作。这些歌曲标志着的美国音乐传统，即“创新、独特和广受欢迎”的确立。

在这个爵士乐的时代里，年轻女郎穿着短裙，剪成短发，口中还吸着香烟。由于战争，她们失去了丈夫、兄弟和男友，又在1919年到1920年发生的流行性感冒中失去了父母。她们展现出一种无忧无虑的放荡和独立，代表了全新的美国妇女形象。手中握有选票、心中怀有自由意识的她们所表现出的，是一种之前从未出现过的胆量和魄力。

美国文学界很多与众不同而富有才气的俊杰开始崭露头角，而这个时期最重要的文学思潮中也产生了一种富于冒险精神的写作风格，欧内斯特•海明威、斯科特•菲茨杰拉德、约翰•多斯•帕索斯、西奥多•德莱塞和舍伍德•安德森所创作的小说均属此类。他们最终完成了对自然主义文学流派的发展，使美国文学攀上了新的巅峰。在戏剧领域，尤金•奥尼尔几乎是独力创建了美国的戏剧传统，而像艾略特、埃兹拉•庞德、卡明斯、罗宾逊•杰弗斯、罗伯特•弗罗斯特和卡尔•桑德堡这样的诗人，则为美国诗歌贡献了自己杰出而独特的力量。黑人文化的狂欢，亦被称为“哈莱姆文艺复兴”，也因为如兰斯顿•休斯、杜波依斯、詹姆斯•约翰逊、阿兰•洛克和克劳德·麦凯这些极具天赋的、善于叙述非洲裔美国人生活中欢乐与痛苦的作家发展起来。绘画方面，乔治亚·欧姬芙这样的画家创作出了具有鲜明美国特色的作品；而弗兰克·劳埃德·赖特的“草原风”建筑同样是那样独一无二，吸引了全球的关注和目光。

咆哮的20年代中产生的经济似乎在长势和强度上均是不可阻挡。然而事实上，这样的经济却是迈向了崩溃的边缘。此外，这段时期当中，三K党在整个南部复兴，而且在迁移到很多北部州或邦后重新建立起了自己的组织。人们所说的“赤色恐慌”，也就是对共产主义和外国势力影响美国生活和文化的恐惧，不仅仅增强了孤立主义对国家的影响，还导致了数以百计的个人因涉嫌参加颠覆活动而被逮捕。1919年6月2日之后，“赤色恐慌”愈演愈烈，甚至发展到有人企图暗杀美国司法部长米切尔·帕尔默。各地法院都对它们本该关注的任意逮捕和拘留的合法性问题置若罔闻，并且还深深陷入了对外国激进分子的恐惧。如此对法律和社会规则的蔑视席卷了整个国家，渗入了地方、州邦和国家三个层面的政府运作之中。腐败也开始变得十分普遍。

在华盛顿，腐败已经达到了无法撼动的地步。处在最顶端的，竟然是总统沃伦·哈定自己。他的个人爱好本就趋向于豪饮、赌博和性事——当然不必是以这种顺序，而很快，他的非道德行为就反映在了行政部门的很多丑闻上。其中，最为臭名昭著的事发生在1921年。位于威斯康星州茶壶山和加利福尼亚州麋鹿山的两个海军油矿，从海军部调拨到了内政部，随后又在未曾竞标的情况下直接租给了私人石油公司。内政部长艾伯特·福尔甚至在进行出租谈判的时候，就已经接受了成千上万美元的贿赂。当一个调查揭露了这桩欺诈的严重程度之时，福尔迅即逃到了欧洲，但被捕遣送回美国，经过审判、定罪，最终被投入了监狱。他也因此成为美国历史上第一个因其罪行接受罚款和监禁的阁员。哈定政府的其他成员也因为这个案件进了监狱，其中不少人为了逃避调查而选择了自杀。

美国的孤立主义和仇外心理明白无误地表现在了1921年5月19日《第

一次移民配额法案》的通过上。这个法案限制了美国接收移民的数量，规定任何其他国籍的人口不能超过本国 1910 年人口普查所列人数的 3%，而且规定每年的移民人数不能高于 357,803 人。

正当其手下的丑闻将要公之于众之时，总统哈定却突然于 1923 年 8 月 2 日去世，死因为心脏病突发。副总统卡尔文·柯立芝立即于 8 月 3 日凌晨二时四十七分宣誓就职。作为一个坚定的保守主义者，他向国会施压要求修订《移民法案》，从而使他所认为的那些来自某些国家的并无价值的人无法进入美国。结果，他赢得了国会里为数可观的声援。“我认为我们在这个房间里，”来自堪萨斯州的众议员廷彻斩钉截铁地说道，“就应该为真正的美国主义考虑和行动。”如果允许更多移民来到这个国家，他争辩道，总有一天会有一个众议员在读“议长先生的名字的时候吐出一句意大利语或者别的什么语言”。

为了对总统先生的请求做出答复，国会在 1924 年 5 月 26 日批准了另一个移民法案；这一法案根据 1890 年人口普查结果，将每个国籍的配额降低至 2%。此外，每年只有 15 万移民可以获准进入美国，而且完全拒绝日本公民入境。但另一方面，美国的原住民终于获得了公民身份。1924 年 6 月 2 日，《印第安公民权法案》获得通过，把美国社会中的平等同样提供给了土著人口。《移民法案》和《印第安公民权法案》的确立形成了鲜明对比：前者限制入境，后者拓展了公民权利的范围。由于《移民法案》的通过，一些人相信在一代人左右的时间当中，外籍公民将不再是影响美国社会的主要因素。不过，这样的概括并没有把每日都会从墨西哥跨过边境、来美国寻找新生活的非法移民考虑在内。市场对体力劳动者存在巨大需求，尤其是农业生产，更是热切期盼他们的到来。比如说，西南的水果和蔬菜种植者就选择不对他们的工人提出关于他们合法地位的试探性问题，只要可以劳动，便统统可以加入到生产中来。

国会还在 1921 年 6 月 10 日通过了《国家预算与会计法》，第一次创建了隶属财政部的预算局，对联邦政府的支出进行管理和监督。后来，在经济大萧条时期，总统富兰克林·罗斯福把该局从财政部移至白宫，以更好地控制和管理款项的来源和支出。

20世纪20年代，人们为改进社会和经济状况付出了相当大的努力。两党中的进步派人士，包括来自威斯康星州的参议员罗伯特·拉福莱特、内布拉斯加州的乔治·诺里斯、艾奥瓦州的威廉·博拉和蒙大拿州的伯顿·惠勒于1923年5月在芝加哥召开了一个会议，并且商定了一个涉及范围十分广泛的改革计划。他们提议限制童工、降低铁路运价、实行农业救济、给予菲律宾自主权、收取超额利润税，还有限制由法院颁布的终止工人罢工的强制令效力。尽管用去了很多时间，甚至比预料和希望的还要长，但最终大部分的改革计划都被写进了法律之中。

仇外心理和孤立主义在20世纪20年代的流行也反映在1924年的总统选举上。共和党很自然地推举了柯立芝，但叛乱共和党人自己组建了一个新的进步党，推举了参议员罗伯特·拉福莱特。在选战过程中，他们吸引了社会党人、原先的进步党人和主张单一税制者。他们提议铁路国家化、搞好水力发电设施的公共发展以及授予国会推翻最高法院决定的权力。在民主党大会上，代表犹太人、天主教和外籍公民的北方代表要求谴责三K党并废除第十八条修正案，而很大程度上由三K党控制且代表了宗教原教旨主义者利益的南方代表却坚决予以反对。焦点最终落在几个人身上，其中包括一个对禁酒令“不温不火”的天主教徒、纽约市民主党大本营的首领、纽约州州长阿尔弗雷德·史密斯，财政部前部长坦慕尼·霍尔，还有支持南方禁酒的威廉·麦卡杜。经过持久漫长的斗争，会议决定推举同银行业和工业利益都有十分密切联系的纽约律师约翰·戴维斯参加总统竞选。为了推举这位候选人，与会者一共进行了一百零三轮投票。

这次选战中出现了一项重要的创新。集会上首次使用了最新的通信形式——收音机。纽约和华盛顿的广播电台以及全国各地其他12座城市的16个广播电台完成了这个任务。一些政治家获得这种新的媒介之后可谓如鱼得水，其中就包括富兰克林·罗斯福。在他提名史密斯州长的演讲中，罗斯福称他是一个“政治战场上的‘快乐战士’”，此语不仅让听众为之一振，还立马使他自己变成了名人。

这种新的通信方式立刻流行起来，也让联邦无线电委员会的成立成为必需。委员会由总统指派的5位成员组成，有权发出或撤销运营无线电站的许可和管理无线电运营的规划。后来，委员会的名字变成了联邦通信委员会（FCC），被额外授予了管理电视的权力。

果不其然的是，柯立芝和共和党赢得了令人惊叹的胜利。柯立芝自己获得了超过1500万张选民票，相比之下，戴维斯和拉福莱特才分别得到了800万张和将近500万张选民票。共和党人还获得了对国会两院的控制力。

“咆哮的20年代”可以说是名副其实，而且也确实体现了当时的人是如何呼喊和咆哮的。美国的歌曲、爵士乐、西迷舞（一种爵士舞），还有非法饮酒，无不体现着20世纪20年代一种独一无二的美国特征。另外，每个人似乎都在以各种各样的方式赚钱。股市一直在飙升，投资者们找到了所有可以增加其财富的方法和道路，其中包括边际购买，也就是只为一只股票付出部分钱款，待到价格上涨之后全部抛售，从而收获一笔可观的利润。看上去多么简单。

只有农民被这场大丰收排除在外。他们依然继续经历着经济萧条。一战之后农产品价格稳步下滑，农场的条件因此变得愈发悲惨。这本该成为对这个国家将要发生的事情的警告。农民每每呼吁政府进行援助却几乎得不到任何东西。他们组成农业集团，提案要求国家为剩余农产品在海外卸货提供补贴。这些提案本来少有机会被国会通过，一旦通过又会马上被柯立芝以“为特殊利益构建价格垄断”为名否决。然而，挥之不去的农业萧条很容易扩散到国家的工业和商业部门，从而导致一个巨大灾难的降临。

的确大难临头了。

1928年总统选举时，共和党推举赫伯特·胡佛参加总统竞选，同时查尔斯·柯蒂斯竞选副总统；民主党一边则让阿尔弗雷德·史密斯和阿肯色州参议员约瑟夫·鲁宾逊出场。竞选过程中，胡佛承诺为绝望的农民提供救济，而这个承诺无疑帮助他以压倒性优势战胜了对手。最后，他拿到了48个州中40个州总共444张选举人票，而史密斯则拿到了剩下8个州的87张选举人票。这次选举还让第一个非洲裔美国人从南方来到了国会。伊利诺伊州的共和党人奥斯卡·普里斯特在众议院获得了一个席位，以杰出的表现从1929年起服务到1935年。不过，由于华盛顿种族隔离现象十分严重，他被强迫到国会大厦厨房旁边的地下室，而不是和其他国会议员在一层的白人餐厅里用餐。

胡佛呼吁国会召开特别会议来处理农民所面临的经济问题，并且建议对所有进口农业产品提高关税。尽管过程中出现了众多问题以至于需要用一年的时间加以解决，国会最终还是颁布了《斯姆特－霍利关税法》，并由总统于1930年6月17日签署生效。这一次，国会确立了有史以来的最高关税，将农业项目的进口税提升到45%，还对糖、棉花和柑橘类水果给予特殊保护。这些保护手段之过分甚至引起了二十六个国家的报复性增税，从而使得美国的出口急剧减少。为了进一步援助农民，国会还在1929年6月通过了《农业市场法》，建立了由8名成员和农业部长组成的联邦农场协议会以及5亿美元的循环基金。这项基金用于为合作社提供低息贷款，帮助建设仓库、销售剩余粮食。

然而，这些努力还是来得太晚了。1929年10月23日，股市彻底崩盘，由此引发了美国历史上最为严重的经济大萧条。

第八章 大萧条、罗斯福新政和第二次世界大战

股市在一个月之内持续滑坡，直到大约 300 亿美元市值蒸发殆尽。人们不会想到，这个巨大的经济崩溃将维持十年之久。大批的公司破产，失业人数飙升，通货紧缩出现，商品价格空前暴跌。

除了上面已经介绍过的，这场灾难的起因其实还有很多。美国联邦储备委员会的银行系统没有正常地运转起来，容许了各种各样不正当的生财方式大行其道；信贷的滥用引诱投资者不以全价购买股票；刑事欺诈渗入工商业界，犯罪率随之不断升高；金本位系统缺乏弹性等原因都使美国经济陷入了万劫不复的境地。

为了解决日益严重的问题，胡佛总统呼吁发起援助项目，由联邦政府领导帮助州和地方开展志愿活动，并且请求拨款 1 亿到 1.5 亿美元进行公共建设。但到了 1931 年夏天，情况变得愈发恶劣，五年之内不仅没有好转反而有逐渐加剧的趋势。大约有 2300 家银行连带其中超过 15 亿美元的存款，都在那个夏天消失不见了。失业人数从 1931 年的 700 万人猛增到 1936 年的 1400 万人。迁移到城市的人们开始返回乡村寻找生路。许多人因为丧失了抵押品赎回权忍饥挨饿、流离失所，他们只能在一些提供施舍的地方接受慈善救济、乞求帮助。人们对商业和政府的信心产生了极大的动摇。国

会调查发现的很多证据显示，银行家们盗用了储户的存款，操纵股市进行投机，以此赢得更大的回报。投资银行家因此被看作带来经济大萧条的恶棍，而赫伯特·胡佛也被美国人指责未能阻止事态的继续发展。财政部长安德鲁·梅隆辩称说，商业周期的正常运行马上就会到来，经济形势一定会开始好转。人们所要做的，不过就是等待。“让衰退自行偿付，”他宣称，“偿付劳工、偿付股票、偿付农民……人们会更加努力工作，生活也会更加检点。价值观念将被调整，有进取心的人们将会从能力不足者的手中捡起他们剩下的残骸。”难怪美国人会开始反感胡佛政府。

奇怪的是，美国人并没有因此对资本主义系统失去信心。极权主义和法西斯主义都没能吸引他们的注意——这一点与许多欧洲国家的公民不同。而且，尽管这段时间有很多反饥饿示威游行和骚乱产生，暴力事件的实际数量却相对较少。也许最声势浩大的有组织游行就是1932年在华盛顿发生的“酬恤金事件”。当时，1.2万名至1.5万名待业老兵来到首都，要求立即得到1924年国会越过总统否决许诺给他们的现金补贴。那时的这项法案意在补偿老兵在最后一次战争中所获得的、较平民的高薪为低的酬劳。法案为所有老兵提供了海外服役每日1.25美元、国内服役每日1美元的报偿。然而不幸的是，直到1945年，这笔津贴才算发放到位。老兵和他们的家人正在挨饿受穷，他们需要金钱，并且需要政府立刻把钱付给他们。为了鼓舞斗志，他们唱起了战争时期的歌曲，同时贴出了这样的布告：“17年欢呼，32年受嘲。”在离首都不远的阿纳卡斯蒂亚平原，老兵们建起了比贫民区略好的帐篷区。紧接着，暴力冲突骤然发生，导致两人在冲突中丧生。于是，胡佛总统召集了军队，在将军道格拉斯·麦克阿瑟及其参谋长的指挥下，成功平息了骚乱，恢复了秩序。然而，在整个平乱过程中，由于军队过多使用了不必要的武力，用催泪瓦斯驱散老兵、烧毁营地，因此进一步加深了人们对政府的怨恨。

胡佛政府提议创建复兴金融公司这样一个政府领导的贷款机构，该公司拥有5亿美元的资产，有权借贷15亿美元的免税证券。一些民主党和进步党人将之称为“百万富翁的施舍品”，因为他们坚持认为，国家需要的是一个全国性的失业保障系统而非其他。所以尽管受到了诸多批评，国会还是在1932年1月22日通过了复兴金融公司的创建计划。这个机构后来将业务拓展至银行、企业、人寿保险公司、信用合作社、农业抵押会社和铁路，为它们提供了信贷。然而，公司并不对小型企业和时刻都会丢掉处所的个人提供任何帮助。虽然如此，它还是防止了全国各地的大型银行的破产。随后，1932年7月21日，《紧急救济和建设法案》宣告通过，法案拓宽了复兴金融公司对建设项目和农业机构的援助范围和权力，而且还向管辖权范围之内不能改善经济贫困的各州提供资金支持。

1932年2月27日，国会又颁布了《格拉斯－斯蒂格尔法案》，允许联邦储备银行从政府处卖出价值7.5亿美元的黄金，这些黄金本来是用以应对外国货币的持续撤出并支持本国货币。法案还用来消解公民囤积黄金带来的不良影响。7月，《联邦住宅贷款银行法案》规定在全美建立8家到12家银行，希望能够使储蓄银行、保险公司和信用合作社得以加入从而为住房购买者提供足够的住房抵押贷款。这项法案实际上是用来防止公民丧失抵押品赎回权。

国会中的2名进步党人——参议员乔治·诺里斯和众议员菲奥雷洛·拉瓜迪亚，发起了《诺里斯－拉瓜迪亚法案》。法案承认了工人加入工会的权利，宣布要求工人承诺不加入工会的“黄狗合同”为非法，限制了联邦法院发布禁令以阻止工人组织起来的权力。

但是，胡佛阻止了联邦向公共建设提供资金援助的努力，坚持认为政府应该以平衡预算的方法帮助结束经济大萧条，而且应该停止政治拨款。一个用9亿美元进行公共建设的提议，他争辩道，完全就是“对公共财富的抢劫”。尽管如此，国会还是通过了一项20亿美元的援助法案，然而最后又被总统否决了。他特别反对允许复兴金融公司向个人和小型企业提供贷款，还否决了一个建设水电站的议案。这个水电站本来要建在亚拉巴马州北部田纳西河上的马斯尔肖尔斯，向南部广大地区提供电力。总统将这个提案称为从政府向私人企业迈出的巨大一步。对他来说，其中多少有点社会主义的味道。

十分具有毁灭性的经济崩溃给了民主党人无限的自信和希望，使他们认为自己可以在即将到来的总统选举中获得前所未有的胜利。1932 年 6 月，民主党在芝加哥召开了选举大会，由于人们的期望值很高，对提名权的竞争变成了一场激战：一面是坦慕尼·霍尔支持的阿尔·史密斯，另一面是现任纽约州州长——曾在 1930 年改选中成为纽约州历史上获最大多数人支持的州长候选人并赢得最终胜利的富兰克林·罗斯福。作为一名曾在哥伦比亚大学攻读法律的哈佛毕业生，作为伍德罗·威尔逊时期的海军部副部长，富兰克林·罗斯福在 1921 年身患小儿麻痹症，却凭借坚持不懈的努力与病魔顽强地抗争，到 1928 年为止，罗斯福竟然得以局部康复。会上，尽管他享有多数代表的支持，但这个人数还没有达到提名所必需的，即全体人数的三分之二。直到第四轮投票，来自得克萨斯州非常保守的众议院议长约翰·南斯·加纳决定支持罗斯福，这才使他最终成为民主党推举的总统候选人。作为报答，加纳得到了副总统的提名，而这也将让他丢掉更有权力的议长职位；当然，这也正是致力于进行改革的民主党人所希望看到的。随后，罗斯福不顾“候选人一般需要等待正式通知其得到提名”的传统，立即从纽约奥尔巴尼飞往芝加哥，准备亲自发表感言。他的飞行使整个国家为之振奋。在选举大会上，罗斯福向代表们发出了重誓：“我向你们发誓，向我自己发誓，一定会给美国人民带来新政。”

这次竞选中，民主党党纲提出废除宪法第十八条修正案，承诺降低联邦开支以平衡国家预算，并从各个领域的私人活动中移除联邦政府的影响和控制，“除非某些地方必须发展公共事业和开采自然资源”。纲领进一步承诺向各州派发款项来为失业者提供援助，许诺降低关税并改革银行系统以保持货币的健康和稳定。

共和党方面在第一轮投票后决定再次推举胡佛竞选总统、查尔斯·柯蒂斯竞选副总统；他们的纲领呼吁平衡预算、减少政府开支，向各州提供贷款进行援助，废除宪法第十八条修正案，继续实行保护性关税，另外还有一些细枝末节的东西。除了关税问题，两党的纲领在很多方面可以说是完全相同的。

选举过程中还特别产生了大量推举总统副总统候选人的政党，包括禁酒党、共产党和社会党等。禁酒党推举威廉·阿普肖和弗兰克·里根分别竞选总统和副总统；共产党推举了威廉·福斯特和詹姆斯·福特；社会党则推举了诺曼·托马斯和詹姆斯·毛雷尔。总共有八个政党参加了总统和副总统职位的角逐。

奇怪的是，比起为失业者提供工作，选战中的两个主要政党似乎更关注如何摆脱禁酒党。也许这是因为他们感觉到废除第十八条修正案要比解决国家经济问题容易许多。“我们现在，正处在自南北战争之后最大的危机之中，”哲学家和教育家约翰·杜威嗤之以鼻地说道，“然而我国的两个政党现在想要争辩的却是如何才能开怀畅饮。”

实际上，罗斯福在多家电台发表演说，概述了自己所规划的社会和经济改革。在一群哥伦比亚教授（其中包括阿道夫·伯利、雷蒙德·莫利和雷克斯福德·特格韦尔等），也就是人们所熟知的“智囊团”的协助下，罗斯福认为，让现存的经济组织满足人们的需求、寻找办法让财富和产品的分配更为公平才是政府的义务所在。自然，胡佛凶猛地攻击了他的观点，认为罗斯福的目标彻底脱离了美国传统的价值和实践。因此，他要求政府权力分散化，以此给予私人企业扩张的机会。不过，他的心情和语调听起来都是十分压抑和沮丧，而罗斯福则浑身散发着自信，让人感觉他就是那个可以救国家于危难的人。通过暗指胡佛对人们饥饿状况的麻木不仁，甚至他所表现出的对解救危难的不情愿，罗斯福得到了众多美国人的支持。

1932 年大选的结果完全颠倒了两个主要政党的政治命运：罗斯福横扫新英格兰地区以外的城市和乡村，拿到了总计 2300 万张选民票和 472 张选举人票；胡佛则拿到了缅因、新罕布什尔、佛蒙特、康涅狄格、特拉华和宾夕法尼亚 6 州共计 1600 万张选民票和 59 张选举人票。社会党候选人托马斯赢得了 90 万张选民票；共产党候选人福斯特 10 万张选民票；禁酒党阿普肖得到 8 万张选民票。国会两院均被民主党控制。

已然失去了影响力的国会没有给出任何能够解决国家不断恶化的经济状况的举措，国会议员们也不知道自己能做些什么。直到新一任政府于 1933 年 3 月 4 日上台之前，国会可以说一直都是在浪费时间。全国工业产值大幅跳水，从 9.49 亿美元暴跌至 7400 万美元。储户试图从银行提款导致了大量机构陷入绝境，其中很多走向破产。从 1930 年到 1933 年 2 月，大约 50,504 家银行关门倒闭，1400 万人因此失业。坊间开始传言，认为这个国家需要一个独裁式的政府挽回大局。“一个亲切友好、漫不经心的独裁者也许对我们是一种解脱，”一份报纸的社论写道，“怎么也比我们现在这个华而不实的废物国会要强。”在德国，独裁者已经出现，当然他既不亲切，也不使人愉快。1933 年 1 月，阿道夫•希特勒被选为国家总理，正是此人将在不久之后使欧洲陷入万劫不复的境地。

3 月 4 日，富兰克林•罗斯福宣誓就职，入主白宫。他也成为最后一位选举之后四个月才正式接管国家的总统。1933 年 2 月 6 日，宪法第二十条修正案批准通过，规定自此以后 11 月之前选定的国会议员将从 1 月 3 日起开始任职，而总统和副总统则将于 1 月 20 日而非 3 月 4 日继任。在其就职演说中，罗斯福试图让人们恢复对政府的信心，相信政府有能力成功处理这种全国普遍存在的可怕情况。同时，他再次向人们承诺一个具有活力的计划以恢复往日的繁荣。“我们伟大的国家，”他呼喊道，“将像以往一样忍耐、复兴，直至昌盛。所以首先，让我们坚定一个信念：那就是我们唯一需要惧怕的，就是惧怕本身。”

这些正是美国人民需要听到的东西。而这个“新政”，正如人们所称，也立即运转起来。首先，罗斯福关停全国所有银行四天。接着，他在 3 月 9 日召集了国会特别会议。当众议员们还在赶往国会途中时，来自伊利诺伊州的议长亨利•雷尼就开始宣读一份紧急银行救援法案。由于时间仓促，该法案只有一份，甚至上面还有最后时刻用铅笔写着的修改意见。经过三十八分钟辅助演说，众议院在全无核实的情况下以迅雷不及掩耳之势口头表决一致通过。会议召开前四个小时，国会就颁布了一个银行法案，授权财政部调查全国每家银行的财政状况并且只允许经过调查确认可靠的银行重新营业。该法案还宣布私人占有黄金为非法，要求财政部长召回所有黄金和黄金券。到仲夏为止，全国已经有至少四分之三的银行重新开始正常营业。到此为止，人们的信心逐渐得到恢复，银行的资产流失也终于停止。

持续到6月16日，被称为“百日会议”的特别会议在短短一段时间里成功地制定出一套全方位、多领域的组合法律，内容涉及银行业、农业、工人和工业以及失业救济。实际上，第一次新政的目标就是要集中处理救灾和重建问题。

甚至在新政开始之前，国会就已经开始回应人们要求废除宪法第十八条修正案的要求了。1933年2月3日，宪法第二十一条修正案获得国会两院一致通过，又在1933年12月5日得到了各州的承认。同时，修正案在各州实施，罗斯福请求国会停止禁酒令并使啤酒合法化。一个星期之内法案顺利通过，总统于3月22日签署生效。自此，3.2%酒精含量的啤酒和红酒终于合法。

什么东西会损害和削弱宪法呢？禁酒法案就是一个极好的例子。人们应该记住，宪法只是概述政府结构及其职权的文件，它不能，也不该反映人们心血来潮时的每个想法，因为它们很多不过就是社会时尚，价值和持续时长都相当有限。

随着国会会议继续进行，人们越来越清楚地发现，党派领导权已经开始向白宫转移。由于国家本身面临的危机对迅速而果断的行动和总统号召力有越来越高的需求，国会开始欣然放弃它的部分职权。罗斯福自己虽然并没有对某个特别的经济计划做出什么保证和承诺，但他乐于进行实验，敢于寻找可以对付经济大萧条的对策和措施。他迅速用常规的记者发布会和广播电台的“炉边谈话”与选民建立起直接联系。尽管如此，作为管理者的他还是有一定缺陷，比如频繁把权力和责任分与下属以期保障自己的控制力。

不过，控制立法机构恰恰就是他所做的事情。“我看这个美国国会，”一位来自田纳西州的共和党众议员评论道，“已经把自己的权力完全让给了行政机构。在我看来，一个独裁者的萌芽正在生长，这个人的职权恐怕马上就会让希特勒、墨索里尼和穆斯塔法·凯末尔先生都羡慕不已。”

在这开头一百天里，各种法案排山倒海向国会袭来，而且都迅速予以通过并颁布执行。这些法案中包括《联邦紧急救济法》（FERA），《农业调整法》（AAA），《联邦证券法》，《金本位废除法》，《国家就业系统法》，《业主再融资法》，《1933 年银行法》，《农业信贷法》，《应急铁路运输法案》，《国家工业复兴法》（NIRA），同意建立民间护林保土队（CCC）和田纳西流域管理局（TVA）。这些法案中，有的向 25 万名十八岁到二十八岁之间的男性失业公民提供了工作（CCC）；有的允许向各州赠款实行以工代赈（FERA）；有的创建了负责调控剩余农作物以提高农产品价格的机构（AAA）；有的建立起独立的公共机构管理大坝和发电厂的修建并发展农村电气化（TVA）；有的要求向投资者全面公开有价证券信息；有的移除了美国的金本位制度，使所有合同和公共债务均可用法定货币进行偿付；有的授权批准了国家就业系统；有的建立起联邦存款保险公司来向低于 5000 美元的个人银行存款提供保障（FDIC）；有的创建了房主贷款公司为非农业人口再次提供住房抵押金（HOLC）；有的为农产抵押提供长期低息贷款；还有的制定了更好的费率厘定规则，帮助改进铁路的运营。《国家工业复兴法》推动建立了公共工程署，用大型公共工程的建设刺激经济复苏，同时保障工人运用自由选举代表的形式进行组织和交易的权利。

到国会百日特别会议结束为止，一个极为庞大而多样的经济改革已经开始实行了。农民、工人、工商业者全都受到了影响。通过这些法律，国家开始承担起责任，开始帮助失业者、保障银行存款、保护个人房主和农民以及建造大型公共工程项目。

虽然如此，大萧条仍然在持续。到 1933 年末，大部分美国人的收入降至原来的一半。100 万名甚至更多的人因为无力支付房租或者房贷被逐出了家门。大约 9000 家银行和 8.6 万个公司倒闭。一蒲式耳燕麦可以让农民得到 10 美分，而这比种植作物的成本还要低上几美分。在这个可怕的时期，大约 2000 万名美国人需要靠某种形式的联邦救济维持生计。

国会对行政长官愈发依赖，认为只有行政长官才能让国家摆脱大萧条状态的局势不断在现实当中得到证明。其中，最明显的一次要属行政机构提议的《互惠贸易协定法案》。该法案允许总统提高或者降低现存关税税率最高至 50% 以对其他国家的关税举措做出同等回应和让步。共和党众议员强烈反对这项提案，声称该法案违宪，因为任何旨在增加税收的法案都必须由众议院起草通过。所以，民主党修正了这项法案，把总统的谈判权限制到三年以内，而且规定三年之后的任何协议都将被终止。法案最终得以通过，由罗斯福于 1934 年 6 月 12 日签署生效。自此，国会把一个把持了一百五十多年的至为重要的权力让与了行政部门。

国会还在 1934 年 6 月 6 日成立了证券交易委员会。这个委员会负责防止股票价格受到操纵，并控制证券市场中的投机活动和不公平待遇的出现。6 月 7 日通过的《企业破产法》试图帮助不能承担债务的企业进行重组。《联邦农业抵押没收法》增加了农民贷款的优惠条件，尽量防止农民财产遭到没收。

1934 年中期选举，也就是习惯上执政党应该失去一些席位的时候，共和党人却遭受了不小的打击。他们一直希望国会里己方议席能够有所增加，却没想到这回他们反倒在参众两院全都丢掉了席位。正如一位历史学家指出的那样，共和党历史上还没有哪次竟然遭受了如此巨大的损失。现在，他们在众议院只剩下 103 位议员，而民主党和独立派则分别占据了 322 席和 10 席。参议院中的情况一样糟糕。民主党占有 69 席，而共和党和独立派则分别有 25 席和 2 席。

但是，反对富兰克林·罗斯福政策的势力却在全国逐渐兴起。他们有的是保守商人，认为他宠爱工人并把整个国家拖向破产边缘，还有的则是思想激进的左派分子。比如，路易斯安那州参议员休伊·朗提议划分国家财富，保证给予每家每户每年最低 2500 美元的工资。而来自底特律、拥有庞大广播听众群的查尔斯·库格林神父抨击罗斯福，认为他就是华尔街的工具。加利福尼亚州的弗朗西斯·汤森博士则要求六十岁以上的老年人每人每月得到 200 美元退休金。

在 1935 年 1 月 4 日向国会递交的年度报告中，富兰克林·罗斯福抛弃了第一次新政中的大部分内容，勾画出了全新的社会改革图景，历史学家称之为“第二次新政”。首先，50 亿美元的以工代赈项目由 1935 年 4 月 8 日颁布的《紧急救灾拨款法》授权生效，公共事业振兴署随之建立起来。罗斯福邀请福利国家的主要倡导者哈里·霍普金斯掌管这个机构。该机构为全国的专业人才，如音乐家、演员、作家、历史学家，还有大学生、办事员、秘书和其他待业工人提供工作。在接下来的六年里，公共事业振兴署花费超过 110 亿美元，为几百万美国人提供了就业机会。

紧随《紧急救济法》到来的法律和部门有《土壤保持法》（4 月 27 日）、农村电气化管理局（5 月 11 日）、《紧急救济法》授权行政部门建立的国家青年管理局（6 月 26 日），还有也许是其中最重要的一个——《社会保障法》（8 月 14 日），该法确定建立一个联邦级别的系统负责管理失业补偿金和退休金，从而把原先属于家庭和地方政府的责任转移到了联邦政府。法案规定，从 1937 年 1 月 1 日起开始向雇员得到的工资和雇主应付的工资强制征税，但不会在 1942 年前支付退休金。1939 年法案得到修订，将原先的 1942 年提前到 1940 年。然而，该法的执行范围并没有覆盖家政工人、农业工人、公共部门员工，还有某些专业人才。直到后来，该法获得修订，更多的人员才被收入其中。

8 月 23 日通过的《1935 年银行法》具有同等重要的地位，因为它是自《联邦储备法》颁布以来唯一一个对后者的基本原则进行修订的法律。通过这项法律，一个新的理事会开始管理以至完全控制银行利率、存款准备金率和联邦储备银行的公开市场业务。

早先，在7月5日，《国家劳动关系法》（也就是人们熟知的由纽约州参议员罗伯特·瓦格纳主倡的《瓦格纳法》）在当局协助下创立了负责监督和审查劳资双方代表谈判的理事会。法案将政府放在协助工人获得集体谈判权的位置上，并要求资方允许他们的工人在企业内部和平建立工会。《瓦格纳法》和《社会保障法》可以说是第二次新政中最激进的两个法律。此外，《股权公司法》（8月28日）解散了大型电力和燃气控股公司，并将这些公司的财务运营置于证券交易委员会的监督之下。该法最终废除了控股公司。

尽管富兰克林·罗斯福在国会赢得了诸多战果，但第一个任期即将结束时他还是需要面对来自民主党和共和党保守派一方不断增长的反对势力。更为出乎意料的是，他还需要面对最高法院的反对。在1935年5月27日，经过一致决定，法院在“谢克特家禽公司诉美国案”中推翻《国家工业复兴法》中的行业代码规定。法院认为，一方面，国会错误地向私有工业授权，而且妨碍了从事州际活动的商业和贸易；另一方面，国会还将立法权授予了行政部门，而这种授权是根本没有宪法依据的。翌年1月，在“美国诉巴特勒案”中，法庭宣称《农业调整法》批准付款给农民以保持土地停产状态属于违宪，因为这项法律侵占了各州在州际贸易上的权力。而后，1936年5月，在一起烟煤案件中，法庭宣告《煤炭保护法》无效，认为采煤是当地行为。通过这种方式，最高法院有效地使总统和国会处理大萧条的能力瘫痪了。在一些案件中，最终判决仅仅来源于刚满半数的投票，批评者认为，法院甚至是在试图用司法判决进行立法。

批评者坚持强调，应该通过移除最高法院的司法审查权，或者要求宣称法律违宪必经全体同意，又或者允许国会以三分之二多数票推翻法庭判决（即与推翻总统否决一样的程序和权力）的方式以对其进行约束。

当罗斯福又以绝对优势赢得了1936年总统竞选的胜利，击败了共和党推举的堪萨斯州候选人阿尔弗雷德·兰登时，事情终于来到了紧要时刻。在选举会议上，民主党人废除了三分之二多数票才能获得提名的传统——

这是自 1832 年第一次民主党大会就确立下来的规则——而以简单的半数原则代替。在其提名演讲中，罗斯福谴责了这个新的“披着法律裁定外衣的专制独裁做法”。共和党的纲领公开地抨击了罗斯福新政，认为它粗野地侵犯了宪法并指责罗斯福篡用国会权力。

但是，富兰克林·罗斯福的广受欢迎为他赢得了 60.4% 的选民票以及除缅因州和佛蒙特州之外所有州的支持。大量民主党人在他的治下进入联邦或州政府工作。民主党在众议院再一次得到了压倒性的多数——333 个席位，而共和党只有 89 个席位；参议院中则为 76 席对 16 席。由于受到如此强烈的支持的鼓舞，罗斯福不甚明智地决定调整最高法院的人员配置。他计划请求国会授权，指派新法官以代替老法官。这些老法官已经至少在法院服务了十年，而且在他们已经达到七十岁的头六个月中未有退休的动向。实际上，在最高法院的这 9 名成员（被人们笑称为“九老”）中，6 位已经超过了七十岁。人们很清楚，富兰克林·罗斯福是在向法院近期对新政诸多重要项目的不利判决进行复仇。如果这样的计划得到国会认可，法院的法官人数将被扩展至 15 名。而且，由于富兰克林·罗斯福将提名其中 6 人，一个多数支持新政的法官队伍就将被组建起来。总统选择不事先把自己的意图通知国会中的政党领袖，原因很简单，如议长威廉·班克黑德所言：“他知道这样做一定会搞得天塌地陷。”

事实果真如此。最高法院的神圣和不可侵犯是为人们公认的，其立于政治和党派偏见之外的传统是为美国人民理解和欣赏的。然而罗斯福却仅仅看到了它的保守倾向和其对社会经济改革明显的反对意见。所以，他坚持实施他的“法院填塞”计划。很多美国人将他的计划看作是肆无忌惮的、试图毁灭司法系统独立的做法，而这种做法也让很多怨恨他对立法机关的设想但又不想得罪自己的选民而保持沉默的国会议员与其渐渐疏离。不过既然总统选举已经过去，他们也无须再对表现自己的不满有所顾忌了。实际上，民主党中已经产生了一个以地区和意识形态为分界的大裂口。一个新的保守的两党联盟已经在南方民主党人和北方共和党人间出现。他们不再惧怕公众报复，因为他们知道选民一定会抵制任何人干涉最高法院的事务。来自得克萨斯州的众议院司法委员会主席哈顿·萨默斯对此感到十分高兴。“孩子们，”他高喊，“偿债的日子已经到了。”

说起来，富兰克林·罗斯福的决定本身也不太合时宜，因为在 1937 年 3 月，最高法院其实已经表现出了对新政某些目标的肯定和同情，而且已经认可了几项重要的立法。一个最低工资法案得到了支持（“西海岸酒店诉帕里斯案”），国家劳资关系法也同样得到了认可（“国家劳资关系委员会诉琼斯－劳克林钢铁公司案”）。最重要的是，法官们在“斯图尔德机器有限公司诉戴维斯案”中认可了社会保障的相关立法。通过这些裁定，法院最终结束了和总统的争执。可以说，富兰克林·罗斯福丢掉了战役，却赢得了战争。“法院填塞”方案由一个较弱的措施取代，他也被迫在 1937 年 8 月 26 日接受了《司法程序改革法案》。该法案允许联邦法官七十岁后全薪退休，但并没有授权委任新的联邦法官。这样，“九老”中的部分届龄者退休之后，总统及时地用新政支持者填满了最高法院，于是“罗斯福法院”就得为后来每一个重要的新政法案提供合宪支持。

填塞计划的失败对现在倒带来了一个有益的结果，那就是行政和立法分支机构的平衡终于得以恢复。富兰克林·罗斯福再也不能期盼国会接受他的每个愿望了。如果总统还想为更具争议的法案获得认可，那么对国会特权的适当尊重就变得十分必要。从此以后他发现，预先与国会的领袖进行协商、试着达成他们的需求和愿望变得愈发有用。

1937 年 9 月 1 日《国家住房法案》的通过便是运用这一方法达成的一项十分重要的成就。参议员罗伯特·瓦格纳多年以来一直致力于此法的颁布，但始终被众议院驳回。住房委员会主席亨利·斯蒂格尔认为这项措施在财政方面十分鲁莽，而且具有社会主义倾向。于是罗斯福在此介入，用个人魅力劝说斯蒂格尔允许委员会通过这项法案，进而可以使国会其他议员继续参与投票；他很清楚，一旦法案进入国会，一定会得到大多数人的同意和认可。出于对党派的忠诚，斯蒂格尔同意了罗斯福的建议。由此，

《瓦格纳－斯蒂格尔住房法案》得以通过，美国住房管理局，也就是内政部下为低价住房提供5亿贷款的公营公司，也随之建立起来。到1941年为止，管理局已经为包含16.1万间公寓的500栋廉租房提供建筑资金，总额达767,526,000美元。

1938年初又一次出现的剧烈衰退，一定程度上是因为罗斯福力图平衡预算，同时又要强征社会保障税，这种做法导致了工业萎缩，失业人口增加和又一次的股市下跌。几个新增的新政法律和措施相应出台，数十亿美元输入到公共事业振兴署和农业调整局中。1938年出台的《最低工资和工时法》不仅禁止使用童工而且强制规定了每小时的最低工资为25美分，后来涨到40美分，并且规定首年一周工作时间最高不超过44小时，第二年后不少于40小时。将近100万工人因此受益。

《食品、药品和化妆品法案》于1938年6月通过，拓宽了1906年《纯净食品和药品法》的范围。该法要求食品、药品和化妆品制造者在产品标签上列出产品成分和配料，禁止虚假和误导性广告出现。违反此法将被罚以重金。

新政过程中的一个重要变革就是开始鼓励工人运动的发展。工人们得到了可以与大多数工厂的管理者处在平等地位上进行交涉的权利。来自纽约的国际雪茄制造商联盟的创建者阿道夫·斯特拉瑟和塞缪尔·冈珀斯在1886年建立了美国劳工联合会，该组织中的人员大部分是技术工人。冈珀斯从1886年开始除一年例外每年都被选为主席，直到1924年去世。他致力于引领联盟中人获得更高的薪水和更短的工时，而不是想发起形式更为激进的、意图为包括非熟练工人在内的全体工人带来全面彻底改革的工人运动。到1936年，一些工人领袖，其中比较著名的有煤矿工人工会的约翰·路易斯、服装工人工会主席悉尼·希尔曼和大卫·杜宾斯基，他们要求劳工联合会在不考虑行业情况下组织工会，以便让还未组织工会的行业如汽车、钢铁和橡胶工业可以形成联盟。年老保守的劳工联合会拒绝了这个请求，于是路易斯就和其他人一道在1937年创建了独立的劳工组织——产业工会联合会。这个联合会不久就联合了钢铁、汽车和其他工业，尽管工人们有时还是会采取静坐罢工的方式拒绝离开工厂，直到管理者同意会见他们的代表并和他们进行公平的谈判。罗斯福通过拒绝派遣军队结束静坐罢工的方式支援工人。由于他的积极配合和支持，新生的劳工组织迅速发展壮大起来。到 1941 年为止，产业工会联合会的会员数已经接近 500 万，美国劳工联合会的成员数也稍多于 450 万。后来，1955 年，两个组织合二为一。

总而言之，新政的结束很大程度上因为国内国外均有大事发生。欧洲经济危机使阿道夫·希特勒在德国掌权，把整个欧洲变成了一个炸药桶。早些时候，贝尼托·墨索里尼在意大利建立起法西斯独裁政权，约瑟夫·斯大林也在苏联开始了统治。这三个统治者都选择要干涉西班牙国内爆发的战争。希特勒和墨索里尼向对西班牙共和政权发起战争的弗朗西斯科·佛朗哥将军及其法西斯军队提供军事援助，斯大林则向共和派伸出援手，人们开始担心法西斯主义和共产主义的竞争会逐渐扩大为全世界的矛盾。罗斯福非常渴望发起一些行动，建立起各国的集体安全（同时隔离那些威胁国际局势稳定的国家）。然而，一方面，强烈的孤立主义意识在美国仍然有着很深的根基，任何与欧洲的协作行动都必定会立即引起关心此事的选民的敌意。另一方面，人们对共产主义的恐惧在整个国家四散蔓延，任何企图渗透进国家和企图破坏美国人价值基础的激进思想又都在要求加强国防建设。所以，富兰克林·罗斯福便放弃了所有与欧洲方面合作的计划，转而将注意力转到了美国自身的军事准备上。此外，他还请求国会拨款 10 亿美元用于军事防卫并建立一支两大洋海军。

由于人们对共产主义的恐惧与日俱增，众议院于 1938 年 5 月 26 日建立了一个委员会，负责调查“美国境内反美宣传活动的范围、特征和目标”。来自得克萨斯州十分激进的仇外和反新政民主党人小马丁·戴斯领导这个委员会。他宣称，罗斯福政府里充斥着“共产党人、社会党人，还有‘普普通通的空想家’”。内政部部长哈罗德·伊克斯则对此予以回击，称戴斯为“美国政治史上最为杰出小丑”。

1938 年夏天，戴斯领导的委员会开始了在全国范围内的聆讯。这些聆讯专注于共产主义，却完全忽视了法西斯主义的威胁。目击者提出了很多无事实根据的指控，被指控者几乎没有权利进行辩驳。在聆讯刚开始的几天里，大约有 640 个组织、483 家报社和 280 个工会被认为与共产主义有关联。起初，委员会的存在时限仅为八个月，但全国上下对共产主义威胁不断增加的担忧导致议员们每年都在延长委员会的存在时限，直至 1945 年。同年，该委员会改名为众议院反美活动委员会。

到 1938 年至 1939 年冬春时节为止，国会开始以拒绝行政部门请求更多救灾拨款、否决住房法案和废除利得税的方式终止新政的进一步扩展。“看在上帝的分上，”几个国会议员向总统的新闻发言人说道，“不要再给我们任何有争议的法案了。”而且，由于富兰克林·罗斯福也不太可能参加 1940 年第三个任期的竞选，国会议员们也就不再害怕罗斯福会利用选民的投票对他们造成伤害或者通过控制任免权要求他们必须忠诚了。所以，现在，当他们反对他的请求时，他们就敢于向他挑战，而不是像以前一样保持沉默。

新政本身还受到欧洲方面事态发展的影响。德国总理希特勒一方面宣布《凡尔赛和约》无效，另一方面开始公然践踏条约、重整军备。英国和法国没有做任何事情阻止这种行为。接着，希特勒又派遣军队前往非军事化的德国莱茵兰地区，并与意大利和日本缔结了军事联盟。此外，德国军队侵略并占领了奥地利，又与斯大林签署了《苏德互不侵犯条约》。这个条约的不公开部分规定波兰西部让与德国，而俄罗斯方面则可以得到爱沙尼亚、拉脱维亚、波兰东部、比萨拉比亚和后来的立陶宛。希特勒随后扬言，如果不能交出住有超过 300 万具有日耳曼血统的居民的苏台德地区，捷克斯洛伐克就将遭到德国入侵。不久之后，贝尼托·墨索里尼显然是受到了他的德国盟友所犯罪行的鼓舞，开始大举进犯阿尔巴尼亚。1938 年 9 月 28 日，英国首相内维尔·张伯伦和法国总理爱德华·达拉第在慕尼黑会见了希特勒和墨索里尼，同意瓜分捷克斯洛伐克。结果，当张伯伦回到英国，他便坚信，“我们这个时代的和平”已经得到了保障。

假使英国和法国一同反对希特勒并对他在国外的冒险行为发起挑战，后来的事情又会如何呢？这样想尽管有趣，却也无用。它们害怕挑起另一场世界大战，所以它们保持了沉默，不过也就因此导致了欧洲和平和稳定的进一步崩塌。

在美国，人们仍然认为国家应该远离欧洲事务，经济的恢复应该远远优先于“在全世界寻找需要消灭的妖怪”。全国各地有组织的和平力量都在提醒着国家领袖们，选民既反对战争，也不愿意受到欧洲牵连。孤立主义精神仍然持续，华盛顿方面对此也有非常清晰的认识。

然而，局势突然之间发生了变化。1939 年 9 月 1 日，希特勒入侵波兰，英法两国在两天之后向德国宣战。斯大林也于 9 月 17 日进攻了波兰，完成了之前与希特勒的协定。9 月 29 日，两个国家就把这个倒霉的国家彻底瓜分了。接着，斯大林又在 11 月 30 日入侵芬兰。令人惊讶的是苏联并没有能够击败芬兰将之吞并，而是在 1940 年 3 月 12 日与其签署了和平条约。同时，1939 年 9 月 21 日，罗斯福提请国会召集特别会议，并请求废止《1937 年中立法案》中禁止美国向交战国出售武器的军火禁运条款，从而使英国和法国可以从美国购买军事装备。欧洲不断扩散的冲突愈发严重，以至国会不得不接受了富兰克林·罗斯福的请求，通过了《1939 年中立法案》，该法案批准交战国可以通过“现购自运”的方式购买武器和军需品。

一段相对安静的时期来临。希特勒在这段时间里准备着春季攻势，报纸也将这段时间称为“静坐战”。随后，1940 年 4 月 10 日，战争突然爆发，德国发动了闪电战，坦克、俯冲轰炸机、空降部队和摩托化步兵在中立国领土上全速行进，瞬间出现在丹麦、挪威、荷兰、比利时、卢森堡和法国的领土之上。驻扎在法国的英国军队 5 月底从港口城市敦刻尔克仓促转移，861 艘大大小小各式船舶参与救援，把超过 30 万的英国和法国部队送到了对岸。张伯伦引咎辞职，温斯顿·丘吉尔于 5 月 11 日继任。6 月 16 日巴黎被攻陷，法国政府请求停战，德国便由此占领了欧洲大陆的大片地区，包括法国北部和西部的全部土地。仍旧留在法国的人员被移交给一个匆忙在维希组建起来的政府，由年老的激进反共主义者亨利·菲利浦·贝当元帅领导。意大利向法国和英国宣战，人们因此陷入了深深的恐惧，害怕纳粹会从法国和挪威两个方向对英国发动全面入侵。不过，希特勒却在此时将注意力转到了巴尔干半岛，侵占了罗马尼亚和保加利亚，横扫了南斯拉夫和希腊。

由于担心美国很快也会被拖进泥潭，罗斯福请求国会拨款 12 亿美元加强国防，并于 1940 年签署了第一个《税收法案》，提高联邦债务上限至 40 亿美元。他还提请国会通过《义务兵役法案》（或称草案），并于 9 月 16 日获得了同意。这也是第一部和平时期颁布的兵役法。该法规定二十一岁到三十五岁之间的所有男性均需注册，而后参加为期一年的军事训练。10 月 29 日，第一批应征者正式入伍。

显然，美国对同盟国的遭遇十分同情，罗斯福则是顺水推舟。9 月，他将 50 艘老旧但仍可服役的美国驱逐舰转让给了英国，使英国皇家海军可以搜寻纳粹潜艇并为商船安全渡洋护航。作为回报，英国则把从纽芬兰到英属圭亚那的八个海军基地的使用权交给了美国。

1940 年秋季的总统选举日益临近，两个主要政党都积极提倡增加对英国的援助。共和党本希望提名一个坚定的中西部反干涉主义者，比如来自密歇根州的参议员阿瑟·范登堡或者俄亥俄州的罗伯特·塔夫脱，但是美国人却对德国在整个欧洲掀起的风浪和其在法国政府的倒台过程中所展现的军事力量表现得十分恐慌。所以，在选举大会上，共和党代表们选择了纽约州的温德尔·威尔基。他曾经是一个重要公用事业公司的总裁，也是前民主党人，积极倡议给予英国额外援助。其竞选伙伴是俄勒冈州参议员查尔斯·麦克纳里。

富兰克林·罗斯福放出消息，让人们知道他会接受第三个任期的提名，尽管这将违背从乔治·华盛顿开始就确定下来的连任两届传统。民主党人事实上根本没有什么选择的余地。享有极高声望的总统赢得的是全国的支持，谁也无法否认和拒绝。于是，罗斯福在第一轮投票中就得到了全体的一致同意，获得了提名权。接下来，他选择了有左倾倾向的农业部部长亨利·华莱士提名副总统。

选战初期，2个总统候选人在国内和国外政策上几乎没有差别。实际上，威尔基认可兵役法草案和向英国转让驱逐舰，直到开始指责罗斯福正在带领国家走向战争，他才试图让自己和富兰克林·罗斯福有所区别。而总统则回应了这种说法，并向美国人民保证，他绝不会派遣美国人参加任何一场国外战争。

罗斯福再一次赢得了大选胜利。他以将近500万张选民票（从1936年的1100万张选民票跌落至此）和449张选举人票连任三届，威尔基则获得了45%的选民票以及仅仅10个州支持的82张选举人票。

1940年12月初，富兰克林·罗斯福收到了来自温斯顿·丘吉尔的请求信。在信中，丘吉尔解释了英国对弹药、飞机和其他战争期间所需军用物资的迫切需求，并且承认英国政府无力支付这笔费用。由于德国潜艇攻击越发频繁，英国急切地需要美国的援助以维持北大西洋补给线的畅通。罗斯福因此制定了《租借法案》来解决这个问题。他先是在12月17日召开了记者招待会，十二天后又在收音机里发表了炉边谈话，在谈话中他向美国人民解释了向英国提供装备和物资以对抗法西斯主义获得战争胜利的必要性。“我们必须成为民主制度的大型兵工厂。”他宣称。在这次炉边谈话结束时，他说道：“我号召我们的人民要拥有绝对的自信，我们共同的事业一定会获得巨大的成功。”罗斯福让人们明白，通过这种租借，美国将从此完全致力于击败邪恶的德国。

《租借法案》于1941年1月初正式提上国会议程。经过了长时间充分的辩论，两院均在3月11日前以绝对多数通过了这项法案。罗斯福立即签署使之生效，接着便请求拨款70亿用于购买材料；这个要求不日也获得了同意。《租借法案》允许任何国家接受美国销售、转让、交换或者租借的武器、弹药和其他任何物资和装备，只要总统认为该国国防对美国至关重要。总统还要求国会对他所称的“四种自由”而战的那些国家给予支持和帮助，这四种自由包括言论自由、信仰自由、免于匮乏的自由和免于恐惧的自由。

尽管罗斯福仍然希望美国远离战争，但他也的确愿意用所有必要的手段保证德国战败。甚至当德国U型潜水艇击沉了美国驱逐舰造成伤亡之时，他都没有向国会请求对德宣战。但他也确实公开谴责了德国潜水艇的“海盗”行为，并且命令美国海军军舰一旦见到U型潜艇出现在冰岛西部海域就立马对其射击。此外，1941年6月21日德国开始入侵苏联时，他也立即向苏联保证他们会在最短时间内得到租借援助。罗斯福把所有可能向美国宣战的借口都交给了希特勒，然而这个独裁者却没有愿望也没有实力来迎战这个整装待发的敌手了，因为他已经在其他地方用上了自己的全部军队。

1941年8月，罗斯福和丘吉尔在纽芬兰沿岸的“奥古斯塔”号军舰上会面，商定了能够为人类带来更好未来的八项原则。这份被称为《大西洋宪章》的文件呼吁人们远离独裁统治，夺回自治权利。它还呼吁海洋自由和正义的和平，希望所有国家都有平等的机会获得原料，并能结束军备竞赛。

早在1931年，日本就开始了对中国的军事侵略，控制了东北地区，接着又在1932年3月建立起了被称为“满洲国”的傀儡政权。在与德国和意大利结盟（三国同盟）之后，日本成为轴心国中的一员，承诺在战争时互相援助。而后，企图得到法属印度支那的日本又与法国的维希政府签订了协议，后者允许日本在印度支那建立军事基地。

日本在亚洲地区不断加强的侵略势头促使罗斯福在1941年7月26日发出严正警告，宣布放弃《1911年日美商业条约》并停止向西半球外所有国家（除英国）运输钢材和铁屑。这项禁令直接指向日本，造成了日本国内的强烈不满。实际上，东条英机和其他日本军国主义者将之视为敌对行为。由于维持经济所需的一半原油和钢铁来自美国，如果日本还想保持其独立发展的现代工业国家地位，就必须恢复两国间的贸易关系。因此，日本也一直试图通过谈判和一次又一次的让步来解决问题，比如承诺不会进攻苏联，并且保证如果美德交战，日本不会因三国同盟的约束向美国宣战。但是国务卿科德尔·赫尔想要的比这更多。他要求日本退出中国领土，而这在日本是完全无法接受的。反过来，日本也坚持希望美国撤出对中国领导人蒋介石的支持，而这个提议也遭到了赫尔的拒绝。

既然已经形成僵局，日本便决定转向暴力解决这个问题。1941 年 11 月 20 日，在山本五十六的指挥下，一支航空母舰舰载机队从日本出发前往夏威夷群岛，整个飞行过程中保持着无线电静默。12 月 7 日即周日早晨，三波导弹轮番轰炸了位于珍珠港的美国海军基地。尽管几次接到日本可能将要发动袭击的预警，轰炸还是出其不意地降临了，但行政机构未能及时把可能发生的情况通知给驻守在夏威夷的军队和海军将领，结果导致岛上的美军遭受重创。19 艘舰艇沉没或者无法运行，其中包含 8 艘战列舰。100 多架飞机被毁，2000 多人罹难。除了珍珠港，日本部队还袭击了美军在菲律宾、关岛、中途岛、香港和马来半岛上的海军与空军基地。驻扎在菲律宾的美国空军几乎全军覆没，因为当空袭来临时，地面上的飞机还没有起飞，便在马尼拉附近的基地内悉数被毁。显然，无论是华盛顿的领导人还是当地的指挥官都没能搞清日本的军事实力。罗斯福、霍尔和菲律宾武装部队总指挥道格拉斯•麦克阿瑟将军都完全不知道日本究竟有何意图，所以美国就遭受了到那时为止整个美国史上最为惨烈的军事失败。

当时，罗斯福刚刚吃完午饭，战争部长亨利・史汀生就向他通报了珍珠港遭到袭击的消息。总统当天晚上即召集国会领袖与他会面。翌日，他便出现在参众两院的联席会议上，在一位众议员，同时也是他的儿子詹姆斯的帮助下艰难地走上讲台，对所有议员、阁员、最高法院法官和各国外交使团的一众使节发表了演说。

“昨天，”总统以十分坚定的语气开始演讲，“1941 年 12 月 7 日——一个将与‘耻辱’二字永远捆绑在一起的日子——美利坚合众国遭到了日本帝国海军和空军早有预谋的突然袭击……我请求国会宣布，由于 12 月 7 日星期日这一天日本无缘无故且卑鄙下流的袭击，合众国与日本帝国已经进入战争状态。”

联席会议于中午十二时四十分结束，参议院议员返回自己的议事厅进行投票，一致同意宣战。而在众议院，来自蒙大拿州的珍妮特・兰金投出了与 1917 年宣战时相同的反对票，除此之外的其他人则一致通过了这项决议。随后，参众两院的决议被紧急送往总统处，由罗斯福在下午四时十分签字生效。三天以后，即 12 月 11 日，德国和意大利遵照三国条约同时向美国宣战。同日，国会也以类似的宣战回应了德意两国；这一回，兰金只投出了“列席”票。

自 1939 年起便一直担任陆军参谋长一职的乔治·马歇尔将军依旧取得了相同职位直至战争结束。欧内斯特·金上将被选为海军作战部长。后来马歇尔和金分别得到了全新的陆军五星上将和海军上将头衔。

由于在珍珠港发生的“卑鄙下流”的袭击，美国人民对日本人的气愤、恼怒和复仇的饥渴变得越发强烈，以至主要生活在美国西海岸的日裔美国人得到了一个世纪以前降临在美洲原住民身上的命运。他们遭到了驱逐。来自加利福尼亚、俄勒冈和华盛顿州的议员与其他公职官员、报纸和各种出版组织联合起来，抱怨美国西海岸在面对外国侵略时会显得十分脆弱，由此要求将日本的盟友和日裔美国人从他们的家园驱逐出去，重新安置在内陆地区。为了回应这种要求，罗斯福在 1942 年 2 月和 3 月发布了行政命令，授权战争部长指定某些区域作为军事禁区，并规定“不受欢迎者”不得入内。超过 10 万有日本血统的居民，其中包括沿西海岸分布的亚利桑那州日裔美国公民被移出了禁区，迁移到内陆那些只能被描述为集中营的地方。这个可耻的行为让很多人失去了自己的家园、生意、农场和大部分财产。1942 年 3 月 21 日，国会认可了这项行动。在未经辩论的情况下，参众两院一致通过了一项措施，规定在军事禁区内违抗军事命令属于犯罪行为，于是国会就成为严重侵犯美国公民基本权利的共犯。最高法院在此过程中也未能逃脱干系。它因该措施保障了国家安全而对其给予支持，且这与安德鲁·杰克逊迁移美洲原住民时的论断完全一致。

尽管如此，营中成千上万的日裔美国人还是自愿加入到对日和对德的战斗中。行政机构非常谨慎地将他们中的大部分派遣到欧洲战场。然而，待到他们作为军功累累的退伍军人回到家乡时，很多人却再难重新获得他们的财产和工作。

墨西哥裔美国人，尤其是居住生活在加利福尼亚州的那一部分，同样受到了十分不公的对待。他们是城市暴力的受害者。1943 年，这种暴力行为在洛杉矶发生的所谓“阻特装骚乱”中达到顶峰，当时的军人成为暴民，他们在街上走来走去，随心所欲地袭击和抢劫年轻墨西哥裔美国人。战争不仅能让最好的事物得以显现，也能让任何社会中最坏的特征得以暴露，对美国来说，这两点都无疑得到了验证。

全美上下都有一种感觉，认为这场战争是正当而正义的。能够与世界上邪恶的纳粹主义、法西斯主义和军国主义进行战斗，让人民在自己选择的政府的管理之下自由生活，使很多年轻人能够在珍珠港事件后继续选择参军服役。全国的义务兵役局登记了 3100 万人，其中 1000 万应召入伍。由马萨诸塞州众议员伊迪丝·诺斯·罗杰斯发起的《陆军妇女辅助队法案》于 1942 年 5 月获得通过，为军队中的妇女创造出多达 15 万个非战斗人员职位（主要为护士）。辅助队的成立，罗杰斯说，意在给予“妇女以爱国的方式自愿服务国家的机会”。几乎有 35 万名妇女在各陆军妇女辅助军团、海军志愿紧急服役妇女队和其他军种的类似小组中提供服务。超过 1500 万名美国人参加了第二次世界大战，其中 1000 万人加入了陆军，350 万人加入了海军，将近 60 万人在海军陆战队服役，还有 24 万人加入了海岸警卫队，可以说是美国历史上最大规模的人力调动。让人悲痛的是，大约 253,573 人在战争中不幸牺牲，651,042 人受伤，253,573 人失踪，114,205 人成为俘虏。

不可避免地，战争使总统的权力得到了极大的增强。无论是选民还是国会都希望他能够介入并控制美国的内政外交。1941 年 12 月 16 日，《第一战争权力法案》获得通过，紧跟着是 1942 年 3 月 22 日的《第二战争权力法案》，该法案授权总统“如果认为必要便可重新分配行政机构职能”以保障战争可以继续进行。战争费用攀升至数百亿美元，而财政部长亨利·摩根索又于 1942 年 3 月请求在 590 亿美元的预算中抽取 560 亿美元加强国防。

《1941 年税收法案》把税收水平提高到 130 亿美元，由此成为到那时为止美国历史上的最大单个税收法案。不过，《1942 年税收法案》更进一步，把超额利润税从 60% 提升至 90%，并把所得税从 4% 提升至 6%，同时又向总收入超过 624 美元的个人征收 5% 的“胜利税”。此外，免税线的降低还使数以百万计的美国人成为新的纳税人。实际上，这个法案也被描述为一种将“等级税”转变成“民众税”的所得税。在 1941 年到 1945 年之间，全国的战争费用达到了 3210 亿美元，稍稍超出了借贷额的一半。结果，美国的国债也由 1941 年的 490 亿美元涨到了 1945 年的 2590 亿美元。

1942 年 1 月 13 日，罗斯福任命唐纳德・尼尔森领导战时生产委员会，负责调动大量国家资源以使战争迅速结束。由威廉・努森领导的生产管理办公室则于 1941 年 12 月 29 日成立，专门协调军工生产并为英国及其盟友提供所需物资，同样负责此事的还有 1941 年 6 月 28 日成立的科学研究与发展办公室。价格控制和定量配给也在经济稳定办公室、审查办公室、战争信息办公室和策略服务办公室成立之后开始逐步实施。

令人十分惊奇的是，美国工业因为无限的政府信用生产出了战时装备，满足了产品高需求，产生了达成预期结果所必需的有效组织。美国的工厂生产了 7.5 万辆坦克、27.5 万架军用飞机和 65 万门火炮，造船厂建造了排水量达 5524 万吨的商船。也许没有其他哪个国家的经济还能得到如此有效而成功的管理。此外，由于科学研究和发展办公室的建立，美国的科学家还在英国同事们的帮助下发明了雷达，从此人们便可以从远处探测舰船和飞机是否存在。

不过在所有事物中，最重要的还是原子弹的发展。“曼哈顿计划”在陆军准将莱斯利・格罗夫斯的指挥下实施起来，科学家们开始秘密地建造这种至关重要的武器。这是一个为了赶在德国之前完成原子弹建造的紧急计划。尽管德国人在制作这种先进武器的道路上占得先机，美国还是以令人震惊的速度抢先完成了建造；相反，德国人最终却未能如愿。倘使德国在这场竞赛中赢得胜利，战争的结局也许就会发生变化。“曼哈顿计划”

中生产出的三枚原子弹耗资 20 亿美元。第一颗在 1945 年 7 月 16 日新墨西哥州的阿拉莫戈多试爆，一个全新的世界就从爆裂处诞生了。

与此同时，当匈牙利和罗马尼亚加入轴心国势力，意大利也在德国的帮助下侵略希腊并迫使其在 1941 年 4 月 27 日投降时，欧洲战争便进一步扩展开来。英国忍受着每日的空袭带来的痛苦，不断的袭击也迫使伦敦人寻找地铁和其他地下设施庇护。德国军队深深插入苏联并包围了列宁格勒。更糟糕的是，仍不为公众所知但已然极有体系的种族灭绝已经在波兰的奥斯威辛的毒气室中按部就班地开始了。

美国军队所参加的欧洲的第一次大规模行动是驱逐北非的意大利和德国军队。希特勒的非洲军团在陆军元帅埃尔温·隆美尔的指挥下同英国军队交战，希望夺取对埃及的控制，然而美国坦克适时赶到，阻挡了纳粹进军的步伐。接着，1942 年 10 月，英国将军伯纳德·蒙哥马利爵士及其军队发动了一场反击，在阿拉曼击败了隆美尔。接下来的一个月里，大量的英美联军在将军德怀特·艾森豪威尔的指挥下，经过漫长而痛苦的斗争于 1943 年 5 月 12 日降服了德国军队。至此，盟军恢复了从直布罗陀海峡到苏伊士运河的整个地中海地区的控制。同时，苏联人也在斯大林格勒俘获了一整支德国军队并且解除了列宁格勒的围困。

由蒙哥马利将军的第八军团和乔治·巴顿将军的第七军团组成的英美盟军从非洲出发。1943 年 7 月 10 日，盟军侵袭了西西里岛，并在激战之后于 8 月 17 日征服了该岛。接着，1943 年 9 月 3 日，盟军横渡海峡来到意大利半岛的“足尖”上。盟军袭击了萨勒诺、那不勒斯以南地区、安齐奥和罗马附近地区，然后再次遭遇了德国军队的顽强抵抗。直到 1944 年 6 月 4 日，盟军才得以攻陷罗马。墨索里尼的统治被推翻，本人也被捕获，但随即又被德国人救出并带到了北边的科莫湖。在那里，墨索里尼又试图成立一个政府。在这场占领意大利的战争中，美军伤亡人数超过 7 万。

亚洲战场，日本在对美宣战之后六个月便侵占了关岛、香港、新加坡、缅甸、泰国、马来半岛、荷属东印度群岛、新几内亚和菲律宾群岛。麦克阿瑟将军败北，虽然设法逃离了菲律宾但也承诺一定还会回来。由于日本赢得了众多胜利，整个西太平洋都已经处在它的控制之下。

然而接下来，因为日本海军在与美军作战时第一次遭受了巨大的失败，所以太平洋战场的局势开始向好的方向发展。同时，一支由航母和其他战船组成的舰队在山本上将的命令下前往中途岛。该岛位于夏威夷群岛西北方向 1000 英里，故而具有十分重要的战略意义。对美国来说，如果日本抢先夺得了中途岛，那么其后果将不堪设想。不过，美国专家当时已经破解了日本军用密码，由切斯特·尼米兹指挥的舰队也已经整装待发。1942 年 6 月 3 日，惊心动魄的战斗打响了，直到 6 月 6 日，3 艘美国航母“约克城”号、“大黄蜂”号和“进取”号派出的鱼雷轰炸机摧毁了日本舰队，击沉了对方的 4 艘航母、1 艘重型巡洋舰、3 艘驱逐舰，击落或摧毁了 275 架飞机。山本随舰队剩余部分撤退。这场战役阻止了日本东进，把夏威夷从可能被侵略的威胁中解救出来，恢复了太平洋战场海军实力的均势和平衡。

接下来，一系列成功的“越岛作战”相继到来：1942 年 8 月攻占瓜达康纳尔岛和所罗门群岛，1943 年 11 月攻占基里巴斯的塔拉瓦，1944 年夺取关岛和塞班岛，1945 年 3 月则拿下了硫磺岛。在随后的一个月即 1945 年 4 月里，海军陆战队向冲绳岛发起进攻并于 6 月 21 日成功占领了该岛。现在，由 24 艘战列舰、26 艘巡洋舰、64 艘护航航空母舰、323 艘驱逐舰和 1.5 万架战斗机共同组成的美国太平洋舰队气定神闲地驻扎在距离日本本土只有 350 英里的地方，等待着盟军的部署和安排。

1944 年 10 月 20 日，麦克阿瑟将军开始向菲律宾发起进攻。10 月 23 日到 25 日，双方在莱特湾展开了整个世界大战中最后也是最大规模的一场海战。战场延伸了几百英里，35 艘大小各异的航空母舰、21 艘战列舰、35 艘巡洋舰，上百艘驱逐舰、潜艇、鱼雷快艇和超过 1500 架飞机参加了这次战役中相互独立的四次战斗。由于海尔赛上将及其第三舰队受到敌人引诱向北航行，留下克利夫顿·斯普拉格上将单独保护菲律宾群岛，美军险些遭到全歼。然而日军却在失去了 4 艘航母、2 艘战列舰、9 艘巡洋舰和 9 艘驱逐舰之后突然从战斗中撤出。于是，美军立刻攻入菲律宾群岛的主岛吕宋岛，又在1945年2月23日占领了马尼拉。

1943年1月，罗斯福在卡萨布兰卡会见了温斯顿·丘吉尔，双方一致同意要求将德国的“无条件投降”作为唯一可以接受的结束战争的方式。为了达到这个目标，盟军首先占领了意大利。接着，1944年6月6日，英美联军又在艾森豪威尔将军的指挥下发动了大规模行动准备夺回法国，史称“霸王行动”。大约17.6万名盟军将士登上4000艘登陆艇，在600艘战舰和1万架飞机的护卫下横渡英吉利海峡，并在长达59英里的诺曼底海岸线上登陆；由此，盟军终于开始收复欧洲。作为史上规模最大的两栖登陆行动，诺曼底登陆遭受了德军史无前例的抵抗和攻击。数周激战之后，盟军终于攻破了德国的防线，并于8月25日占领了巴黎。6支盟军部队的200多万士兵向齐格菲防线发动了猛烈攻击并最终将其摧毁。1945年3月7日，盟军渡过了莱茵河。

同时，富兰克林·罗斯福在上一年的11月赢得了第四个总统任期。他和他的竞选搭档，来自密苏里州的参议员哈里·杜鲁门以2600万张选民票和432张选举人票击败了纽约州州长托马斯·杜威和俄亥俄州州长约翰·布里克，后者得到了2200万张选民票和99张选举人票。人们选择杜鲁门当副总统，是因为他在领导一个负责调查国家防御计划的参议院委员会时所显示出的高超技巧和能力。他热爱美国历史并在这方面知识渊博，深知委员会不能像美国内战期间联合委员会一样，在战争行为的问题上犯下大错。

在东方前线上，苏联向德军发动了反击。1943年11月28日，富兰克林·罗斯福、丘吉尔和斯大林在伊朗德黑兰进行了会面，重新确认了斯大林加入战争、对抗日本并在战后建立国际联盟维护世界和平的承诺。随后，苏联便解除了列宁格勒的围困，重新夺取了斯大林格勒，将德国人赶出了苏联领土。

为了解决另一个战后可能出现的问题，国会通过了《1944年军人再适应法案》，该法案又被称为《兵士权利法案》，授权退伍军人管理局帮助二战后的退伍军人重新适应平民生活，为他们提供学业培训、医疗救助、贷款和就业计划。这些规定一经实施便立即收获了成果。十年之内，超过一半的二战退伍军人从法案里的一项或者多项中获利。

同时，盟军疾驰在欧洲土地上，而这回终于轮到德国受到不间断的毁灭性空袭。1945年2月4日到11日，罗斯福、丘吉尔和斯大林在雅尔塔会面，计划战后的欧洲版图和德国如何划分。两个月之后的1945年4月12日，富兰克林·罗斯福在佐治亚州的沃姆斯普林斯因脑出血去世。哈里·杜鲁门晋升为总统时，苏联军队恰好将要向柏林发动进攻；而丘吉尔则恳求艾森豪威尔阻止苏联率先攻占柏林。这位英国首相希望英美联军能够占领柏林，但艾森豪威尔却因为军事原因拒绝了这个请求。在他看来，防止德国军队逃入巴伐利亚山区的据点显然更为重要；他认为，夺取柏林抵不上美国和英国死去将士的生命。5月2日，德国首都落入苏联人手中，希特勒自杀身亡。5月7日，其继任者卡尔·邓尼茨元帅命令所有德国海军和陆军投降。翌日，德国代表在兰斯的艾森豪威尔司令部签署了无条件投降书。

1945年7月28日，参议院批准了《联合国宪章》，此举将美国托付给了国际主义的政策，而联合国也于1945年10月24日正式开始运行。尽管孤立主义在美国仍然没有完全消失，然而大量的美国人已经开始相信，这个国家是无法逃脱维护世界和平的责任的。

苏联最终于8月8日向日本宣战并出兵中国东北。当美国、英国和中国要求日本无条件投降时，日本予以回绝。于是，杜鲁门命令向广岛的军事基地和城市投放原子弹。8月6日，第一颗原子弹在广岛上空爆炸，造成16万人死伤。三日后，第二颗原子弹投到长崎，整座城市被夷为平地。

两颗原子弹最终达到了目的。8月14日，日本接受无条件投降，虽然可以继续保有天皇，但必须服从盟军在远东的最高指挥官道格拉斯·麦克阿瑟将军的命令。

于是，这场世界历史上最具毁灭性的战争，终于宣告结束。

第九章 冷战与民权

在第二次世界大战结束之前不久，哈里·杜鲁门以总统身份在国会参众两院的联席会议上发表了演说，承诺捍卫富兰克林·罗斯福一直以来所倡导的理念，并将终结“希特勒企图支配全世界的可怕威胁”。不久之后，墨索里尼被意大利游击队员擒获后处以绞刑，希特勒也在他位于柏林的掩体中自杀身亡。“解放世人的军队”，用杜鲁门的话说，已经击败了法西斯主义，但美国对共产主义及其可能向自由世界散播的恐惧在今后的几十年中越发强烈，而这个问题也逐渐成为塑造美国内政外交政策的首要问题。

众议院在 1945 年决定将戴斯委员会转化为反美活动委员会，虽然后者在第七十九届国会的民主党控制之下没有引发争议，但当共和党在 1946 年中期选举赢得了众议院多数席位之后，来自新泽西州的反美活动委员会主席帕内尔·托马斯便开始在 1947 年 10 月对电影工业进行聆讯。此事几乎成了每天各大报纸的头版头条。电影明星和工作室高管被招到委员会，并被要求说出他们所知的共产党员姓名。10 名被指控的编剧和制作人被问及他们加入颠覆性组织的详情。“好莱坞十君子”由此产生，他们向委员会询问政治信仰的权力发起挑战，并拒绝回答此类问题。于是，他们以蔑视国会的罪名遭到判决，随后便被列入黑名单、遭到监禁，而且丢掉了就业机会。后来，黑名单的范围不断扩大，电台主播和电视演员也被囊括其中。

1948 年 8 月，委员会的新进成员——来自加利福尼亚州的理查德·尼克松发起了对《时代》杂志编辑惠特克·钱伯斯的著名调查。这位前共产党员指控杰出的政务院前官员阿尔杰·希斯向他提供政府秘密文件，并把这些文件藏进一个南瓜壳里。希斯否认了这项指控。委员会始终不能判定二人谁在说谎，但最终还是判决希斯犯有伪证罪。

在国外，苏联控制了东欧，占领了柏林周边的德国领土。早些时候，这座城市被分为四个区域，每一个区域由苏联、法国、英国和美国这四大国之一控制。1946 年 3 月 15 日，在密苏里州的富尔顿，温斯顿·丘吉尔宣称“从波罗的海的什切青到大西洋的的里雅斯特，铁幕已经横跨整个大陆徐徐降落”。西方大国持续不断地催促东欧国家建立起民选政府，但斯大林显然无意允许这种新的甚至有可能怀有敌意的政府沿着苏联边境一个个成立起来。

于是，为了更进一步将西方人赶出柏林，斯大林在 1948 年 7 月 24 日切断了进入柏林的所有交通线路。杜鲁门用向柏林空运食品、燃料和其他必需品等物资予以回应。从 1948 年 7 月到 1949 年 9 月，在英国和法国的帮助下，大约有 250 万吨物资昼夜不停地运抵这座城市。

一场区别于热战的“冷战”，便由此在西方和苏联之间打响了。接着，1949 年 9 月 24 日，人们发现苏联已经引爆了一颗原子弹。整个世界突然之间变得十分危险，尤其是如果对抗者之间开始向对方投掷原子弹的时候。作为回应，杜鲁门宣布美国将着手开发和生产一种更为可怕的武器——氢弹。从此，人类文明的彻底毁灭不再是一种幻想，而变成了现实的可能。

为了认可随着核武器降临而诞生的新世界，国会在 1946 年 8 月 1 日颁布了《原子能法》，将原先开发了原子弹的战争部对原子能拥有的权力转交给了一个由总统指派、5 人组成的平民委员会。负责监督该委员会活动的，是由众议院议长任命的 9 人和参议院主席任命的 9 人所组成的原子能联合委员会。

美国还同意接受十二国签署的《北大西洋公约》，并于 1949 年 7 月

21日获得批准。公约宣称，对任何一个成员国的进攻将等同于对所有国家进攻。这十二个国家是英国、法国、西班牙、加拿大、比利时、卢森堡、荷兰、意大利、葡萄牙、丹麦、挪威和冰岛。此外，条约还规定建立北大西洋公约组织，由理事会领导，负责起草成员国防御计划。随后，1952年，希腊和土耳其也加入了北约。这个协议对美国来说是历史性的。这也是美国第一次加入和平时期的欧洲联盟。

在国内，战争的结束见证了经济需求的爆炸式增长。四年的牺牲让美国人对所有已经失去了很长时间的商品和服务表现出极大的渴望。个人和公司储蓄额接近500亿美元。不幸的是，市场上并没有足够的住房、汽车、家电和其他商品可供挑选。供不应求导致了价格飞涨。接着，当国会又把税收减少了大约60亿美元时，消费者手中的现金愈发多了起来，从而又加剧了供求失衡。

退伍军人返回家乡之后恢复了重新开始平民生活的热望，但是他们却在寻找适当住所和合适的居住条件时遇到了麻烦。多亏《兵士权利法案》，他们中的很多人开始进入或者重新回到大学完成他们的教育。其他人则选择攻读专业学位或者借钱购置住房。由此，房地产行业开始繁荣起来，从而又使新兴的社区如纽约莱维敦般涌现出来。

工人要求增加薪水。全国的工会容纳了将近1500万名会员，他们的领袖决心为人们寻求更高的薪水，使之足以维持在必要的水平上应付日益增长的生活成本。铁路工会开始鼓动罢工，威胁要让整个国家瘫痪，于是杜鲁门在1946年5月17日控制了铁路，向十八个工会提供了一个折中方案并最终获得认可。然而，工程师和乘务员并不接受这个方案，所以总统请求国会向他授权，在联邦控制的重要产业中出现罢工情况并且威胁到国家安全时，宣布美国进入全国紧急状态。罢工者将被征召入伍、失去工龄，领导者则会被罚款和监禁。众议院通过了这项措施，但参议院却没有跟风，因为到那时为止，参加罢工的工人已经陆续返回了自己的工作岗位。

一些运动使工人的处境进一步复杂化。约翰·路易斯带领他的矿工联合会为提高薪水和改善工作条件罢工。谈判失败后，各个矿山受到了控制。政府与他签订了一份新的合约，满足了路易斯的大部分要求，然而 1946 年 10 月他又提出了新的要求。政府这回拒绝让步，而且得到了联邦法官颁布的禁令的支持。路易斯违抗禁令又一次发动了罢工，最终导致了对他个人 1 万美元和对工会 350 万美元的罚款。政府这时与他签订了另一份合同，再次满足了路易斯的大部分要求。1947 年 6 月，问题最终得到了解决。

但是，国会对工会的愤怒情绪在 1946 年中期选举结束、共和党人控制了多数议席后终于爆发出来。1947 年 6 月，《塔夫脱 - 哈特莱法案》颁布。该法被一些议员认为是“有史以来众议院上提交的最恶毒、最具限制性和最具毁灭性的反劳工法案”。杜鲁门虽否决了这项法案，但国会宣布其否决无效。法律规定，只允许工会会员可以被雇用的封闭式店厂为非法；禁止如间接抵制和管辖权罢工等“不公平”工会活动的开展；允许雇主因罢工造成损失控告工会；要求总统在国家健康和安全堪忧时签发冷却期和临时禁令；禁止工会向政党进行政治捐献。这个法案对工会会员的投票习惯造成了巨大影响，导致原先投票给共和党的人们现在转而将选票投向了民主党。

苏联和西方之间的冷战在 1947 年初期愈演愈烈。其时，苏联向希腊共产党领导的反抗政府力量伸出援手，而后又向土耳其索要领土和在博斯普鲁斯海峡建立海军基地的权利。总统杜鲁门迅速予以回应，请求国会拨款 4 亿美元支援希腊和土耳其的军事和经济建设。“我相信，”他宣称，“美国的外交政策就是帮助那些自由的人民，他们正在抵抗由少数武装分子或境外压力所构成的企图征服自己的势力。”（后来这些言辞被称作“杜鲁门主义”。）通过确认一项由参议员阿瑟·范登堡提交的、大意是“只有当联合国安理会能够提供证据证明希腊和土耳其能够自己行动并且解决这些问题时，美国才会撤出其援助”的修正案，国会在 1947 年 5 月以压倒性优势通过了希腊和土耳其救援措施。这项法案标志着现行政策与美国传统外交政策的彻底分离，而且明确地表明，美国不会在欧洲试图从二战中恢复、苏联寻求扩大其实力并在世界各地扩大其影响力时袖手旁观、毫无作为。杜鲁门的演讲把共产主义定义为一种全球性威胁，这次演讲本身也成为未来美国在欧洲和东南亚地区进行军事干预的基本原理。土耳其和希腊得到的援助使两国成功顶住了苏联的压力，希腊内战也于1949年宣告结束。

但是，土耳其和希腊两国出现的问题恐怕还远远比不上西欧诸国所遭受的打击。法国、英国、意大利和德国以及其他一些国家纷纷濒临破产，而法国和意大利的境遇更是明显地展现出共产党接管国家政权的可能。美国已经以贷款的形式提供了一些支持，但也只是杯水车薪。于是，新任国务卿乔治·马歇尔设计出一个方案，并在1947年6月5日哈佛大学的演讲中概述出来。演讲中他提出，倘使欧洲各国能够提出一个全面的复苏计划，美国就会对它们进行援助，帮助它们重建凋敝的经济。他认为，他的计划并不针对任何特定的国家或者意识形态，但“却直指饥饿、贫穷、绝望和混乱”。欧洲十六个国家的代表随即在巴黎会面，并建立了负责为欧洲金融基础重建制定总体规划的欧洲经济合作委员会。该项重建预计需要美国提供164亿美元到224亿美元的资金援助。自然，苏联谴责“马歇尔计划”的提出是美国实现其帝国主义野心显而易见的阴谋伎俩，所以禁止其卫星国加入其中。

国会为是否通过欧洲复兴计划辩论了十个月，但真正扭转局势并让国会开始支持这项提案的却是1948年2月捷克斯洛伐克的共产党人夺取了国家政权。于是，3月31日，国会以压倒性票数通过了这项计划。4月3日，该计划由杜鲁门签字生效。1948年4月到1951年12月间，美国通过经济合作署向欧洲贡献了略高于120亿美元的资金。到1951年为止，欧洲不仅达到了战前的生产水平，而且其工业生产水平事实上已经可以保证在未来达到名副其实的繁荣。与此同时，东欧共产主义国家的经济却逐渐萎缩，这种情况的出现很大程度上是由于苏联人将一切可以加强自身经济需求的原料都运到了国内。

因为构成德国西部的三块同盟国地区被认为是欧洲工业中心，因而也是整块大陆复苏的关键所在；同时也因为苏联拒绝解决德国问题，美国和它的盟友协商，决定巩固它们控制的地区并将其纳入欧洲复兴计划。由此，1948 年 6 月，英、美、法三国占领区合并，翌年 5 月 23 日，德意志联邦共和国宣告成立。

尽管在面对苏联的威胁和柏林空运期间采用了极富政治家风度和才干的做法，杜鲁门的个人声望还是急剧下滑。他被看作是一位未能达到其前任所设标准的意外总统。更具毁灭性的是民主党内乱的产生。党内无论左派右派都对总统进行攻击，这让共和党人对 1948 年大选后双双控制国会和总统职位产生了厚望。右派一边，南方民主党人对杜鲁门在 1946 年指定成立民权委员会并催促国会颁布委员会建议从而根除种族歧视的行为大为光火。而左派一边，一些民主党人希望与苏联合作保障世界和平，谴责杜鲁门可能引发第三次世界大战的冷战政策。他们尤其怨恨杜鲁门 1946 年解雇商业部长亨利·华莱士的做法，因为他解雇的不是别人，正是民主党左派的一位领袖。

许多民主党领袖希望杜鲁门能够在 1948 年总统大选时撤下阵来，但他却固执地决定依靠自己的能力参加竞选、赢得胜利。7 月 12 日，民主党在费城召开提名大会，尽管事实上很多代表认为杜鲁门在普选时就会败下阵来，大会最终还是提名他和参议院多数党领袖阿尔本·巴克利分别竞选总统和副总统职位。当天深夜，杜鲁门终于来到代表们面前做出了激动人心的演讲。在演讲中，他向人们承诺一定在国会召集特别会议以解决对整个国家来说最为棘手的几个问题，尤其是民权方面的问题。

党纲中关于民权的相关条款引发了一场艰苦的混战。该条款呼吁成立一个永久性的民权委员会，并且要求联邦立法规定不得擅自动用私刑和收取选举税。尽管这场持久的斗争导致丑态毕现、乱象丛生，条款最终还是得到通过。于是，来自亚拉巴马和密西西比州的 35 名代表冲出了会场，挥舞着南部邦联的战斗旗帜向人们展现他们的一去不复返。几天之后的 7 月 17 日，来自南方 13 个州的所谓美国南部民主党人组成了州权民主党并在伯明翰召开了自己的选举大会。在那里，他们提名南卡罗来纳州州长斯特罗姆·瑟蒙德和密西西比州州长菲尔丁·莱特分别竞选总统和副总统。虽然他们并不希望最终赢得总统职位，但他们的确希望分化选举人团的投票意向从而让任何一个候选人都不能获胜，如此选举就会进入众议院，而他们便能够在那里通过谈判的方式进行投票，最终达到他们的目标。

正如民主党右翼脱离之后成立了第三党派，民主党左派不久也坐不住了。7 月 22 日，他们在费城召开了一个提名大会并且组建了进步党，推举亨利·华莱士和艾奥瓦州参议员格伦·泰勒为他们的总统和副总统候选人。他们在党纲中呼吁把某些基础工业国有化，并向苏联允诺了他们的友谊。

由于民主党已然分裂成了三个部分，人们普遍开始相信杜鲁门将被共和党提名的任何一个候选人击败。费城召开的会议上，大老党希望说服艾森豪威尔将军接受提名，还有一些代表则希望让来自俄亥俄州保守的参议员罗伯特·塔夫脱竞选总统；然而第三轮投票时，代表们却选出了富有魅力的纽约州地方检察官托马斯·杜威。他曾经成功地为一名高层黑手党头领定罪，展现了自己刚正勇敢的形象。随他参与副总统竞选的，是加利福尼亚州州长厄尔·沃伦。

由于选民十分反感杜鲁门，况且他所在的政党还是如此支离破碎，杜威简直不想发起一场积极有为的选战。实际上，他的方式可以说是过于悠闲以至让人感觉自己可以不费吹灰之力就能够得到总统职位。这显然是一个极大的错误。另一方面，杜鲁门却清楚地知道他是在为自己的政治生涯奋斗，于是，他沿着铁路踏上了竞选行程，向沿途的 1200 万美国人民发表了 351 次强硬有力的演讲。“给他们点颜色看看，哈里。”一些民众向他喊道。“加油干，伙计。”杜鲁门践行如斯。他痛责共和党控制的第八十届国会是“什么也不干的国会”并历数了它的过失，其中包括拒绝接受他所提出的援助农民计划和在他的否决之下执意通过《塔夫脱－哈特莱法案》。除此之外，杜鲁门还在 7 月 26 日召回国会组建特别会议，要求参众两院至少满足两党在各自会议上采纳的关于民权的承诺。但是，国会没有做出任何值得注意的事情，这就相当于国会议员们向公众证明他们确实是一个“什么也不干的国会”。

让整个国家惊讶万分的事情发生了，哈里·杜鲁门战胜了他的对手，以 303 张选举人票对杜威的 189 张选举人票和瑟蒙德的 39 张选举人票赢得了大选。在普选中，总统也以 24,105,812 张选民票对杜威的 21,970,065 张选民票和瑟蒙德的 1,169,172 张选民票获得胜利。此外，杜鲁门领导的民主党赢回了国会两院，拿到了占众议院多数的 93 张席位和占参议院多数的 12 张席位。

选举当夜选票仍在统计之时，这次超越常规观念的非凡逆转能够发生的原因其实已经逐渐显现出来。首先，在大城市里，《塔夫脱－哈特莱法案》使工人们相信共和党已经拒绝了他们的支持。其次，杜鲁门通过拥护“保留平价 90% 的价格支持”吸引了中西部农民选票，然而共和党人却仅仅提到“灵活的”价格支持。另外，反对总统的左派势力的分离成功地使美国人民深信杜鲁门政府在反共问题上并不软弱，而共和党人的暗示与之近乎一致，所以又再次加强了人们的信念。而且，南方民主党人的叛乱也向非洲裔美国人提供了证据，证明民主党并不受偏执的种族主义者支配，而且是能使他们得到非常需要但延宕已久的民权法的最佳选择。最重要的是，全国对和平和繁荣的一致喜爱给予了民主党无尽的帮助。当然，最后一点，从杜威往下的所有共和党人想当然地认为人民会给予支持，并把选举结果和总统职位视为囊中之物，这些在政治当中从来就是个错误。

杜鲁门将他的成功解读为选民给他的明确信息：人们需要一个像“罗斯福新政”那样的国内改革。1949 年 1 月 20 日，在他的就职演说中，杜鲁门将他的计划描述为“公平施政”，这个计划将把最低工资从原来的每小时 40 美分提高到每小时 75 美分；扩大社会保险范围使 1000 万人得以受益，并且大幅提高退休人员的退休金；对 80 万个新的住宅单元实行租金控制，为低收入家庭提供保障；扩大田纳西河流管理局、灌溉和其他治水与水力发电工程；向农民提供价格支持。但是，废除《塔夫脱－哈特莱法案》

并取得民权、国民健康保险和联邦教育援助立法的努力却以失败告终。尽管如此，杜鲁门还是通过行政法令推动了国家军队中民权的进步，废除了联邦政府行政机构中的种族隔离。

不幸的是，又一轮“赤色恐慌”的发展结束了两党共同支持的杜鲁门享有并获得通过的“公平施政计划”的很多部分。国会中的许多共和党领袖，尤其是参议员罗伯特·塔夫脱，试图从攻击爱国主义和指责人们为民主党，尤其是杜鲁门政府效忠的言辞里获取政治利益。这件事情的直接原因是1949年10月共产党夺取中国政权。毛泽东领导的共产党取得了胜利，蒋介石和国民党军队从大陆逃到了中国东南海岸线外的台湾岛上。杜鲁门并没有介入这场战争协助蒋介石，于是便被指控为共产党人间接地提供了帮助。在国会，两位共和党人——明尼苏达州的众议员沃尔特·贾德和加利福尼亚州参议员威廉·诺兰，指控杜鲁门政府实质上是把中国拱手让给了共产党人，据他们所说，美国政务院和驻外事务处对全世界共产党中积极成员的看管简直是漏洞百出。

中国的事情出现之时，另一个内幕恰好也被曝光出来：美国国内存在一个分布广泛的苏联间谍网络。正是通过这个网络，原子弹的制作流程和其他科学机密才得以传递到共产主义者手中。1947年3月22日，杜鲁门指示美国联邦调查局调查联邦政府中雇员的忠诚度，在此后的四年里，大约有200个雇员被定为不可靠分子遭到解雇，另外2000人自行辞职。在政务院占据要职的阿尔杰·希斯因有向苏联情报人员移交政府机密文件的嫌疑受审，并因做伪证被判有罪；更有甚者，朱利叶斯和埃塞尔·罗森堡夫妇还因有帮助苏联人获取建造原子弹信息的嫌疑遭到审讯、定罪并最终被处决。

人们对政府中渗透着共产主义者的恐慌在一次演讲中进一步加强。1950年2月9日，威斯康星州参议员约瑟夫·麦卡锡在西弗吉尼亚惠灵市的麦克卢尔饭店中举办的共和党女性俱乐部活动上发表了演讲，宣称他手上有一份写有205人姓名的名单，而这些人都是政务院中具有正式资格的共产党员。全国的报纸纷纷报道了这项指控，同时也给这位参议员带来了他一直渴望吸引的全国的目光。当人们随后发现这个声明有误时，麦卡锡的恶毒不减反增，竟然开始指控包括乔治·马歇尔将军在内的许多政治领袖叛国。作为参议院一个调查委员会的主席，他错误而不顾一切地将他的矛头指向了自己政党内的党员和民主党党员。他对军队的调查最终使参议院于 1954 年 12 月 2 日以 67 票对 22 票的投票结果决定对他“意图使参议院蒙受耻辱和骂名的行为”进行谴责。在 1957 年去世以前，他成功地让人们把“麦卡锡主义”这个名词和谣言、诬告等字眼等同起来。

“赤色恐慌”还激发国会于 1950 年通过了《麦卡伦内部安全法》和《麦卡伦－怀特移民和国籍法》。两个方案试图解决共产主义者渗透进美国的问题，而且都是在杜鲁门的否决下获得了通过。前者要求共产党组织向司法部长登记并提供其成员名单和财产状况；后者继续实行不同国籍配额体系并提供对不同政见者，尤其是东欧和南欧人的排斥和驱逐政策。不过，它也的确通过每年在配额基础上准入 2000 名亚洲人，修正了旧有的不公平政策。

杜鲁门执政后期，冷战愈发严重。1950 年 6 月 25 日，朝鲜战争爆发。日本于 1910 年占领了朝鲜半岛但又在 1945 年二战结束时把它交给了同盟国。于是，苏联军队长驱直入，在朝鲜境内的北纬 38° 线上建立了一个共产主义政府。南朝鲜也在 1948 年成立起来并获得了联合国大会及其三十个成员国的承认，其中就包括美国。在此之后，美国军队从这个区域撤出。

朝鲜向南方发动攻势受到了苏联的许可，而苏联错误地假定美国不会花费任何力气保护南朝鲜。联合国谴责了这次进攻（苏联也许本可以否决这项提议，然而却在六个月之前因为联合国拒绝授予共产主义中国席位而退出了安全理事会），然后以 9 票对 0 票的结果决定召集成员国对南朝鲜进行援助。在并没有要求国会宣战的情况下（这种方式多次被以后的总统在其他军事危机期间重复使用），杜鲁门授权仍在南朝鲜的美国军队展开部署，并派遣第七舰队保护台湾。同时，联合国让其他十五个成员国的军队听从美国命令，指挥美国军队的是仍然驻扎在日本的盟军统帅道格拉斯·麦克阿瑟将军。联军击退了北方的进攻，在 1950 年 10 月 1 日前夺回了北纬 38° 线以南的领土。

就在这时，联合国收到警告，如果其军队胆敢跨过北纬 38° 线，共产主义的中华人民共和国就会派遣军队保卫朝鲜。然而，西方所有人都愚蠢地忽视了这个警告。联合国大会建议麦克阿瑟保卫朝鲜半岛全境，于是他便向北发动了大规模攻势，宣称要在圣诞节之前结束战斗。然而，正如承诺的那样，中国派遣了 100 万名士兵进入争议领土，把联合国军队赶回了北纬 38° 线。麦克阿瑟催促杜鲁门封锁中国海岸线，援助蒋介石反攻大陆，而且如果需要的话，再向这个国家投放一颗原子弹。

华盛顿的参谋长联席会议却提出了完全不同的行动方案。与中国进行全面战争简直无法设想，因为此举可能会把苏联引入战争使其支援共产主义盟友，遑论两国已经在 1950 年达成了共同防御协议。正如参谋长联席会议主席奥尔马·布拉德利将军所阐明的那样，与中国的对抗将成为“在错误的地点，错误的时间，和错误的敌人进行的一场错误的战争”。

所以，麦克阿瑟被命令将其行动限制在保卫南朝鲜的范围之内。但是，将军不同意这个命令，并且在一次行动中直接对抗政府的外交政策，向来自马萨诸塞州的众议院少数党即共和党领袖约瑟夫·马丁致信，信中说道：“我们必须胜利，任何东西也不能取代胜利。”令大部分共和党人感到高兴的是，马丁在众议院当中宣读了这封信函。杜鲁门则以解除麦克阿瑟的职务对他进行了回应。“我可以什么都不做，继续做我的总统，”杜鲁门写道，“即使参谋长联席会议得出结论认为文官控制军队的局面已经危在旦夕。但我不能让这种局面持续太长时间。”

总统的行为十分恰当，但引发了人们对他的疯狂弹劾。麦克阿瑟回到家中，迎接他的是人们热切的欢呼和游行。他以胜利者的姿态出现在参众两院的联席会议上。“老兵不死，”他对议员们说道，“他们只是在渐渐隐退。”确实如此，他隐退了。

尽管让很多美国人感到厌烦和泄气的和谈已经在1951年开始，尽管国内商品零售价格的上涨伤害了那些靠固定收入和社会保障过活的人，尽管参议员麦卡锡不停地批评政府在防止内部颠覆问题上十分无能，尽管政府中的一些官员已经开始腐败——朝鲜战争却仍然在持续。所有这些导致杜鲁门在民意调查中的支持率暴跌至史无前例的低点，共和党人也重新燃起了赢得1952年总统大选的热望。

为了阻止保守派和在初选中横扫南部与中西部的反新政参议员罗伯特·塔夫脱获得提名，温和派共和党人如参议员亨利·卡伯特·洛奇（伍德罗·威尔逊主要敌人的孙子，祖孙同名）、托马斯·杜威和加利福尼亚州州长厄尔·沃伦劝说德怀特·艾森豪威尔将军参加总统竞选。7月7日，共和党全国提名大会在芝加哥举行，艾森豪威尔在第一轮投票中就获得了提名权。来自加利福尼亚州的参议员理查德·尼克松以其对阿尔杰·希斯的揭发和对民主党人忠诚问题的攻击赢得了全国的关注并得到了昵称“狡猾的迪克”，被选为副总统候选人。

由于知道自己在全国各地是多么不得人心以至一定会被打败，因此杜鲁门选择不再参加竞选寻求连任。实际上，他是一位十分杰出的美国总统，后世历史学家普遍认为他近乎伟大。民主党的提名大会也在芝加哥召开，代表们放弃了副总统巴克利和田纳西州参议员埃斯蒂斯·凯弗维尔，并在7月27日挑选伊利诺伊州州长阿德莱·史蒂文森和亚拉巴马州参议员约翰·斯帕克曼分别竞选总统和副总统。

史蒂文森或许是自富兰克林·罗斯福之后最具天赋的演讲者，在一系列演讲中，他承诺推进新政和公平施政计划，而且还将为非洲裔美国人赢得民权。然而另一方面，艾森豪威尔却是一位广受欢迎的真正的战争英雄，浑身上下散发出的个人魅力深深地吸引了他的听众。他承诺会把华盛顿的烂摊子收拾干净，于是也赢得了塔夫脱和麦卡锡两位参议员以及他们的支持者。不过，艾森豪威尔却在麦卡锡称乔治·马歇尔将军为叛国者时缄口不言，尽管在二战期间是马歇尔把他一级级提升为最高指挥官。也许在整个竞选过程中艾森豪威尔最漂亮的一击就是10月24日在底特律做出的承诺。他保证，如果竞选获得成功，他将会前往朝鲜半岛并且尝试着尽早为朝鲜战争画上一个“光荣的句号”。结果，他果真赢得了压倒性胜利，拿下了39个州的442张选举人票和33,824,000张选民票，史蒂文森则获得了89张选举人票和26,584,000张选民票。他甚至得到了田纳西、弗吉尼亚、佛罗里达和得克萨斯4个南方州的支持。共和党人同时得到了国会两院的多数席位，尽管多得十分有限。民主党人至少控制国家行政和立法机构之一的局势二十年来首次宣告结束。

人们本来希望白宫里广受欢迎的主将和国会里的共和党人会把美国的国内和国际事务引往积极、高效和有活力的方向，然而并没有那么幸运。艾森豪威尔相信他的前任施行了太多的控制，因此他并不想指导国会再颁布一个反映他个人愿景、指明“国家将往何处去”的计划。他相信真正的领导应该是调解人们在重大问题上不同意见，而非提出一项计划然后引导立法机关将其颁布实行。他更喜欢和成功的商人打一打高尔夫球。因此，不出所料，在1953年共和党掌控政府到1955年失掉掌控权之间的这段时间里，这个党派没有指出一个真正的方向或者取得什么重要的成就。1955年之后，民主党人就夺回了对国会两院的控制，并且又保持了四十年，每次选举都会成为更多的多数。

如果总统没能给出令人激动的想法成就新的计划、新的改革或者新的改进，那么他就正合了选民心意。选民们更希望在长期混乱的萧条和战争之后休养生息。他们好像是在说，这就够了，让我们歇会儿吧。而这恰恰就是艾森豪威尔政府给他们的东西。他在并未诉诸战争的情况下带领政府渡过了一系列危机。他让自己和他的政党致力于很多在新政和公平施政时期就已确立的社会和经济改革，比如扩大社会保障和公房范围，对教育进行援助，等等。他践行经济保守主义和社会自由主义政策。他把自己描绘成“人权问题上的自由主义者，经济问题上的保守主义者”。他尤其反对政府侵入那些私人完全可以应付的公共事业领域，甚至不排除原子能和电力设施。

作为一个政治现实主义者，艾森豪威尔明白妥协的价值和重要性，所以他与民主党领袖合作使更多温和的提议得以通过。譬如，1954 年 1 月 14 日的《社会保障法》新增了对 1050 万名工人的保障，为每一个计划中的受益者增加了月福利。1954 年 5 月 3 日的《威力 - 堂戴罗法案》授权与加拿大合作挖掘从蒙特利尔到伊利湖 27 英尺深的海道，并建立圣劳伦斯河海道开发公司负责为该项目筹措资金。海道于 1959 年 6 月修建完成，使蒙特利尔到苏比里尔湖的航行成为可能（冬天除外）。

尤为重要的是 1956 年《公路法案》的通过。该法案授权修建 4.2 万英里的州际公路系统，其中联邦政府将贡献 90% 的建造费用。不过，由于毕竟是一个跨州项目，征收汽油税、帮助为项目运行筹措资金就显得必不可少了。完成这个复杂的高速公路系统用去将近二十五年时间，花费超过 750 亿美元，而这个系统本身也成为那时已完成的所有公共工程中最为庞大的一个。这个工程有效地改变了美国人生活和旅行的方式。国会还通过了水资源保护措施、学校和医院建设工程和一个旨在支持医疗研究的健康法案。

在达到这些目标的过程中，艾森豪威尔展现了自己作为政治幕后交易者的娴熟和老练。他认识到自己需要和国会中占有多数席位的民主党共事，特别是来自得克萨斯州的众议院议长山姆·雷伯恩和来自得克萨斯州的参议院多数党领袖林登·约翰逊。而同时这二位也意识到，与政府共同采纳一项调和的政策既符合他们自身的利益，也符合民主党的利益。所以，艾森豪威尔政府的成功（也许很有限），也就归因于双方相互之间的谅解。

为了实现在选战期间许下的诺言，艾森豪威尔在上任之后即前往朝鲜半岛并在当地停留了六个月，以求借其权威帮助达成停战协定。1953 年 7 月 27 日，美国、朝鲜、南朝鲜和中华人民共和国共同签署了停战协议并划定了三八线，从此分割了南北朝鲜。

然而，共产主义的威胁依然存在。苏联继续对东欧的反对势力进行镇压，粉碎了东柏林和匈牙利的叛乱。根据艾森豪威尔的建议，国会将国防预算抬至前所未有的高度，从1950年的接近130亿美元提升至1960年的400亿美元。被艾森豪威尔称作军工联合体的集团的出现对任何威胁国家安全的可能做好了准备。在被称为“艾森豪威尔主义”的计划中，国会授权总统拓展军事和经济援助以保护中东地区免受“共产主义扩张的侵扰”。接着，当菲德尔·卡斯特罗进攻古巴，并最终被证明是共产党人意图夺取该国政权时，有些人开始变得惊恐万分，因为古巴距美国本土仅仅90英里，而共产党又极有可能从这座小岛发动对美国本土的袭击。此外，美国和苏联同时致力于开发氢弹更是加剧了全球的恐慌，一旦冷战升级，全球便随时都可能遭到毁灭。

印度支那的共产党人从1946年以来一直在为脱离法国统治而独立做着艰苦卓绝的斗争。现在，既然朝鲜战争已经结束，中华人民共和国便增加了对印度支那国家的援助。1954年5月，各国的外交部长在日内瓦召开会议，一致同意把印度支那像朝鲜半岛那样分为两个部分。1954年10月11日，由共产党支持的越南独立同盟会控制了现今被称为越南的北部地区，而非共政府则在南方建立了政权。在总统任期的最后一段时间里，艾森豪威尔派遣了3500人的军队支持南越的非共政权。

20世纪50年代出现的最为非凡的发展，就是青年文化的出现。它找到了自身在音乐领域的最佳表达方式。这段时期青少年人数不断增加，他们摒弃了“摇摆乐队”和父辈过时的旋律音乐，转而投向了他们自己的审美，也就是将节奏布鲁斯和南方乡村音乐融为一体的、被称为“摇滚”的音乐。埃维斯·普里斯利便是其中颇为成功同时也是非常好的摇滚乐手之一，而他的摇臀式表演法让家长们对孩子的道德安全变得十分担心。随着英国乐队“披头士”的到来，摇滚开始在所有音乐形式中占据支配地位。不久，人们又演变为反体制反主流文化的“嬉皮士”，他们身披长发、参与群居、开始滥交并尝试大麻和其他毒品，而且背弃了政治参与。20世纪70年代早期，这种嬉皮士层面的青年运动就逐渐消失了。但摇滚乐却从此保留下来，成为青年叛逆的象征。

“民权”是20世纪50年代美国国内出现的最为重要的议题，杜鲁门试图予以解决但以失败告终。因此，他不得不动用行政权力对抗“吉姆·克劳法”。艾森豪威尔继续了这项政策，但也不过敷衍了事，最终还是靠国会启动立法加强了既有的民权法律。1954年5月17日，最高法院首席法官厄尔·沃伦做出了里程碑式的决定，以“布朗诉托皮卡教育委员会案”扭转了“普莱西诉弗格森案”中的判决。后者一直允许学校中存在种族隔离，只要遵循“隔离但平等”的原则。然而现在，法院判决公立学校中的强制性种族隔离违背了宪法第十四条修正案对全体公民平等权利的保证。次年，法院更进一步，指示所有联邦地方法院要求地方当局“全速协商”在所有公立学校废除种族歧视。还有，1955年，亚拉巴马州蒙哥马利市发生的罗莎·帕克斯拒绝让出公车座位事件触发了当地长达一年的公车抵制运动，而该运动的领导者正是受人尊敬的马丁·路德·金博士。

尽管在1955年9月24日经受了一次严重的心脏病发作，艾森豪威尔总统还是决定参加下一轮竞选。民主党人再次推出了受过重创的阿德莱·史蒂文森。虽然民主党人得到了国会两院的控制权，艾森豪威尔还是赢得了除7个南方州之外所有州的支持，以457张选举人票和35,590,472张选民票对史蒂文森的73张选举人票和26,029,752张选民票再次获得了选举胜利。由此，他也成为1848年选举之后第一位在所属政党丢掉国会参众两院的情况下仍然赢得总统职位的候选人。

选举之后，艾森豪威尔请求国会颁布法律保护美国公民的民权。然而这样的立法却因为参众两院里南方代表的坚决反对变得异常困难。20世纪五六十年代的民权运动在马丁·路德·金的带领下基本以非暴力的形式出现，而当非洲裔美国人试图通过电视机向美国人民展示他们是如何希望获得公民权利却遭拒绝时（尤其是在南方），非暴力不合作就成为一种十分有效的策略；因为，每当这些被动的示威者受到挥舞警棍的警察和警犬的袭击，全国观众也就这样每晚在电视机前观看这些骇人的对抗和交锋。

国会再也不能忽视选民因为民权法案得不到通过而表现出的愤慨了。后来，一个十分实际的法案被引入众议院，然后又在参议院中得到稀释和缓和，最终作为《1957年民权法案》得以颁布。该法案规定在司法部建立民权司，并且创建了一个民权委员会，允许司法部长对那些被指控阻止公民行使投票权利的个人颁布法院禁令。被指控者将在联邦法院由陪审团对其进行审讯。不幸的是，这个法案十分无力，并被认为根本起不到任何作用。南方各地的歧视性行为仍然未能停止。被控违反法律的登记员受到白人陪审团审讯，接着便无罪释放。《1957年民权法案》并没有使非洲裔选民的登记人数在几年之内有所增加。不过无论如何，国会还是通过了自重建时期以来第一个民权法案。正如林登·约翰逊对贞洁问题的生动描绘："首破不易，再破不难。"

总统签署这项法案前五天，即1957年9月3日，阿肯色州州长奥瓦尔·福伯斯公然违抗了最高法院对"布朗案"的裁定，驱使国民警卫队阻止小石城一所高中打破种族隔离。虽然自己也在谴责"布朗案"裁定，但艾森豪威尔不能允许蔑视国家权力的行为不受遏制，所以他将国民警卫队国家化，派遣常规陆军部队前往当地重开学校、保持秩序。现在，南方人害怕的事情还是发生了，也就是行政机构运用其军队总司令的权力迫使人们遵从法院命令。显然，联邦政府在必要的时候能够，也一定会诉诸军事力量保护非洲裔美国人的权利。所以到此为止，一切经过伪装的种族歧视都将在法律意义上成为过去。

20世纪60年代，4个来自北卡罗来纳州格林斯博罗的黑人大学生来到了只有白人可以使用的午餐柜台，坐下，并且拒绝离开。这一事件推动了民权运动的加速发展，很多人加入了"静坐者"的行列，尤其是那些抗议种族隔离或者为引起公众对南方仍然存在的种族歧视行为的注意搭乘跨州公共汽车"自由行"的年轻白人和黑人学生。密西西比和亚拉巴马2州出现了暴力事件，消防水管和警犬被动用起来，数以千计的黑人抗议者遭到拘留。这种对没有武器的市民的凶残举动使《1960年民权法案》得以通过；

该法对投弹和其他试图阻碍法院命令执行的行为给予了刑事处罚，授权法官任命仲裁者协助非洲裔美国人注册和投票。尽管这个法律的颁布并不是种族歧视问题上的重要进展，林登·约翰逊仍然希望它可以表达出“负责任的中庸”和“常识”的意味。

7月中旬，在洛杉矶举办的民主党提名大会采纳了一项十分有力的民权措施，不过这次南方人不会再冲出去抗议了。大会第一轮投票就选出了马萨诸塞州参议员约翰·肯尼迪以及他的竞选伙伴林登·约翰逊。共和党提名大会则推出了理查德·尼克松和马萨诸塞州的亨利·卡伯特·洛奇。该党同样提出了有力的民权法案，并要求在公立学校废止种族隔离。

这次的投票结果十分接近，甚至是自1884年格罗弗·克利夫兰以极小优势战胜詹姆斯·布莱恩后最接近的一次。1960年竞选总共计有6880万张选民票，约翰·肯尼迪只比尼克松多出10万张选民票。前者获得了总共34,226,731张选民票和代表22个州的303张选举人票，后者则得到了34,108,157张选民票和代表26个州的219张选举人票。由于阿拉斯加在1959年1月3日成为联邦第49个州，夏威夷则于1959年8月21日成为联邦第50个州，这次选举也成为第一个由50个州参加投票的选举。

当1957年10月4日苏联将第一颗人造卫星“斯普特尼克”号送入轨道，冷战便再一次影响了美国的国家安全。作为回应，国会颁布了《1958年国家航空航天法》，建立起民政管理局指导国家太空探险。就任之后，肯尼迪请求国会在艾森豪威尔的1.11亿美元基础上增加1.26亿美元支持该法实行。国会更进一步在总统的请求之上又增加了1.27亿美元。

不过一切还是为时已晚。1961年4月12日，尤里·加加林登上火箭助推的运载工具完成了第一次太空旅行，使苏联人率先赢得了载人飞行竞赛。而直到1961年5月5日，艾伦·谢泼德才在红石火箭上完成了300英里的亚轨道飞行。二十天后，即5月25日，总统肯尼迪在国会特别联席会议上发表演说，宣称“我国应该致力于在这个十年结束之前达到一个目标：让人类登陆月球并能安全返回”。接着，1962年2月2日，约翰·格伦便在四小时之内绕地球飞行了三圈。然而直到1969年7月16日，航天员尼尔·阿姆斯特朗和陆军上校埃德温·奥尔德林才登上巨大的“土星”号火箭成功抵达月球。东部时间7月20日上午十时五十六分，在全世界电视观众的注视下，阿姆斯特朗在月球表面迈出了一步。他和奥尔德林在现场插下一面美国国旗并留下一块小牌，牌上写道：“我们为全人类的和平而来。”在获取了岩石和土壤样本之后，二人在月球上进行了一系列实验。随后，他们成功与陆军中校迈克尔·柯林斯驾驶的母船会合，返回地球，7月24日降落在距夏威夷950英里处。

在与苏联进行的太空竞赛中，人类登月确实是一大壮举。然而这样的对抗却仅仅是冷战期间美苏对抗的一个方面。一次，菲德尔·卡斯特罗承认自己是一名共产主义者且古巴将采用共产主义的政府制度，美国人立马感到夺取该岛、恢复政府自由十分必要，尤其是在岛上的美国财产遭到抢占且卡斯特罗已经成为苏联的盟友之后。离职之前，艾森豪威尔同意了一项入侵古巴的计划。这项计划由反卡斯特罗的古巴人执行，他们接受美国人的训练、武器和资金补给，受到美国飞机的保护。在其军事和情报官员保证卡斯特罗没有足够军力阻止进攻，且古巴人民会起义加入反抗之后，总统肯尼迪给出行政命令要求开始入侵。入侵始于1961年4月17日，却在入侵者深陷猪猡湾沼泽之后悲惨地结束了。肯尼迪拒绝给予空中支援，结果超过1000名反卡斯特罗古巴人被捕受审并被判处三十年监禁。此外，苏联总书记尼基塔·赫鲁晓夫还威胁称，如果美国不能“停止对古巴共和国的侵略行径”，苏联就会对古巴进行援助。

更坏的是，1962年夏秋期间，苏联开始在古巴修建能够向美国发射核弹的导弹发射场。1962年10月22日，在一次向全国播送的电视讲话中，肯尼迪总统向国民提出了与苏联对战的可能和风险，要求苏联拆除基地、移除导弹。苏联退让之前，他又命令美国海军开始“对运往古巴的进攻性军事装备进行严格的隔离”。也就是说，美国会阻止和搜查所有开往古巴的船只，无论其国籍为何，并遣回任何携有军事武器者。肯尼迪当时称他正在请求联合国安全理事会召开紧急会议，商讨出一个要求立即移除导弹的决议。“美国的政策就是，”他继续说道，“将把针对西半球任何国家的，从古巴发射的任何一颗核导弹视为苏联向美国发起的，旨在寻求美国对其进行全面报复性回应的进攻。”

幸运的是，赫鲁晓夫意识到自己玩得有些过火了。于是两位领袖达成了交换协议，苏联将撤去导弹，而美国也保证不进攻古巴。双方都遵守了这个协议，两国进行核战的可能性终于消除。

冷战中的另一个事件涉及苏联人封锁东德。一年之前，也就是 1961 年 8 月，苏联人关闭了柏林的过境通道并建起柏林墙，表面上是为了防止东德人逃向西德。这个行为分离东西柏林长达二十八年。

肯尼迪希望让全世界自由民族生活在大联盟里的方法之一，就是使 1961 年 9 月 22 日的《和平队法案》获得通过。该法案规定从财政中拨款 4000 万美元，帮助成千上万的美国年轻男女成为志愿者，前往发展中国家提供教育、医疗和其他技术服务。高等院校里的年轻人积极响应，表明他们十分相信自己能够在帮助改善世界范围内人们生活条件的问题上产生很大影响。因此，和平队从一开始就获得了巨大的成功。

不过，国内几个区域，尤其是非洲裔美国人中间也产生了很大需求。但肯尼迪仍然指出民权不是这届政府应该解决的首要问题，大概因为他需要南方支持其他几个他认为更为紧迫的法案，比如教育和住房法案。四十岁出头、看上去精力充沛，实际上却成功地对公众隐瞒了自己身上很多健康问题的肯尼迪大胆直言，呼吁出台被称为“新边疆”的计划和措施，意图与暴政、贫困、疾病和战争进行斗争。然而将要发生的事情会迫使这位年轻的总统改变这个想法。

希望消灭南方种族歧视的自由乘车运动者在亚拉巴马州受到了攻击，公共汽车也被愤怒的暴民点燃烧毁。种族骚乱的发生迫使州长宣布戒严令以恢复秩序。暴力不断升级，使整个国家再次见证了种族偏见的结果。虽然如此，这些问题的出现也有好的作用，那就是使宪法第二十四条修正案得以通过。该修正案规定收取作为投票必要条件的投票税为非法。在修正案获得批准的时候，也就是 1964 年 1 月 23 日，弗吉尼亚、得克萨斯、亚拉巴马、阿肯色和密西西比州还在收取这种税款。

各州和联邦政府的另一个冲突出现在 1962 年 10 月 1 日。当时，二十九岁的非洲裔美国人詹姆斯·莫瑞德斯请求进入密西西比大学深造。州长罗斯·巴尼特企图阻止其入学，因而引发了骚乱。结果，总统肯尼迪派遣联邦军队恢复了当地秩序，并且阻止了所有限制莫瑞德斯入学的努力。

1963 年 4 月 3 日，牧师马丁·路德·金博士和他的南方基督教领导会议在决心保持其种族隔离的悠久传统的亚拉巴马州伯明翰启动了非暴力抗议。“如果我们能让伯明翰屈服，”他宣称，“我们就能让南方屈服。伯明翰就是整个南方种族隔离的象征。”警察局局长尤金·康纳（外号“公牛”）准备以武力满足这些非暴力抗议者的需求，用棍棒和警犬驱散他们的斗志。于是，大约 2000 名非洲裔美国人被捕入狱。

伯明翰持续的混乱促使肯尼迪向国会索要一个强有力的民权法案。否则，他说，双方的领导权就都会交到“仇恨和暴力的散布者”手中。众议院司法委员会主席伊曼纽尔·赛勒对南方发生的事件大发雷霆。“警察的棍棒、狼狗和消防水管居然都用在了那些仍然在行进中唱着圣诗的毫无防备的学生身上。”他义愤填膺地说。马丁·路德·金所在的汽车旅馆和他哥哥的住宅都遭到了炸弹袭击，造成城市里的黑人愤然起义，结果反过来又被石头和消防水枪伺候。混乱无序支配着这些地区。就在这时，国会最终做出了回应，127 份法案被递交到了众议院。“废除种族歧视，”来自《华盛顿邮报》的沃尔特·李普曼在 5 月 28 日说道，“绝不能再是北方各州白人政治家祝佑的黑人运动。它必须成为一个加强国家立法、由国家政府引领和指导的全国性运动。”

北方城市里的多起骚乱变成了抗议者和警察在街头巷尾血腥的遭遇战。整个国家看上去落入了动乱不安、无法无天的状态里。1963 年 6 月 11 日，亚拉巴马州州长乔治·华莱士站在一栋建筑门前阻挡黑人学生进入亚拉巴马大学注册，肯尼迪于是下令把亚拉巴马国民警卫队国家化，强制华莱士让出路来。第二天，密西西比州的民权活动家梅加·埃弗斯在家门口遭到枪击。试图解决这个麻烦问题的力量迅速累积，最终，1963 年 8 月 28 日，超过 20 万黑人和白人积极分子从华盛顿纪念碑行进到林肯纪念堂，为“工作和自由”展开了游行和示威。马丁·路德·金博士在那里做了著名的演讲《我有一个梦想》。这也是有史以来发生在美国首都最大的一次公众集会和示威。

接着，全国的暴力终于发展到顶峰。1963 年 11 月 22 日周五，总统肯尼迪在得克萨斯州的达拉斯遇刺身亡，举国上下空前震惊。由此，人们的脾气、情绪和全国的政治氛围都经历了一次深刻的变化。人们无法相信，一个年轻、帅气、看上去充满活力且广受爱戴的总统居然在主要城市的街道上的一次公开露面中，在大庭广众之下被人枪杀。人们在公众场合为这位总统哭泣。近乎是在一瞬间，整个国家变得年老而孤僻了。肯尼迪的遗体被空运回华盛顿，安置在白宫里受人瞻仰，之后又被移至国会大厦的圆形大厅中，安放在曾经放置过林肯总统遗体的灵柩台上。从晚上开始到翌日白天，成千上万的悼念者默默地列队走过棺椁，向这位英年早逝总统表示他们的敬意。来自世界各地的国家元首和外国政要前来参加葬礼。人们在圆形大厅里举行了简短的仪式，参议院多数党领袖麦克·曼斯菲尔德、众议院议长约翰·麦考梅克和首席法官厄尔·沃伦致简短悼词。

陪伴肯尼迪前往得克萨斯州的副总统林登·约翰逊在随肯尼迪遗体返回华盛顿的飞机上宣誓成为美国总统。11 月 27 日，他出现在国会，宣称没有悼词“再可凭吊肯尼迪总统的记忆，也许只有他为之奋斗许久的、尚有可能通过的民权法案才有此资格”。于是，1964 年 1 月 8 日，在他的第一次国情咨文演说里，约翰逊宣布美国开始“向贫困宣战”。

我们可以把国会议员们接连不断颁布的一系列重要法案理解为，他们非常希望可以有力证明肯尼迪遇刺对整个国家造成了多大打击。首先，《1963 年清洁空气法案》于 12 月 7 日通过，该法案授权拨款 9500 万美元对各州和地方代理给出的减少污染和空气控制计划按比例给予补助。接着是《1964

年民权法案》，禁止在大多数公共场合因种族问题歧视他人；授权司法部长提请诉讼，废除包括学校在内的公共用地的种族隔离；禁止雇主、工会或职业介绍所进行种族或性别歧视；建立均等就业机会委员会；禁止各州和其他地方当局在使用联邦基金时进行种族歧视；创建社区关系局以帮助个人和官员处理地方层面的种族问题。参议院中的南方议员试图以拖延技巧使议案延期或被扼杀，整个过程持续了超过两个半月，最终因使用结束辩论投票，也就是凭借三分之二参议员同意便可终止辩论而以失败告终。

6 月 19 日下午六时四十五分，在国会议员、总统阁员、外交大使和民权运动领袖均有出席的情况下，约翰逊在白宫东厅签署了这项法律，而这距离法案获得通过仅仅过去几个小时。约翰逊号召全体美国人民“加入到这场给所有人带来正义和希望的战斗中去”。

《1964 年民权法案》是从重建时期以来颁布的意义最为深远的民权法律。它超越了总统肯尼迪最初提议的法案，标志着全国种族和性别歧视现象趋于减少的真正开始。

这个重要的法律之所以能够获得通过，是因为全国上下对非洲裔美国人要求得到基本自由却屡遭拒绝甚至受到残酷镇压的不断反思和认识。美国人终于意识到，黑人的处境违背了这个国家在个人权利问题上所坚持的一切。此外，肯尼迪总统遇刺也让公民们遭受了巨大的打击，以至他们开始要求弥漫在全国的不安和动荡必须停止。在《民权法案》获得通过的过程中，总统约翰逊正确地指出，“这一年，我国政府中行政和立法机构的关系可以说是史无前例的”。

美国人民也对发生在华盛顿的这种情况表示了认可。正是他们使约翰逊和民主党在 1964 年选举中赢得全胜。相比他的共和党对手，即来自亚利桑那州的参议员巴里·戈德华特所获的 6 个州的 52 张选举人票，约翰逊得到了 44 个州和哥伦比亚特区共计 486 张选举人票。众所周知，戈德华特反对《民权法案》的通过，这也为他赢得了南方腹地的亚拉巴马、佐治亚、密西西比、路易斯安那和南卡罗来纳 5 州的支持。这个结果标志着这几个州共和党的发展由此转向。选举还把来自亚拉巴马州的五位新议员和分别来自佐治亚与密西西比州的一位新议员带进了众议院。他们是重建时期后第一批进入国会的南方共和党人。随着南方逐渐变得不再是民主党人而成为共和党人的地盘后，更多的议员加入了他们的行列。

另一个重要的事件发生了，在国会民主党决策会议上被谴责的两位南方议员——来自密西西比州的约翰·贝尔·威廉姆斯和南卡罗来纳州的阿尔伯特·沃森，在选举中公开支持戈德华特。这样的事情之前从来没有发生过。而且，他们还被剥夺了作为国会议员的资历权，于是沃森转换了党派，后来又成功改选，作为重建时期之后第一位南卡罗来纳州的共和党人进入了众议院。沃森的举动为其他的南方人效仿，最著名的包括在选举中大力支持戈德华特的南卡罗来纳州参议员斯特罗姆·瑟蒙德。

随着国会中民主党多数的比例越来越大，总统约翰逊开始运用自己非凡的领导技巧，呼吁议员们为国家贡献出一个被他称为“伟大社会”的计划。他想要改善全国各地美国人民的生活条件。他敦促国会为年长者通过由社会保障制度提供资金的《医疗保险法》。前者与卫生保健计划的另一部分，即为贫困者提供的、他称为“医疗补助”的措施一道，于1965年7月30日获得批准。“伟大社会”计划的其他部分还包括1965年4月通过的《教育法案》，该法案提供了13亿美元，对公立学校和教区学校的一系列“共享服务”进行直接援助。除此之外，《高等教育法》还拨款6.5亿美元帮助贫困大学生获得学位。以上的两个教育法案后来被很多人认为是约翰逊参加竞选后就任总统第一年的主要功绩。

《住房和城市发展法》为廉租公共住房和城市改建提供联邦支持，帮助城市从荒芜中重建，使社区变得更富吸引力。相应地，住房和开发部也建立起来帮助该法加速实行。《食品印花税法案》允许联邦政府和州政府合作提供印花税票，使穷人可以用它购买食物。《经济机会法案》创建了一个办公室，负责管理十个解决全国贫穷和饥饿问题的计划，并把否决不合理社区活动项目的权力交给了各州。此外，《水资源和空气质量法案》

要求各州为境内的所有州际水道建立或者强化水资源质量标准，并制订空气污染防治计划，其中包含汽车排放标准。

特别重要的是《1965年移民法案》的通过。这个法案从根本上改变了国家的移民政策，取消了配额制度，把所有国家置于同等地位，每年允许17万人加入美国国籍，每个国家最多不超过2万人。

大部分非凡的改革计划要归功于总统本人。“林登·约翰逊，”众议院议长提普·奥尼尔写道，“与国会密切合作，比任何一任总统都更能仔细地遵守立法过程的细节。他做事没有漏洞……谈到政治，这个人知晓个中所有诀窍……谈到应对国会，他是我见到过最好的一位……而且还如此健谈！他可以说动一条狗，让它吐出嘴里的骨头。”

尽管如此，民权领域仍然有很多问题亟待解决。非洲裔美国人的选民登记依然没有多大起色。在这种情况下，1965年1月18日，牧师马丁·路德·金博士在亚拉巴马州的塞尔玛发动了攻势。这座城市据称有57.6%的人口为黑人，但只有2.1%登记参加选举。“我们计划在1966年国会选举时，让亚拉巴马州黑人注册选民的人数增至现在的三倍，”马丁·路德·金宣称，“接着我们计划清除亚拉巴马州所有妨碍到黑人的国会议员……一个拒绝人们获得教育的州没有理由用识字测验判断人们是否具有投票资格。”

在3月7日的“血色星期天”，大约600名民权活动家向塞尔玛外行进，但他们却在仅仅走到埃德蒙佩特斯桥时就遭到州警和地方警察的攻击，随后又被驱赶回塞尔玛。活动的领导者受到起诉。他们要求在法庭保护的情况下再进行一次从塞尔玛向亚拉巴马州首府蒙哥马利行进的44英里“自由游行”。法庭满足了这项要求，于是在3月21日星期日，大约3200个黑人和白人男女向蒙哥马利进发，每日前进12英里，夜晚沿路就地而眠。到3月25日星期四他们到达目的地时，已经有大约2.5万人加入了这个队伍。骚乱再一次发生，州警和骑马的当地警察向游行的人们挥舞着警棍枪械，投出了催泪瓦斯。人们十分惊惧地在电视上看到，浑身是血的尖叫着的游行者在进攻者的攻击下仓皇逃窜，完全无力反抗。

游行集会与日俱增。静坐示威变得司空见惯，整个国家被强迫着再次面对种族冲突和暴力的历史。一个原本自豪于对不幸者富于同情和慷慨的民族现在不得不面对一个现实，那就是顽固者和暴徒时常玷污美国在世界人民眼中的形象。

一周之后，总统林登·约翰逊在一次对国会两院夜间会议发表的电视演讲中敦促议员们通过一部更强有力的选民法。“这不仅是为了黑人，”他说，“而是为了我们所有人。我们必须克服偏执和非正义所遗留下来的严重后果。而且，我们一定会克服。”国会应声而动，通过了《1965 年选举权利法》，后由约翰逊于 8 月 5 日签字生效。他认为，这部法律是“自由的胜利，是这个战场上打的最大一场胜仗”。通过这部法律，他宣称，“我们打掉了身上最后一个重要的凶残古老的镣铐”。自从他们来到这片大陆，这个镣铐就一直把这群非洲裔美国人缚在奴役之中。

《1965 年选举权利法》废除了对投票进行的识字和其他形式的测试，授权联邦对曾经使用这些测试方法的地区实行登记监督。登记员被分配到亚拉巴马、佐治亚、路易斯安那、密西西比、北卡罗来纳、南卡罗来纳和弗吉尼亚州，五个月之内，南方非洲裔美国人的登记人数便增加了 40%，而这对一个已经达成众多引人瞩目的成就的政府来说，仍然是一个巨大成功。

当然，尽管国内获得了很多成功，冷战却还在持续，而且现在又重新浮出水面，成为国家面临的主要问题。正是这个问题最终使林登·约翰逊离开了总统职位。冷战期间的越南战争也变成了两个世界之间产生的另一个重要斗争。

共产主义越南和非共产主义南越之间的战斗不断加剧，导致南越更加依靠美国的经济和军事援助。由于惧怕共产党人在越南的胜利将会在整个亚洲引起多米诺效应，约翰逊从刚上任便开始致力于提供援助。到 1964 年夏天为止，大约 2.1 万名美国军人作为顾问驻扎在南越，但是南越每月对额外军队的需求还是有增无减。

接着，1964 年 8 月 4 日，美国的两艘驱逐舰在北部湾遭到袭击，约翰逊下令进行报复性空袭并请求国会同意这项行动。三天之后，国会通过了美国历史上最为重大同时也是最具争议性的《北部湾决议案》，由约翰逊在 8 月 10 日签字生效。决议允许总统作为军队总司令采取一切必要手段击退所有对美国军队的武装袭击，以防止越南境内出现进一步的“侵略”活动。实际上，两艘驱逐舰遭袭事件受到了行政部门的过度渲染，用以当作获得国会同意和发动战争的借口。

尽管大量的美国军队被派遣至南越，轰炸越南北方的两阶段计划也已经部署完成，南越的局势仍然在一个又一个平民政府的政变和倒台下持续恶化，从而又使推动战争结束的努力付之东流。1965 年 7 月 28 日，约翰逊增加了派往南越的军队数量，从原先的 7.5 万人升至 12.5 万人，而且不再仅仅充当顾问，而是成为战斗人员。1965 年 8 月 18 日，整个战争中第一场有美国军人参加的主要地面战斗在范拓半岛打响。这一场战斗花费了将近 20 亿美元。

到此为止，国内的反战情绪已经高涨起来。从加州大学伯克利分校开始，高校学生举行示威、静坐，抗议美国参战，甚至还烧掉了自己的兵役证。与此同时，五角大楼通知总统约翰逊，如果想要获得越南战争胜利，军队数量必须从原有的 12 万人升为 50 万人的“最小必要军力”。

军费开支升高导致经济过热和通货膨胀。民权问题引发的骚乱在亚特兰大、芝加哥、克利夫兰和纽约依旧未能停止。大学校园中不断产生破坏性的示威和游行。最坏的是，新闻每天都会报道越南战场上不断攀升的美军死伤人数。“越战摧毁了‘伟大社会’计划的最重要部分。”议长卡尔·阿尔伯特说。落实“伟大社会”计划必要的资金现在转移到了一场不得人心的战争上。

由于战争越来越激烈，战争的费用也呈螺旋式上升，最终达到了每月 20 亿美元。1967 年 8 月，中华人民共和国许诺给予越南北方援助，而且就在那段时间，中国还击落了侵犯其领空的美国战斗机。约翰逊将派往南越的军力增至 53.5 万人，而且每月向越南北方投放几十万吨炸弹。国内物价一飞冲天，于是政府又向人民索要更高税收。

冷战以及越南战争的持续戏剧性地改变了美国人的生活和文化，整个国家的目标和志向也因为战争的发生出现了分化。

第十章 暴力、丑闻和冷战的结束

暴力已经成为一种生活方式。城市街道上时常爆发暴力事件。自从1933年美国无线公司从纽约市帝国大厦发射信号到新泽西州卡姆顿对其进行测试之后，电视就被当作一种吸引观众的极佳方式。在这个时期，以暴力为核心部分的电视节目开始出现，而且数量越来越多。越南战场的死亡人数也在日趋增加。1968年1月30日，越共主力向南越所有的重要城市和乡村发起了攻击，又因发生在越南的农历新年期间而被称作“新年攻势”，并向位于西贡的美国大使馆发射了炮弹。战斗中的美国军队伤亡惨重，一方面引发了国内新一轮的示威和反战集会，另一方面也迫使政府增派军队至70万人以获得战争胜利，而这个数字已经远远超过了原先的预期。

政治上，逐渐升级的进攻态势产生了显著后果。手握和平纲领的明尼苏达州参议员尤金·麦卡锡宣布参选民主党总统提名，成千上万的美国年轻人选择站在他的一边。这显然成为另一种抗议战争的方式。新罕布什尔初选时，麦卡锡几乎与约翰逊打成平手，这个结果促使前总统的弟弟、现纽约州参议员罗伯特·肯尼迪宣布竞选提名。他一直以来反对战争，不过也只是私下里这么做。现在，他出现在公共场合，宣称美国不可能赢得战争胜利，因此必须从越南撤出自己的势力。“我们的敌人，”他宣称，“最终打破了官方营造出来的假象，这种假象掩盖了我们的真实处境，蒙蔽了我们的心灵。”

由于意识到自己的支持率已经降到谷底，赢得再选已经没有任何可能，约翰逊在3月31日向电视观众宣布退出竞选。同时他还宣称停止美国空军和海军对越南北方的轰炸，希望以此开启和谈、达成谈判协定。越南接受议和，轰炸随即停止。5月10日，代表们在巴黎集合开启预备会议。1969年1月16日正式谈判开始。

接着，在1968年4月4日，国内残酷的暴力事件再度发生。牧师马丁·路德·金博士在孟菲斯被詹姆斯·厄尔·雷刺杀。这场谋杀引发了进一步的暴力冲突，波及了全国超过100座城市，其中包括华盛顿。现在，由于企图用杀戮来解决社会和政治问题，美国开始不得不面对杀戮造成的恶果和内忧外患的窘境。

实际上，1968年确实是非常血腥的一年。两个月之后的6月5日，罗伯特·肯尼迪在加利福尼亚州参加竞选活动时遭精神错乱的约旦移民瑟罕暗杀。全国再次为之恸哭。很多人说出了自己心中的疑惑：美国是不是已经陷入万劫不复的境地了？后来，一项研究显示美国在全球所有国家中销售的军火最多，其公民也比其他任何国家的公民拥有更多枪械。更坏的是，美国死于枪弹的人数也比其他任何工业国多。虽然这个纪录不值得羡慕，但自从宪法第二条修正案保证公民有携带武器的权利，政府就从没有认真尝试控制枪支的分配，因为拥有武器的公民太多，而且他们也不愿意让自身的权利受到任何形式的侵犯。政治层面，如果任何官员企图颁布限制法令，他就一定会在投票时遭遇失败。

让事情变得更令人担忧的是8月26日到29日在芝加哥举办的民主党提名大会，当时的会场近乎变成了城市警察和愤怒的反战抗议者的战场。安保部队、铁丝网和关卡环绕着会议的召开地——国际竞技场。激进的学生嘲弄警察，高唱民权圣歌“我们必将胜利”，被激怒的警察们则向他们回敬了催泪瓦斯。为使全国观众悚然震惊，电视镜头记录下了这个混乱的场景。警察不加选择地使用棍棒，摄影师、记者和旁观者都遭到了袭击。根据一项后来的调查，当时发生的简直就是一场“警察暴乱”。尽管街道上无比混乱，会场中的代表们还是尽量保持平静，提名约翰逊政府的副总统休伯特·汉弗莱参加竞选。而来自马萨诸塞州的前参议员——约翰·肯尼迪和罗伯特·肯尼迪的弟弟爱德华·肯尼迪选择了放弃。缅因州参议员埃德蒙·马斯基被提名竞选副总统。共和党一边则在情况稍好的迈阿密举行了选举大会，并于8月8日选出了理查德·尼克松和马里兰州州长斯皮罗·阿格纽入围提名。

芝加哥发生的“警察暴乱”很有可能帮助尼克松赢得了这场势均力敌的选举大战。尼克松和汉弗莱分别获得了31,004,304张和30,691,699张选民票。由此可见二人的差距仅在0.01%上。亚拉巴马州前州长乔治·华莱士代表南方保守组织美国独立党参加竞选，得到了9,787,691张选民票。尼克松总共拿下了32个州的301张选举人票，汉弗莱则拿到14个州的191张选举人票，华莱士从5个南方州赢得了46张选举人票。

1969年2月初，越共发动了一场新的凶猛进攻，美军在战斗中损失惨重。为了阻止共产党人在越南的活动，尼克松秘密下令对柬埔寨进行狂轰滥炸。全国上下示威游行因此激增，甚至国会都在要求撤出美国军队的问题上变得更为坚定。“已经牺牲在越南的美国人民还没有白白奉献自己的生命，”一名国会议员宣称，“如果他们的牺牲能够让美国做出榜样，引领全世界投入到自己国家的事情中去。”最终尼克松宣布到月底撤回2.5万名士兵，并且制订了迅速结束战斗的时间表。他还表达了对巴黎谈判进展情况的关注。到此时为止，估计已有几百万人参加到了大规模反战游行当中。

接着，1969年11月17日，西莫·赫许在《纽约时报》中报道了1968年3月美国军队在广义省美莱村屠杀超过100个南越平民，包括妇女、小孩和老人的事件。全国上下惊骇万分，要求相关机构做出解释。几名士兵，包括威廉·卡利中尉在军事法庭上受到审判。1971年3月，卡利因杀害了至少22名越南公民被指控犯有蓄意谋杀罪，并被判处终身监禁。但是后来他获得减刑，在仅仅三年半之后就被释放出来。虽然卡利指控，是他的上级指挥官欧内斯特•梅迪纳上尉命令他杀死这些平民，这位上尉也受到审讯，但最终却被判无罪。

在一次试图清除柬埔寨和南越交界的共产党人避难所的努力中，尼克松授权美国军队在 1970 年 4 月 30 日侵略并摧毁这些避难所。然后，1970 年 12 月底，国会撤销了《东京湾决议》，总统也于 1971 年 1 月 31 日签署了这项撤销令。

这个入侵柬埔寨的举动和美国将战争波及范围扩展至老挝（柬埔寨北部邻国）的行为促使大学校园中出现了更多的示威游行。1970 年 5 月 4 日，其中一个发生在俄亥俄肯特州立大学的示威活动中，4 名学生被国民警卫队士兵枪杀。照片中的场景十分骇人，年轻女子在其中一具尸体前弯下身子，尖叫着恳求人们给她一个能够解决国家问题的答案。5 月 14 日，又有 2 名学生在密西西比州立杰克逊大学被州警射杀。接着，1970 年 7 月 1 日，《纽约时报》刊登了“五角大楼文件”。这些机密文件详细记载着很多指导美国在越南活动的重要决定。《纽约时报》从国防部前雇员丹尼尔 • 埃尔斯伯格手中得到这些文件，而这些材料一经刊登便强烈降低了人们对战争胜利和政府处理问题能力的信心。此外，“五角大楼文件”让政府对泄露到媒体的信息产生了极度的偏执和妄想，从此对可能泄露国家信息的公民活动实行了更坚定也更秘密的监视和侦察。

但是，总统却在外交方面取得了重大进展。1972 年 2 月，他访问了中国，两国为中美更大的交流需要发表了联合公报。也许只有像尼克松这样最知名的反共分子可以开启这个历史性的外交突破。接着，巴黎的扩展谈判也取得了成果，越南民主共和国、美国、越南南方共和临时革命政府、越南共和国政府在 1973 年 1 月 27 日达成协议，决定结束越南战争。不出所料，破碎的越南南方西贡政权不久就宣告倒台，越共迅即席卷了整个国家，仍然停留在西贡的美国人甚至不得不迅速搭乘直升机撤离。这对美利坚民族来说的确是一次发人深省的大败，约翰逊曾经害怕的多米诺效应也并没有出现。这本该是无须再上的一课，然而不幸的是，事情并不总是那么理想。政府中有太多官员太不懂美国历史了。

美国停止轰炸柬埔寨之后，共产党领导的红色高棉夺取了对全国的控制。美国公民和使馆人员再次被直升机救起。一场清理活动紧随其后，最终止于 1975 年 4 月 17 日。那一天，柬埔寨国内支持西方的军队向红色高棉军队投降。

随着 1972 年总统大选不断临近，政府开始卷入一场十分愚蠢和罪恶的行动，很多参与者因之名誉扫地。1972 年 6 月 17 日夜，美国历史上影响非常差的丑闻之一被曝光出来。在毗邻波托马克河、位于华盛顿水门的公寓酒店里，5 个试图在民主党全国委员会办公室中行窃的窃贼遭到逮捕。人们迅速获悉，这些人与白宫共和党总统连任全国委员会有关联，他们的盗窃正是企图获取即将到来的选举中的可用信息。讽刺的是，尼克松和他的竞选伙伴斯皮罗·阿格纽又在竞选中毫无悬念地战胜了民主党的两位候选人，即参议员乔治·麦戈文和肯尼迪家族的内弟萨金特·施瑞弗尔。尼克松和阿格纽夺得了除马萨诸塞州和哥伦比亚特区之外所有地区的支持，以 520 张选举人票和 47,169,911 张选民票对麦戈文和施瑞弗尔的 17 张选举人票和 29,170,383 张选民票，赢得了大选。尼克松获得了超过 60% 的选民票，而麦戈文则只拿到了 37.5%。共和党确实赢得了一场相当大的胜利，所获选举人票数在总统选举历史上位列第三，但随后却又遭遇到有史以来最为致命的打击。

在国会，议员们越来越反对总统因不批准某些法律的颁布而扣押其项目资金的习惯。早些时候，尼克松曾经试图让国会授权给他，以决定哪项开支可以削减，最终遭到拒绝。所以，他绕过国会，直接阻止那些未受他认可的拨款计划的执行。国会多数党即民主党的领袖都在抗议这种做法。他们指出，宪法中规定的行政和立法机构之间的制衡机制遭到了侵蚀，尼克松正在试图对国会权力进行完全彻底的不正当侵犯，从而违抗这片土地上最为神圣、最为根本的法律。

国会还对总统未经立法机构允许便擅自以总司令身份胁迫国家卷入国外战争的做法愤恨不已。最终，尽管总统可能会行使否决权，国会还是决定行动起来。1973 年，国会通过了《战争权力决议案》，要求行政首长在任何一次调遣军队进行战争之前与国会进行协商。该决议案进一步要求任何军事行动须在六十天之内终止，除非国会宣战或者授权继续行动。尼克松予以否决，声称该案侵犯了宪法中规定的总统义务，但 1973 年 11 月 7 日，国会再次宣布总统否决无效。于是，《战争权力决议案》在没有总统签名的情况下成为法律，尽管经常被后来的总统忽视和回避。

尼克松在总统职位问题上对宪法的不尊重引起了越来越多的注意，然而却突然被困扰副总统的问题掩盖起来。斯皮罗·阿格纽被控在担任马里兰州州长和副总统期间接受建筑公司高管的贿赂。1973 年 10 月 10 日，控告最终被确认，阿格纽对每一个逃税指控均供认不讳。当然，这是辩诉交易的一部分，所以他也不得不因此离开了美国副总统职位。

由于宪法第二十五条修正案授权总统在副总统职位空缺时提名替代者的权力，尼克松便挑选了众议院少数党领袖杰拉尔德·福特。参众两院均确认了这项任命，福特随即就职。

最高法院对“罗诉韦德案”的裁定是 1973 年尤为重要的一件事情。法院判处州反堕胎法律无效，以其违犯了宪法第十四条修正案下承诺的隐私权，由此确认了妇女决定是否终止妊娠的权利。裁决规定，在怀孕最初的三个月期间，政府对妇女堕胎决定的任何干涉行为都是违反宪法的。接下来的三个月，各州应制定法律保护妇女健康；只有最后三个月期间，各州才可以禁止堕胎。这个裁定使合法堕胎的数量迅速增加，由此掀起了全国范围内反对堕胎的“生命派”一方和赞成国家给予选择权利一方之间的辩论。不久，双方均成立了组织，而最高法院此后的每一项任命也都会引发“这位候选人如何看待‘罗案’裁定”的关注和忧虑。

国内政治很快便盖过了所有其他问题。水门的行窃未遂事件迅速得到许多人的注意。尼克松再三否认与这场入室行窃有任何瓜葛，尽管人们可以看到白宫精心策划了范围十分广泛的行动以掩盖和保护行窃嫌疑人的罪行。妨碍司法公正的伪证和贿赂仅仅是白宫所有罪行的冰山一角。窃贼们来到哥伦比亚特区地方法院首席法官约翰•西里卡面前，其中五人承认有罪，另有二人被陪审团发现其罪行。审讯期间，总统最亲密的两位顾问哈特曼和约翰·亚列舒曼被证明掩盖了真相。1973 年 4 月 30 日，尼克松宣布解除他们的职务，连同被解除职务的还有他的法律顾问约翰·迪安和司法部长理查德·克莱因迪恩斯特，后者被国防部长艾略特·理查德森所替代。

1973 年初，参议院通过投票建立了一个委员会，负责调查 1972 年总统选举期间的活动。该委员会由北卡罗来纳州参议员萨姆·欧文领导。这个参议院水门事件委员会于 5 月 17 日展开公众听证，其媒体直播更是吸引了全国的目光。在 6 月 25 日到 6 月 29 日的听证会期间，刚被解除职务的约翰·迪安透露称，尼克松就是这些掩饰行为的当事人。此外，总统前助理亚历山大·巴特菲尔德也在 7 月 16 日通知委员会，称自从 1971 年开始总统就对他在白宫和行政办公楼里的所有对话做了录音。尽管尼克松公开发誓称“我不是个骗子”，但他清楚地知道那些录音带一定会出卖他。在对其他事情的调查中，委员会获悉白宫保有一份“敌人名单”，上面记录着可能受到美国国家税务局调查的政治家、记者和其他公众人物的信息。除此之外，白宫还有一支“管道工”队伍，专门负责对名单上面的嫌疑人进行窃听以阻止媒体泄露秘密。

该参议院委员会和法官西里卡都调取了录音带。一旦到手，它们将被移交给阿奇博尔德·考克斯。此人是哈佛法学院教授，同时也是肯尼迪和约翰逊政府的司法部前副部长，5 月时由司法部长理查德森任命为特别检察官。7 月 23 日，由于深知录音带中隐藏了什么样的内容，尼克松以行政官员豁免权为由拒绝交出它们。如果他遵从这个指令，他坚持称，这个传唤就构成了“对总统谈话极大的侵犯，以至总统制度都会受到致命的威胁”。但是，西里卡法官在 8 月 29 日命令把九盘录音带交付于他以进行私人审查。尼克松并未交出录音带，而是提议交出由他本人编辑、经密西西比州参议院约翰·斯坦尼斯审核的录音带文字副本。考克斯拒绝了这项提议，于是总统下令让理查德森解雇考克斯。然而，理查德森并没有执行这个命令，而选择于10月20日星期六辞职。新近任命的司法部副部长威廉·拉克尔肖斯同样拒绝解雇考克斯，于是被尼克松解雇。最终，尼克松让司法部副部长罗伯特·博克继任司法部长，继续为自己做这些卑鄙的勾当。1973年10月20日，博克在所谓“星期六之夜大屠杀”中解雇了考克斯。然后，来自得克萨斯州的辩护律师里昂·贾沃斯基被任命为特别检察官，代替了考克斯。

现在，弹劾尼克松的呼声越来越高，众议院司法委员会由此发起了调查。尽管很多众议员反对任何弹劾总统的想法，司法委员会仍然收到了84个众议员提交的16个议案。由于公众的抗议和弹劾的危险都在不断增加，尼克松最终同意遵照传唤并交出了一些录音带。其中一盘里显露了18.5分钟的空白，后来被专家认定为多重擦除所致。这段空白涉及尼克松与哈特曼1972年6月20日的一次对话。

由来自新泽西州的彼得·罗迪诺领导的38名众议院司法委员会成员在1973年10月30日开始了听证。五个月之后，一个水门大陪审团向尼克松的7名前顾问和助手发起指控，法官西里卡随后也将得到的证据移交司法委员会。这些证据中包括一份秘密报告，明白无误地指认尼克松是掩盖水门事件真相的同谋者。

4月11日，弹劾委员会以33票对3票的结果决定调取1973年2月、3月和4月存有对话的录音带。五天之后，特别检察官贾沃斯基向总统发出了要求交出64盘录音带的传票，得到的录音带将用以审讯被告的顾问和助手。尼克松拒绝接受传唤，但在4月30日交出了超过1000页经过编辑的对话文稿。委员会拒绝接受经他编辑过的版本，并再次要求获得录音带。在致罗迪诺的信中，尼克松说他“决心不做任何将会导致行政机构从此永远需要屈从于立法机构的事情，更不会因此毁灭了宪法所规定的权力制衡”。

当贾沃斯基进行上诉并请求裁定时，总统确信最高法院一定会支持他的意见，因为正是尼克松本人任命了法院之中的大多数法官。然而，1974年7月24日，法院在首席法官沃伦·伯格执笔的意见中，一致同意总统必须交出证据（威廉·伦奎斯特弃权），因为这显然就是一个刑事诉讼程序。

三天之后，也就是1974年7月27日，司法委员会的弹劾议案获得批准。尼克松被控“通过本人和下属……延误、阻止和妨碍”水门事件的调查、隐瞒证据并保护从事犯罪活动的个人。他还被指控“践踏了宪法赋予公民的权利，妨害了国家机关以合法调查的形式对正义进行应当且正当的管理，并且违抗了行政机构中法律管理机构的指令及其宗旨”。此外，他还被控蔑视委员会传唤，因此妨碍了弹劾程序的正常进行。

8月5日，尼克松交出了1972年6月22日与哈特曼进行的三段对话的录音文稿。这些对话出现在行窃事件六天之后，并被证明是“冒烟的枪”。这些“冒烟的枪”指出，尼克松一直知道这些掩盖真相的行动，并且曾经亲自向联邦调查局下令终止对水门入室行窃事件的调查。此外，录音带里总统在对话中用到的粗俗语言使全国人民大为震惊。他们发现了一个使整个政府机关都蒙受耻辱的粗俗的偏执狂。公众现在终于意识到，尼克松到底在何种程度上背叛了自己“维护、保卫和拥护美国宪法”的誓言。

弹劾程序现在移入了整个众议院。1974年8月7日，议员们投票允许广播和电视直播弹劾辩论。雪上加霜的是，尼克松又被几个共和党领袖坦诚告知，千万不要期盼众议院会有10个人以上反对弹劾，也不要期盼参议院会有15个人以上反对将他免职。

第二天，在没有什么选择的情况下，尼克松在电视上宣布辞职，宣称他“再也没有足够的政治基础”继续留任。他的辞职于第二天，即8月9日生效，杰拉尔德·福特在当日宣誓就职。福特总统上任之后所做的第一件事情就是提名纽约州的纳尔逊·洛克菲勒任副总统。提名依照宪法第二十五条修正案中所规定的程序，在参众两院都获得通过。“我国漫长的噩梦终于结束了，”福特宣称，“我们伟大共和国的政府，是法治的政府，而非人治的政府。”

总统和副总统均未经人民选举即升至政府行政机构顶端，这在美国历史上尚属首次。

一个月以后的 1974 年 9 月 8 日，让很多人震惊和愤怒的是，福特向尼克松提供了完全的无条件总统特赦。10 月 17 日，他在向众议院司法正义委员会做出的证词里矢口否认在升职时与尼克松达成了“交易”。与此相反，他坚持称，结束水门事件的论战和恢复国家和平是自己的愿望。但是，很多选民却很难接受这个赦免令，并且注意到赦免令下发之迅速和公众预先对此事之无知只能让人相信总统是在进行“腐败交易”。福特将在 1976 年的下一次总统选举付出代价，不过直到 2006 年他去世为止，很多美国人都开始相信他确实没有进行什么“交易”，整个国家也确实需要从水门事件的丑闻中复苏过来，并以此做个了结。

1975 年 9 月发生了两起针对杰拉尔德·福特的刺杀，所幸两次努力全都失败了。9 月 5 日，利奈特·佛罗默手持装有四颗子弹的柯尔特 45 口径手枪指向福特，但在开枪之前便被逮捕。接着，在 9 月 22 日，萨拉·简·莫尔在福特离开位于旧金山的圣弗朗西斯酒店时朝他开了一枪。一个叫作奥利弗·辛普勒的旁观者在她正要扣动扳机时擒住了她的胳膊，让子弹偏离了方向。福特再次逃过一劫。尽管被判决终身监禁，莫尔也在 2007 年 12 月 31 日，亦即坐牢三十二年后被赦免。

我们不清楚两场暗杀的部分动机是否与赦免令或者尼克松始终未能认罪这一事实有关（虽然他确实承认自己犯了错误）。实际上，他接受赦免的这一举动就已经被很多人解读为承认自己有罪。尽管他自己逃避了审讯和监禁，他的助手却遭到控告、审讯，被判犯有同谋罪、阻碍司法公正罪、伪证罪和违反联邦选举法罪，获得了程度不等的惩罚。后来，1975 年，国会一些委员会的调查显示，中央情报局也在尼克松在任期间指挥了大量非法情报行动。

水门事件带来了两个重要的结果：其一是 1974 年《竞选财务法案》的通过。该法案设立了支出限度，并要求充分披露竞选捐献和支出金额；其二是共和党在1974年中期选举和1976年总统大选中两次大败。

1976年，美国人民不仅迎来了总统大选，还迎来了1776年7月4日签署《独立宣言》二百周年的纪念日。全国以很多活动和游行庆祝了这个节日，其中包括给人深刻印象的纽约港帆船展览。这证明了人们已经从过去几年发生的丑闻和暴力之中逐渐解脱出来。

当然，民主党人不仅庆祝了7月4日的节日，更热切地期待着总统选举的到来。党内候选人众多，但最终却让一个在普莱恩斯种花生的农民——后来的佐治亚州州长吉米·卡特赢得了选战初期的一系列预选，最终于7月15日在纽约市举办的民主党全国大会上得到了提名。休伯特·汉弗莱撤回候选人资格的事实消除了流传已久的竞争的可能。卡特接着选择了明尼苏达州参议员沃尔特·蒙代尔作为他的竞选伙伴。

共和党选择了福特，尽管很多代表强烈希望以加利福尼亚州州长罗纳德·里根替代他。为了取代撤退下来的洛克菲勒，大会提名堪萨斯州参议员罗伯特·多尔竞选副总统。即使卡特在竞选中占有很多优势，尤其是物价飞涨、水门事件和尼克松的赦免令，他也只是勉强赢得了选举。他得到40,829,056张选民票和297张选举人票，福特则获得39,146,006张选民票和240张选举人票。民主党还保留了对国会两院的控制，得到了292个众议院席位，共和党人则拿到了143个。参议院中民主党人以62席对38席占有优势。

选举后，来自马萨诸塞州的众议院议长托马斯·奥尼尔在佐治亚会见了吉米·卡特以商讨政策。候任总统阐述了他节约能源的愿望并表达了对国会颁布节能法令的渴望。议长明智地建议他与各委员会主席就其方案进行协商，但是卡特愚蠢地驳斥了这个建议，宣称没有这个必要。如果需要的话，他说，他将越过各位主席直接诉诸人民。在那一时刻，议长意识到他们已经遇到麻烦了。

1977年1月20日就职典礼期间，卡特打破了原来的传统，在就职仪式之后偕妻子走上了国会大厦到白宫的宾夕法尼亚大道，以步行取代了驾车。显然，他想要通过去除繁文缛节来展现一种平民主义形象。

但是，新任总统并没有一位强势的参谋，他自己也没有能力博取公众的认可。更差劲的是，他没能获得国会中民主党人的支持。他提议的福利、能源和税收政策没有一个原封不动地获得通过。因此，尽管卡特拥有国会两院大多数的议席，但是卡特政府没有值得重视的成就。共和党的国会议员甚至都觉得不可思议。总统告知议员们他想做的事情，向共和党人宣称："一切将在这里终结。"然后此事便再无后话，他也不会再积极参与到立法进程中来。卡特善于描绘细节，试图细化整个流程。"但他对整个国家却没有一个清晰的目标，总是喜欢激动地评判国会而非引领国会。"一位民主党员说卡特"比美国历史上任何一位总统都了解更多的事情……但是……他……就是不会鼓励别人，不懂得如何与别人相处"。

在试图细化管理的过程中，卡特逐渐发现这是一个不可能完成的任务，由此让公众对他的领导力失去了信心。奥尼尔认为卡特的领导风格也导致1978年中期选举时民主党丢掉了众议院12个席位和参议院3个席位。

卡特还在总统度假地戴维营举办了一次非常不成功的国内十日经济峰会，以解决通货膨胀和被他认为是能源危机的问题。超过100名来自不同背景的与会者出席了会议。在1979年7月15日的电视演讲中，他描述了被人称为国家萎靡的现象，尽管他把这种现象称为由全国经济状况引发的"信任危机"。他定下的调子让整个国家都失去了勇气和信心。他还改组了自己的内阁，强迫几位成员辞职。

通货膨胀问题依旧。1979年油价急剧上涨，消费者物价指数显示年度价格上涨近18%。汽油价格持续攀升，超过了每加仑1美元节点。联邦储备委员会为了减少贷款可用货币数量，将基准利率上调至20%。政府开始以消费信贷作为附加条件，对分期付款购货进行限制。

卡特政府还能让事情变得更糟。联邦调查局"故设圈套"，揭露了几名国会议员收受贿赂并以官方好处作为回报的情况。他们虚构了一个称为"阿卜杜勒企业有限公司"的掩护组织（这个圈套名为"阿布斯坎"），该组织通过宣称其中介人代表着准备行贿获得立法支持的阿拉伯商人招揽生意。联邦调查局特工则化装成阿拉伯酋长，把和国会议员会面的场景全部拍摄下来。很多议员在 1980 年和 1981 年被指控并被认定有罪。几个议员辞职，其他人也在改选时遭遇失败。来自宾夕法尼亚州的民主党众议员迈克尔・梅耶斯第一个被判犯有受贿罪、共谋罪和以州际旅行支持诈骗罪；1980 年 10 月 2 日，他因为这个不光彩的名声成为自 1861 年以来第一个被众议院驱逐的议员。后来，甚至卡特自己和他的弟弟比利也受到调查，所幸联邦特别检察官以"花生贸易中可能存在的贷款违规"证明了他们的清白。

卡特政府尽管可以称作每况愈下，却在外交上获得了一些成功。总统在华盛顿与巴拿马政府首脑签署了一项巴拿马运河条约，废除了 1903 年的《美巴条约》，决定在2000年将运河的所有权和控制权移交给巴拿马政府，并承诺在战争与和平时期均保持运河的中立。条约在巴拿马全民公投中获得了三分之二选民的认可，1977 年10 月23 日获得该国批准。然而另一方面，美国参议院却到 1978 年 3 月 16 日才以 68 票对 32 票，即 1 票的优势勉强通过这个条约。尽管如此，参议院还是添加了修正案和保留意见，要求保障美国在必要情况下以武力保护运河的权利。

关于中华人民共和国，美国在 1979 正式与之建立了外交关系并互派大使。卡特宣布不再承认台湾当局，断绝了双方达成的共同防御条约。

卡特最著名的外交成就莫过于帮助以色列和埃及达成和约。自从 1973 年埃及和其他阿拉伯国家对以色列突然发动进攻以来，两国就一直处于交战状态。在华盛顿的压力下，埃及总统穆罕默德・安瓦尔・萨达特和以色列总理梅纳赫姆・贝京在 1977 年进行了互访，但双方未能达成共识。后来，卡特邀请萨达特和贝京于 1978 年 9 月来到戴维营，签署了《戴维营协议》，使交战国双方同意在三个月之内签署和约。1979 年 3 月 26 日，贝京和萨达特在其他阿拉伯国家的反对之下，于白宫的玫瑰园签署了和约。和约规定以色列军队逐步撤离西奈半岛并建立起两国正常的外交和贸易关系。然而，它并没有解决加沙地带和约旦河西岸的巴勒斯坦问题。

其后，卡特在伊朗问题上遭受了十分致命的打击。伊朗国王在宗教激进主义者爆发叛乱之后逃离了该国，问题也由此产生。1979 年 10 月 22 日，当美国准许他入境获得医疗救助时，指导叛乱的穆斯林学者阿亚图拉·霍梅尼怂恿他的追随者进行示威游行。1979 年 11 月 4 日，数百名伊朗学生冲入德黑兰的美国大使馆，要求交还国王以待审讯。他们抓了大约 100 名人质，其中大部分是美国使馆人员。然而，卡特拒绝引渡国王，并且冻结了伊朗在美国的全部资产。两个星期之后，学生们释放了 13 名被扣女性和黑人男性，其他人则被继续关押。再往后，无论是国王从美国前往巴拿马，还是八个月之后他的去世，还是联合国方面的请求，都没能使伊朗人释放剩余的人质。

卡特通过外交手段寻求解决方法，呼吁全球对伊朗实行经济制裁，但这些都毫无用处。所以，他秘密授权开展一项军事行动，希望结束这场危机。1980 年 4 月 24 日，一支突击队在未能到达德黑兰成为救援者之前就遭遇了失败，而且还损失了 8 名队员。对整个国家来说，美国政府现在看上去已经完全无能为力了。

早些时候，另一场危机也逐渐发展起来。苏联在 1979 年 12 月入侵了阿富汗。卡特以对苏粮食输出禁令回应了这种举动，并且鼓励美国运动员不要参加定于 1980 年夏天在莫斯科举办的奥林匹克运动会。看起来，冷战还在发挥它的威力，而且丝毫没有减轻的趋势。

这些问题的发展严重降低了卡特竞选连任成功的可能。约翰·肯尼迪和罗伯特·肯尼迪的弟弟——马萨诸塞州参议院的爱德华·肯尼迪向他发起了挑战，他尽管初选在马萨诸塞州、康涅狄格州和纽约州获得了成功，但在一个全国性电视节目中未能阐明他为何想要成为总统，因而逐渐失去了机会。卡特于 8 月 14 日在纽约市召开的民主党全国大会上再度获得提名，但他和他的竞选伙伴沃尔特·蒙代尔需要面对的，是前电影演员和加利福尼亚州州长——咄咄逼人的共和党人罗纳德·里根。此人因对低税率和消极政府的呼吁吸引了保守派一方广泛的支持。里根攻击了卡特政府的经济和外交政策，提倡他所称的“供给方”经济，亦即通过减税刺激生产和投资的经济。里根在获得共和党提名时最有力的竞争对手是乔治·赫伯特·沃克·布什，此人将“供给方”经济戏称为“巫术经济”。

但无论如何，里根的魅力、风度和在电视上充满魅力的举止简直不可抵挡，于是再三横扫初选，最终于7月16日在底特律召开的共和党全国大会第一轮投票中赢得了提名。在最初诱使杰拉尔德·福特接受副总统提名失败后，里根选择布什作为自己的竞选伙伴。起初，选战看上去好像又是异常激烈，但不久里根便迅速占了上风，吸引习惯上投票给民主党的蓝领工人加入他的保守改革运动，以此来推动全国经济状况的改善。

选举意想不到地滑向了里根一边。事实上，这场全面的胜利在计票开始就已经完全显现，以至于卡特在西海岸投票结束之前就承认本次选举已经失利。西面很多为少数一边服务的候选人认为他们的失败源于卡特过早让步，因为民主党党员在知道选举失败之后就根本没有出现在投票现场。里根总共得到了包括南方各州（佐治亚州除外）在内的43个州的489张选举人票和43,901,812张选民票，而卡特则获得了6个州和哥伦比亚特区的总共49张选举人票和35,483,820张选民票。

共和党还赢得了对参议院的控制，尽管民主党人在众议院中依然保有多数席位。不过，共和党还是赢得了众议院33个席位，而且因为迪克西-共和党人联盟对税率和全能政府等问题的特别关注，众议院的调子和风格开始变得越来越保守。很多主要的和最具影响力的自由主义者被击败。议长奥尼尔将这种挫败的原因直接归结到卡特身上。“罗纳德·里根并没有赢得1980年选举，是吉米·卡特输了……事实就是，到选举日那天的时候，许多美国人都迫不及待地想要摆脱他。”如果卡特在对抗一个强有力的对手时背后有一个强健的经济，他坚持说，“罗纳德·里根就不会有任何机会被选为美国总统，他只会被选去登月。”也许是这样吧。

国会中的很多民主党人在选举后都表现得十分萎靡，而且他们也并不期待和这位广受欢迎的总统在削减国内开支、增加军队开支的问题上展开较量。不过，根据那些深知里根的加利福尼亚议员的评价，这位候任总统就是“光打雷不下雨”。在任加利福尼亚州长期间，他实际上还增加了开销并提高了税收。

后来的结果是，里根对立法的细节问题从来不感兴趣，但他天生就是一个政坛的拳击手。他从电话里向国会议员发出恳求，然后强迫他们到白宫做客，接着把自己的智囊团和“精明的国会联络员团队”搞定；他还频繁地向美国人民做电视演讲，用娴熟的技巧为自己的计划赢得支持。“总而言之，”奥尼尔评论道，“1981 年的里根团队也许是我所见过的最好的政治运行小队。”

总统就职典礼在国会大厦外的西草坪上举行，这在美国历史上还是第一次。在就职演讲中，里根，作为有史以来年龄最大的总统（差一个月七十岁），宣布：“政府不是我们解决问题的方法，政府就是问题本身。”此外，他继续说道，现在是“该将政府拉回正确轨道，并减轻惩罚性税收负担”的时候了。保守派听后尖叫着表示他们的认可，从那时起，里根就成了他们永恒的英雄。

里根结束就职演讲后几分钟，德黑兰的 52 名美国人质便被伊朗政府释放，像是对吉米·卡特最后的谴责一般。

民主党领袖没过多长时间就被里根灵活的政治手腕和无可匹敌的智囊团彻底制服了。起初，总统从前任那里继承了被高通胀和高利率搞得破了相的经济。事实上，1981 年的优惠贷款利率在 20% 到 20.5% 之间波动。但接下来，一方面，里根坚持严格的党纪，另一方面，正如议长奥尼尔所说，“卡特时代里我们一直享有的”南方保守民主党人，即绝大多数人的支持，“已经消失了……而新总统又全速收揽了这些人心”。作为一个跋扈的政治家和操纵者，里根给了国会非凡的领导。一些众议员声称他们在里根政府上台头几个月里看见他的次数就远远超过他们记忆中卡特在任的整整四年。

民主党人不久就发现他们可以与总统共事。二者之间虽然有很多争论，有些争论还变得异常激烈，但他们最终学会了正如奥尼尔所说的“不同意，但不发脾气”。这种观点不断渗透进国会。“议长奥尼尔和总统里根可以在处理问题时极其好斗而富有党派效忠感，而几个小时之后又能变得十分和蔼亲切。”田纳西州的共和党人唐纳德·桑奎斯特报道说。的确，奥尼尔和总统经常在晚上六时之后见面，然后一起喝杯小酒。“我们中的大多数人都是如此。众议院休会之后，每个人都能很好地对待别人，也可以在一起说说笑笑。”

结果，里根在 1981 年收获了《经济复苏法案》的通过。该法案规定削减税收，从而减小政府规模刺激经济扩张。这是显而易见的供给方经济。难以置信的是，有 48 名民主党人（其中大多数是南方的保守派）称自己为“棉铃虫”，与自己党派的意图分道扬镳，投票支持这项措施，而共和党一方只有一人变节。“我们给罗纳德·里根的计划省出了一个任期时间。”一只“棉铃虫”自夸说。由于民主党中出现了足够多的背叛者，共和党“控制了经济问题的议程”。结果，医疗福利和学生贷款均被降低，儿童营养计划也被砍掉，失业补偿金同样遭到削减。以上提及的税收法案和旨在减少政府三年内支出的《统一综合预算汇编法案》的通过使里根得以宣布，他的这些提议表明，“政府官僚机构、政府支出和政府税收过快增长的局面已经结束”。然而由此引发的巨大的税收损失迫使行政机构向国会要求增加债务限额至万亿美元以上。1982 年 9 月 30 日，10,800 亿美元的限额得到了确认。到 1981 年底，联邦赤字超过了 1000 亿美元，国家经济开始衰退。

上任之后不久，1981 年 3 月 30 日下午二时三十分，罗纳德·里根遭到枪击，子弹击中了胸部。刺杀总统的是从华盛顿希尔顿酒店里突然冒出的二十五岁的小约翰·辛克利。总统新闻秘书詹姆斯·布莱迪、一位特勤人员和一名警官也在这次袭击中受伤。被紧急送往乔治·华盛顿大学医院后，里根开玩笑地说，他希望将要在手术中为他取出子弹的外科医生是一个共和党人。幸运的是他从手术中恢复过来，并于 4 月 11 日伤愈出院。辛克利后来被鉴定为精神错乱，因此没有被指控任何罪行，只被送往精神病院。

里根无意因为这场暗杀放慢脚步，于是继续投入到增加国防支出、减税和减少国内很多项目支出的大计中去。事实上，他成功地制定了美国历史上增幅最大的一次军事拨款，以及整个国家经历过的规模最大的税收削减。当然，这些都让赤字飙升不止，国债也一飞冲天达到万亿。怀俄明州共和党人理查德·切尼后来评论道，罗纳德·里根证明了“赤字不是问题”。一些美国人担心“赤字到底是不是问题”，因为如此下去国家迟早面临破产。

民主党人在与里根的几次小争论之后明白了一个道理，那就是他“会在正确的时候妥协和让步”。他不是一个永远“执拗”的人，宾夕法尼亚州的民主党人约翰·穆尔沙称。譬如，在一项削减 150 亿美元国防款项的提议中，“我们知道他其实愿意让步，但他不到最后绝不会让步。我的意思是，他会一直斗争到最后，然后才会让步”。

不过里根的确成功地把预算和税收削减到了足以显著改变政府政策的地步。个人所得税在 33 个月内全面缩减 25%。从 1985 年开始，税率、个人免税额和定期减免额被编入反映生活费用增长的索引中。此外，资本利得税也从 28% 减少到 20%，且从遗产与赠与税中排除的数额也会相应增加。至于预算，如教育、健康、住房、环境、食品券、校餐，以及国家人文和艺术基金会和城市援助计划，都被削减。另一方面，里根在军事上赢得了巨额的拨款。国防预算从 1800 亿美元增加到了 2790 亿美元。这些款项被用于重建海军、购买轰炸机与导弹和建立起广为人知的“星球大战”太空战略防御系统。结果，赤字从 1981 年的 790 亿美元飙升至 1986 年的 1850 亿美元，因而迫使里根放弃了他非常重要的原则之一并转而要求国会提升税率。甚至在税收增加之后，赤字仍然升至 2900 亿美元的高位，国债也变为原来三倍。

许多可以达到目标的时髦方法改变了美国人的生活方式，同时也改变了政府的运作方法。比如说，电视为美国人提供了娱乐、信息，也让他们有机会见到从不知道的地方和从没企盼要见证的事情。公众第一次可以看到国会中法律获得通过的实况。公众电视始于有线卫星公共事务频道

（C-Span）持续不断覆盖国会参众两院。议长奥尼尔认为允许对众议员辩论进行现场直播是“他所做过的非常明智的决定之一”。选民由此才意识到很多男女代表的勤奋和机智。这个媒介还向议员们提供了一种直接和家乡选民沟通的渠道。但这种方式也存在一个明显的缺点，那就是曾经在会场里花费很长时间听取同事拿出的论据的议员们现在却要在自己的办公室里断断续续收看对方的言行。丹尼尔·韦伯斯特、亨利·克莱、约翰·C.卡尔霍恩、撒迪厄斯·史蒂文斯和威廉·詹宁斯·布莱恩所擅长的那些可以用来迷住观众、影响选票和证明自己政治才能的国会辩论，以及那些充斥着激烈辩论的伟大岁月，都随着电视的到来，一去不复返了。

议员们不用浪费多少想象力就能意识到电视提供了一种多好的攻击对手的方式。佐治亚州众议员纽特·金里奇便十分精明地注意到电视可以在何种程度上帮助他和他的共和党同事们从民主党人手中夺取对众议院的控制。“我发现，如果我能开始在有线卫星事务公共频道上发表演讲，我就能让听众数量猛增，这样就比那些飞出500英里对着吉瓦尼斯俱乐部里的人们狂吼的人强上很多。”于是，他和他的一小群追随者开始在早间向民主党人发表一分钟的小演讲，晚间则发表长些的“特别定制”演讲。“特别定制”授权一名议员在众议院结束一天事务后上台，就该议员感兴趣的任何主题进行为时一小时的发言。那时的众议院通常人去屋空，演讲通常都是供人们回家后观看。但是金里奇却用它们指控众议院在民主党支配之下滋生腐败。他说，对方“无情地崇信党派分野，改变了众议院的规则，使各委员会职能重叠交错……还纷纷前来质询（里根）政府”。

后来，参与早间一分钟演讲的议员人数从1977年3月的110人增加到了1981年3月的344人。不幸的是，这种活动只能在议会中造成粗暴的言行，并且把议员分裂开来。它“将败坏国家对话，削弱国内辩论”。威斯康星州民主党人大卫·欧贝预言说。

它也确实造成了这种效果。对峙和人身攻击逐渐取代了妥协与两党合作，败坏的风气传遍立法机构，在短时间内迅速毁灭了国会议员身上所有的礼节和礼貌。新的时代已经开始，党派偏见的泛滥将在20世纪余下的时间里支配所有的争论，接着向21世纪蔓延。

美苏之间的紧张态势在里根政府时期逐步升级。总统将苏联称为一个“邪恶帝国”，并且开始限制两国涉及电子设备、计算机和其他先进技术的贸易。在1982年6月访问欧洲期间，里根向英国议会两院的联席会议发表了讲话，这也是美国总统第一次向这个团体发表演讲，接着又前往柏林墙，号召共产主义者“推翻这座墙”。

里根和他在白宫的同事们急切地想要限制苏联的侵犯，以至于他居然允许他的助手卷入了推翻尼加拉瓜马克思主义桑地诺政权的尝试之中。他们炮制了一个向反桑地诺势力或者尼加拉瓜反抗军队提供军事援助和资金的计划。1982年和1983年，国会两次阻止对反抗军队进行援助，而且在一个1984年10月12日通过的支出法案的修正案（《博兰修正案》）中，禁止五角大楼、中央情报局和其他情报机构“以推翻尼加拉瓜政府为目的向任何组织和个人提供军事装备、军事训练或建议，以及其他对军事活动的支持”。这项修正案在1985年再次得到修正，使其贯穿了整个1986财政年。

为了绕过这个限制，政府利用向伊朗秘密销售武器得来的资金和其他由国外政府及私人提供的财政援助来支持尼加拉瓜反抗军队推翻桑地诺主义者的统治。这个策略从1985年春天开始实行，而当时以色列情报部门通知美国政府，称什叶派穆斯林愿意以向伊朗出售军火为条件，帮助释放关押在黎巴嫩的外国人质。1986年1月17日，里根同意秘密通过中央情报局向伊朗出售武器。他命令中央情报局主管威廉•凯西不要把此事告知国会，由此启动了一场十分有系统的、意图欺骗国会并掩盖国家安全委员会（成立于1947年，在本次事件中负责汇集资金，然后提供给反抗军队）成员活动的阴谋。

此事显然违反了法律，而且对涉足其中者构成了弹劾的威胁。当一些丑闻的细节开始泄露出来时，总统在11月2日任命了一个由得克萨斯州共和党前参议员约翰·托尔领导的三人委员会负责调查此事。委员会后来认定国家安全委员会前主管罗伯特·麦克法兰，其继任者海军少将约翰·波因德克斯特，还有他的助手——陆军中校奥利弗·诺斯，安排了军火销售，并且将收益转移给了攻打桑地诺政府的尼加拉瓜叛军。三人应该为整件事情负责。委员会同时批评里根未能及时获悉和控制自己政府中出现的种种问题。来自参众两院的联合报告也指控总统允许“一群狂热的阴谋者”参与到违反法律的活动当中。丑闻刚一公开，奥利弗·诺斯就有条不紊地在国会可以传唤所有书面证据之前粉碎了它们。

如此明目张胆违反法律的做法使很多民主党国会议员要求弹劾这位总统。冷静一些的则反对这种举动。“我经历过对尼克松的弹劾，”众议员的主要领导者吉姆·怀特说道，“我可不想再次在我们的国家看到这种事情。”

国会的调查产生了令人信服的证据，这些证据证明里根政府“欺骗了国会和公众并且向他们撒谎，蔑视了宪法赋予国会在实施外交政策时的权利和义务，并把政策的执行交付到为自己谋求利益的私人手中”。但是，议长奥尼尔说：“我们不会再进行一次弹劾了。这对国家来说太冷酷也太猛烈了。我们不会这么做的。”

里根承担了伊朗门事件的全部责任，宣称他向伊朗提供援助是希望缓和两国关系，而不是为了解救黎巴嫩的人质。他的助手也宣誓并不知晓任何关于为尼加拉瓜反抗军队筹资的秘密安排。同时，美国哥伦比亚特区上诉法院任命劳伦斯·沃尔什为独立检察官，他的调查引发了对 14 个人的公诉，所有人均被定罪。波因德克斯特辞职，诺斯被解雇，2 个人都被起诉。1989 年 5 月 4 日，诺斯被判犯有三项重罪，其中包括销毁和篡改官方文件，而另外九项对他的指控并不成立。他遭到罚款并需服两年缓刑，但一位联邦法官随后推翻了罚款判决、驳回了指控。联邦上诉法院还对波因德克斯特定下重罪。麦克法兰承认对国会非法隐瞒了四项证据，因此被判两年缓刑并被处以 2 万美元的罚金。总统乔治·赫伯特·沃克·布什于 1992 年赦免了另外二人。国防部长卡斯帕·温伯格被指控提供了四项伪证和虚假财务报告，不过布什总统也赦免了他。

在最后的报告中，劳伦斯·沃尔什宣布说，并没有可靠证据证明里根本人违反了任何刑事法令。“不过，总体上说，当《博兰修正案》切断了尼加拉瓜反抗军队的供给后，他通过鼓励和指挥援助计划为其他人的非法活动创造了条件。”后来，吉姆·怀特说，里根极有可能“并没有真正注意到”自己对助手说了什么或者同意了什么，“所以对这些事情没有印象”。

在外交关系方面，里根义无反顾地在1983年派遣军队到黎巴嫩，作为国际维和力量的一部分帮助平息一场激烈得近乎把整个国家夷为平地的内战。但是他的努力失败了。1983年10月23日，一个自杀式爆炸袭击者驾驶卡车撞向美国海军陆战队营地并引爆了炸弹，造成241名美国军人死亡。总统立即从该国撤出了剩余部队。尽管发生了这样的惨剧，里根自己并没有受到政治上的不良影响。他仍然像以前一样受人爱戴。从那之后，他就被人们认为是“特氟龙式总统”，因为没有任何政治上不光彩的事情会粘在他身上。

他的最后一项外交成就是与苏联的新晋领导人米哈伊尔·戈尔巴乔夫达成一致，取消在欧洲部署中程核武器。1985年，取得了苏联共产党最高权力的戈尔巴乔夫同样继承了严重的经济问题，而这些问题要求苏联必须向新的方向发展。于是，他宣布了新政策“公开性”，意图把国家从苏联式的隐秘和压抑中解脱出来。他提倡某种形式的言论自由和一定程度上的政治自由。此外，他还提议进行“改革”，希望通过采用西方资本主义社会的自由市场政策改进失败的苏联经济。

为了达到公开性和改革的目标，戈尔巴乔夫不得不缩减了苏联军备的规模并重新指导国家经济活动。而这就意味着减轻苏联和自由世界之间的紧张和怨恨——简言之，就是结束冷战。而且，里根治下美国军备集结水平对苏联的经济造成了巨大的压力，也让苏联很难再度维持两国军力的均势。所以，戈尔巴乔夫只得向里根表示友好，并且终止部署针对欧洲的中程核武器。总统同样做出了友好的回应，几轮会谈之后，两位领袖于1987

年12月在华盛顿签署了《中程核武器条约》，取消了所有瞄准西欧方向的中程导弹。事实上，这个条约标志着冷战的结束，同时标志着苏联和西方友好关系的开始。

不仅伊朗门事件玷污了里根的名誉，其行政助理的各种不当行为也为他带来了些许耻辱。因为对资金处理不当，环境保护局几个最重要的长官很不光彩地辞了职。总统的一位助理被判犯有伪证罪，劳工部长也因诈骗受到起诉被迫辞职，尽管后来又被判无罪。另外，司法部长由于以权谋私受到调查，住房和城市发展部部长也因住房补贴赠与问题上存在不当行为受到了审查。

民主党人很好地利用这些丑闻夺回了对参议院的控制，而且借此驳回了里根对极度保守的法官罗伯特·伯克向最高法院的任命。不断增长的赤字和贸易不平衡、房地产市场的萎缩以及由此引发的对储蓄贷款机构的损害表明，一场波及全国的经济崩溃已经开始。实际上，储蓄和贷款业务受损的程度和范围已经需要联邦提供超过5000亿美元的援助。自从经济大萧条以来，还从未有如此多的银行和储蓄贷款机构相继破产。接着，1987年10月19日，股市暴跌508点，创造了单日最大跌幅的历史纪录。

1988年总统大选时，民主党人对胜利表现出无比的确信以至于大量的候选人都决定参加竞选。在所有人里，科罗拉多州前参议员加里·哈特一直领先，直到报纸报道了他不检点的性行为之后才被迫退出。另一位候选人，非洲裔的民权领袖杰西·杰克逊也参与到提名的竞选之中，受到被他称为“彩虹联盟”的少数族裔和弱势群体的广泛支持。参议员阿尔·戈尔是另一位竞争者。然而，马萨诸塞州州长迈克尔·杜卡基斯最终获得了足够数量的预选，并于7月20日在亚特兰大召开的民主党全国大会上拿到了提名。他选择得克萨斯州参议员劳埃德·本特森为自己的竞选伙伴。

8月17日，在新奥尔良召开会议的共和党人选择副总统乔治·赫伯特·沃克·布什参加竞选，印第安纳州参议员丹佛斯·奎尔则为他的竞选伙伴。共和党人发起了一场特别下流而有效的负面竞选。杜卡基斯被指控在马萨诸塞州纵容犯罪，而且因为驾驶坦克出现时头戴安全帽受到嘲笑。布什超过了开局领先的杜卡基斯，最终以 48,886,097 张选民票和来自 40 个州的 426 张选举人票对杜卡基斯的 41,809,074 张选民票和 10 个州的 111 张选举人票赢得了胜利。不过，民主党人继续控制国会。

在里根离任之前，几项值得注意的法律颁布出来。一个税收改革法案免除了大量低收入美国人的联邦所得税，限制了很多以前允许的减税和避税手段，指定资本收益为财产所得，把企业税率从 46% 降低到 34%，合并了很多个人收入档次。此外，1988 年 8 月 10 日的《日裔美国人赔偿法案》向每个二战时期曾经被关押在安置营的、仍然健在的日裔美国人提供 2 万美元补偿。福利改革要求各州为接受福利救济的成人制订教育和培训计划。

1988 年布什当选，造就了自 1836 年马丁・范布伦参加选举之后第一次在任美国副总统并非因为总统死亡或辞职便移入白宫的情况。在其就职演讲中，布什宣称他将尝试着给人民带来一个“更友善”“更温和”的美国，来代替之前几年中变得越来越喧嚣和暴力的国家。然而，在最初的几次外交行动中，他就派遣军队从空中前往巴拿马，意图捕获该国的独裁者曼纽尔・诺列加。此人因贩毒和洗钱被美国揭发。随后，一个由自由选举产生的民主政府取代了诺列加政权。

在其就职演讲中，布什还声明，“自由之风徐徐吹来，世界将会重生”。的确，苏联内部的软弱已经开始在东欧的政治剧变中显现出来。一个非共产主义政府从 1990 年波兰团结运动中破壳而出；在立陶宛、拉脱维亚和爱沙尼亚，民众要求苏联给予自由；匈牙利宣布独立，而同样宣布独立的还有捷克斯洛伐克、罗马尼亚、乌兹别克斯坦、乌克兰、格鲁吉亚、阿塞拜疆和亚美尼亚。在东德，成千上万人从捷克斯洛伐克、匈牙利和波兰开放的边境逃向西德。1989 年 12 月 22 日，人们在柏林墙上跳舞，接着勃兰登堡门重新开放，最终柏林墙被彻底拆毁，所有这些都标志着已经持续了四十五年的冷战行将结束。

苏联的公开化和改革政策使苏联领导人米哈伊尔·戈尔巴乔夫迅速垮台，并于1991年12月宣布辞职。鲍里斯·叶利钦接管了国家，成为俄罗斯总统。1990年2月，尼加拉瓜举行自由选举，桑地诺主义者因此交出了政权。

1990年8月2日，世界和平的新威胁出现了。伊拉克的独裁者萨达姆·侯赛因占领了石油储量极大的边境国家——科威特。为了保护美国在中东获取石油的通道，布什成功地说服联合国采取行动制止伊拉克。联合国命令侯赛因撤出其军队并规定了一个最后期限。同时，美国急忙派遣军队前往沙特阿拉伯，布什也勤勉地打造国际联盟以牵制这种无端侵略。国会授权总统使用军事力量执行联合国的制裁。到1990年底，一支由参谋长联席会议主席科林·鲍威尔将军指挥，沙漠风暴行动战地指挥官诺曼·施瓦茨科普夫将军带领的50万人组成的军队已经到达了指定区域。1991年1月16日，美国的军事打击力量摧毁了伊拉克军队，海湾战争由此正式打响。此后，美军以极低的伤亡人数——147名美国人在行动中牺牲，迅速结束了战争。2月25日，萨达姆同意从科威特撤出军队，并接受了停火条款。他还接受了联合国要求摧毁和移除伊拉克所有生化武器的决议。科威特的独立再次获得肯定，侯赛因被允许继续执掌权力。

由于索马里各派系之间的相互争斗，该国的饥荒变得愈发严重起来。在这种情况下，布什又在1992年8月向索马里派遣了军队，保证食品可以顺利运抵。接着，在18名美国军人于10月3日到4日遇害之后，布什命令再向该国派遣1.5万人但又宣布他们将在1994年3月撤出，从而允许联合国用政治方法解决这个问题。

由于国会未能捍卫宪法所赋予的对外宣战管辖权，三位总统——里根、布什和后来的克林顿，先后利用了这点，在未经立法机构授权的情况下向黎巴嫩、格林纳达、利比亚、科威特、索马里、波斯尼亚、科索沃、塞尔维亚和南斯拉夫派遣了军队。为了采取这些行动，他们还动用了联合国和北约的决议。《战争权力决议案》就这样被忽视了。

布什为将侯赛因赶出科威特而建立的联盟反对入侵伊拉克并推翻独裁者的统治。联盟认为这种做法十分冒险而且并不值得。这无疑是一个明智的决定，然而却在十年之后被忘得一干二净。

第十一章 保守的革命

1990 年 7 月 26 日《美国残疾人法案》的通过彰显了这个国家更友善与温和的一面。该法禁止在工作中或使用公共设施时歧视身体或精神有残疾的个人。布什还任命非洲裔美国人克拉伦斯·托马斯出任最高法院法官。托马斯取代了第一位在高等法院服务的非洲裔美国人瑟古德·马歇尔。此人由约翰逊总统于 1967 年任命，1991 年正式退休。在电视听证会中，托马斯面临着对安妮塔·希尔进行职场性骚扰的问题，以及人们对他的能力和他高度保守的观点的质询。不过，参议院最终还是以 52 票对 48 票确认了总统的提名。

为了表现出自己对黑人和保守选民的亲和态度便给最高法院任命一位看上去并不符合标准的候选人，而且还让一个男性委员会在性骚扰问题上审问一个女性，所有这些都让布什在美国人心目中的形象大打折扣。更坏的是，这届政府治下的经济形势也十分令人担忧。失业人口逐渐增加，某些州的失业率甚至高达 10%，赤字水平也在不断攀升。为了控制赤字，布什在 1990 年犯下了最严重的错误，即与民主党人达成了预算协议，决定在五年内增加 1340 亿美元的新税款。这是对他选举之前做出的不征税承诺的全盘否定。“看我的嘴唇，不收新税。”他信誓旦旦地说。而随后，他真的敢于付诸行动，于是彻底震惊了他的保守派选民基础。这样公然漠视自己竞选承诺的做法让他在竞选连任时付出了高昂的代价。

成功创立赶走萨达姆·侯赛因的联盟是布什政府的最大功绩，同时也使政府进入了巅峰时期。毫无疑问，这场战争的获胜使很多民主党主要候选人都感觉挑战布什的第二个任期并无太大希望。但是，相对默默无闻的阿肯色州州长威廉·杰斐逊·克林顿却决定尝试一番；尽管在一系列艰难激烈的初选中，他的性生活和逃避兵役问题受到了广泛的关注，克林顿还是于 1992 年 7 月 13 日到 16 日在纽约召开的大会上设法赢得了提名。他挑选田纳西州参议员阿尔·戈尔与他共同参与竞选。

布什和奎尔再次于 8 月 20 日在休斯敦获得提名，为共和党参加竞选；然而，他们沮丧消沉的竞选调子却和对手几次全国公车旅行所展现出的经历充沛和年富力强形成了鲜明对比。当然，步履蹒跚的经济成为竞选当中超过一切的关键因素。克林顿总部里一句简短有力的口号概括了所有问题：“经济，笨蛋。”

人们对经济问题的关注使第三个候选人，得克萨斯州亿万富翁罗斯·佩罗应运而生。此人特别关心联邦预算的规模。他也曾一度退出竞选，但没过多久又改换方向卷土重来。三个人举办了三场电视辩论。这是一种从 1960 年肯尼迪和尼克松选举时就开始使用的方法。在其中一场里，布什被发现经常会看自己的手表，显然一直在琢磨这场对他来说简直就是耐力比赛的辩论何时可以结束。佩罗在辩论中表现得十分出色，夸耀自己从未获得公职，因此人们也不能将政府积欠的巨大赤字归咎于他。

最终的结果让布什感到十分惊讶。他，作为一个顾家的好男人和战争时期的英雄，竟然被一个沉溺于女色而且逃避兵役的人打败了。这对他来说确实是一个冲击。这届选举吸引了投票人口的 55%，为二十多年来比例最大的一次。克林顿获得了 44,908,254 张选民票和 370 张选举人票，布什则得到了 39,102,343 张选民票和 168 张选举人票。佩罗没有得到选举人票，但吸引了 19,741,065 张选民票。自 1912 年西奥多·罗斯福接受进步党提名参选以来，还没有哪个第三方候选人能够像佩罗这样获得这样多的支持。克林顿的370张选举人票来自32个州；布什的168张则来自剩余18个州。

国会仍然在民主党人控制之下。不仅布什下台，大量国会议员也随之离职。众议院出现了四十年以来最大规模的人员代谢。44名众议员在初选或普选中被击败，超过100名新议员被选入国会。这些新议员中包括39名非洲裔美国人、19名西班牙裔美国人、7名亚洲裔美国人、1名土著美国人和48名女性议员。来自伊利诺伊州的卡罗尔·摩斯利·布劳恩被选入参议院，成为第一位非洲裔女性参议员。她和其他5位女性成员共同构成了参议院的全部女性代表阵容。众议院的女性人数从28名升至48名。

大量人员代谢的最主要原因可能是1991年初被揭露出的一个丑闻。当时，325位在任和前任众议员透支了他们在众议院银行的账户而且没有支付任何罚款。众议院银行提供一种活期存款业务，使议员们可以存入或取出他们的薪水。当透支的情况发生时，银行会用通用存储池中的现金填补亏空，而个人也无须为开出空头支票交付费用。

共和党人要求众议院道德委员会彻查此事，但民主党人却反对如此作为，认为联邦资金并未涉入，因此也不构成任何罪行。艾奥瓦州的詹姆斯·尼塞尔在众议院手举一个纸袋过顶，要求获知到底何人签发了这些透支单据，由此引发的党派斗争使国会的气氛进一步遭到破坏，选举中出现的选票分流也反映了人们对议员丑陋行为的厌恶。值得高兴的是，众议院在1992年任命了一位管理人，专门负责监管财政（主要是工资单）和其他与立法职能无关的事项，比如监督内部邮件。众议院银行也由此被废除。

不出所料，1992年，宪法第二十七条修正案获得批准。该修正案禁止国会增加议员薪水，直至再次选举之后新任国会宣布就职。詹姆斯·麦迪逊在《1789年权利法案》递交时便首次提议了这项修正案。人们不知道的是，当头十条修正案被国会采纳之时，另外两条却未获批准，此条便是其中之一。

作为总统，克林顿出师不利，愚蠢地认为选民希望看到国家进行自由主义改革。于是，上任之后，他马上宣布反对军队中的男女同性恋禁令。此举遭到了强烈的抗议，结果克林顿被迫接受了一个名为“不许问，不许说”的政策，意思是如果在性取向问题上保持缄默，男女同性恋便可以进入军队。

克林顿再接再厉，又犯下了一个重大错误。他任命自己的妻子希拉里•罗德姆•克林顿带领一个特别小组为国家创立一个全面的医疗系统。总统在国会联席会议前的一个全国性电视演讲里宣布了此事。结果，这个系统复杂得让人难以置信，光是法案本身就长达1300多页，而后又被分派给众议院三个委员会。没有任何一个委员会能够给出令人满意的措施，而这也让共和党人开始兴高采烈地谴责这个复杂得没有任何必要的计划。到年底，医疗法案终于闭上了双眼，宣告夭折。

克林顿总统在劝说国会批准关于枪支管制的《布莱迪法案》时运气相对不错。这项法案以1981年里根总统刺杀案中受重伤的总统助手詹姆斯•布莱迪命名，规定购买手枪之前需接受五天的等待期，后来又扩展到禁止向重刑犯销售枪支。1994年7月，国会通过了一项预防犯罪的法案，宣布几种攻击性武器为非法。

这些预防犯罪的措施反映了很多美国人对过去十年里笼罩着整个国家的暴力犯罪的极度关切。这十年间，美国的暴力程度甚至不亚于20世纪60年代。1993年，一个激进的穆斯林团体袭击了纽约市的世界贸易中心，导致6人死亡、多人受伤。同年，在得克萨斯州的韦科，一个被称为“大卫教派”的原教旨主义宗教团体阻止联邦官员对其占用地进行调查并引发了枪战，导致其中很多居民无辜遇难。大概是为了报复这场杀戮，1995年的一场恐怖袭击摧毁了位于俄克拉何马市的联邦办公大楼，169名成年男女和儿童因此丧生。美国公民在国内做出如此恶行似乎是不可思议的，然而这些惨剧却清楚地证明，国内不乏蔑视政府的愤怒的个人，他们手持武器，不会对自己手中的性命怀有丝毫怜悯。这场悲剧的制造者后来皆被逮捕、审讯，受到了应有的惩罚。

暴力和腐败问题占据了20世纪90年代的新闻。医疗法案的惨败更为共和党人提供了额外的口实，以证明政府在过去四十年民主党接连不断的控制下遭受了多么严重的腐化。政府中也确实存在其他丑闻，参议员罗伯特·帕克伍德因被控对几名妇女进行性骚扰而被迫辞职。在另一个涉及国会邮局的案件里，大陪审团发现证据证明公款被挪用，提供给议员的邮票也被兑换成了钞票。

这些丑闻增加了公众对联邦官员行为的不满，而众议院共和党领导人纽特·金里奇更是一直在提醒选民，是时候做出一些改变了。民主党对众议院四十年不间断的控制证明了这点。他征募了年轻、富有活力的共和党人参加竞选，为他们的选战筹款募捐，给他们寄送训练录音以让他们在获胜的路上走得更远。1994 年 9 月 27 日，大约 300 名现任共和党议员和民主党现任议员的挑战者齐聚在国会大厦外的台阶上，将金里奇的口号“与美国有约”公之于众。他们承诺，如果公众能够选举至少 40 名新共和党人进入国会，那么在下届国会召开的头 100 天内，他们必将净化腐败丛生的众议院。

这确实带来了改变，而且是以毁灭性的力量。在 1994 年中期选举中，民主党人几乎不知道是什么力量打败了他们。民主党在众议院失去了 52 个席位，而共和党一边却没有一个现任议员在改选中失败。甚至众议院议长、民主党人托马斯·弗雷都在选举中失去了职位。共和党人以 230 席对 204 席获得了对众议院的控制，一场保守的革命正式开始。

弗雷是自 1862 年宾夕法尼亚州的伽路沙·戈隆以来首个竞选失利的在任议长。共和党人在四十年的在野生涯后终于夺回了对众议院的控制，而且还以 53 席对 47 席赢回了 1986 年以后一直可望而不可即的参议院。此外，他们还得到了 12 个州长职位。

“与美国有约”的众议员所列出的项目大部分得到了通过，除了一个呼吁制定宪法修正案限制议员任期至十二年和一个在太空建立导弹防御系统的议案之外。不过参议院通过的议案却寥寥无几。金里奇非常渴望获得一个平衡的财政预算。他本来更偏爱通过宪法修正案达到目的，但以失败告终，最后只得警告政府必须在2002年之前达到收支平衡。众议院预算委员会把一份意图在七年内削减1万亿美元支出的法案交给议会进行表决。几百个项目和数个内阁（教育、商业和能源）部门在这项提议中受到限制。来自加利福尼亚州的民主党人里昂·帕内塔指控金里奇试图威胁克林顿总统，如果共和党人“未能削减税收以帮助富人并且减少支出以援助老幼贫苦”，那么国会就将“关停政府”。克林顿鼓励众议院的民主党人严责共和党人在削减预算问题上的愚钝，因为他们想要削减的预算恰恰帮助了那些依靠政府社会项目的人。然而，大老党在财政问题上表现出死板僵硬和不通情理还是让总统逐渐趋于妥协，并且开始让他把民主党慢慢从极端的自由主义向更为温和的中间派方向推动。他甚至接受了一个福利改革法案，该法案除了一些无关紧要的条款之外，还规定减少福利资助并要求健全的福利享有者寻找工作。后来，克林顿说道：“大政府时代已经结束了。”

当克林顿否决了一个暂时的支出法案时，大部分政府办公室的运作经费在1995年11月13日彻底耗尽了。结果，将近80万名联邦雇员被勒令回家待业。必要的服务机构如法律执行机构继续运行，但大量的政府机构，从华盛顿的国家美术馆、约塞米蒂国家公园、黄石公园、大雾山和大峡谷国家公园等旅游景点，到处理社会保障申请的机关——全都关闭了。如果，金里奇说，只有关停政府可以证明“我们真的要平衡预算”，那么就真的这么办吧。否则，“你永远也不会让克林顿和他的雇员们明白我们到底有多严肃”。

公众对政府关停一事表现出愤怒和怀疑的态度。也许比起用叫停政府的方法证明一个观点，旅游景点的关闭更能刺痛他们的神经。这个政府到底是个什么东西？许多愤怒的公民骂道，香蕉做的吗？

接着，议长金里奇又犯下了一个十分巨大的错误。在与记者进行的早餐会议上他透露说，关停政府的另一个原因，是他和其他一些共和党人在一次为参加遇刺身亡的以色列总理伊扎克·拉宾的葬礼而做的海外外交旅行中遭到了克林顿严厉斥责，而且总统还让他和参议院多数党领袖罗伯特·多尔从后门走下飞机。

记者们哄笑不止。全国各地的报纸纷纷把这个故事列在了显要位置。1995年11月16日，一幅漫画出现在《纽约每日新闻》头版，漫画里是尖叫的穿着尿布的小婴儿金里奇，再往上则是头条标题："哭闹的小宝贝"。说明文字则是："纽特发脾气。他关停政府是因为克林顿让他坐在飞机后面。"于是，近乎是在一瞬间，金里奇就变成了指导这出关停闹剧的恶棍。

经过一个星期的谈话，双方终于在11月19日星期日晚宣布停止争执，联邦雇员也得以在星期一回到自己的工作岗位。维持政府开销至12月15日的后续决议获得通过，众议院领导人则在接下来的四个星期里和白宫达成了一项预算协议。然而，双方的分歧和相互指责又使谈判终止，在12月15日午夜，政府再次关停——这回恰好赶上了圣诞节。这次政府停工持续了21天。

25万联邦雇员被困在外，国会却因圣诞节假期休会。议员们纷纷回到家中，选区里的人们则对他们怒目而视。等到1月他们再度返回华盛顿时，他们才获悉所谓的共和党人革命已经处在困境之中。"适可而止吧，"参议员罗伯特·多尔大叫道。甚至金里奇都屈服了。1996年1月5日，他对聚集在众议院里的共和党人说，政府关门就到此为止吧。当天晚些时候，参众两院通过了一系列拨款法案，使政府重新开始运作，终止了国会和白宫之间的战争——一场克林顿完胜的战争。就算是这样，很多保守派人士仍然不能原谅金里奇未能坚持到底、拒绝让步的做法。

由于经济的繁荣，赤字的减少，以及他个人明智地转向中间派政治立场，克林顿在1996年获得了连任，战胜了参议员多尔。这位二战当中受伤的老兵在选战中的表现实在乏善可陈，因此也只得败北。罗斯·佩罗这回获得了日渐萎靡的改革党的提名，仅仅获得了四年之前享有的支持的一半。克林顿在这次选举中得到了45,628,667张选民票和379张选举人票，多尔则得到了37,869,435张选民票和159张选举人票。多尔获得的几乎所有选举人票都来自南方州和西面的山地州。

在外交方面，克林顿表现了自己摇摆不定的一面。与前任相似，他先向索马里派遣军队开展部分维和行动，而后又在十二三个士兵牺牲之后突然撤回了这些部队。他也确实作为中间人帮助以色列和巴勒斯坦达成协议，允许巴勒斯坦人在加沙地带和约旦河西岸进行自治。但双方的极端分子定期开枪杀人，导致所有这些努力都未能带来最终的和平。

在南斯拉夫分裂成五个独立国家之后，其中一个名为波斯尼亚的国家在民族和文化上分为基督徒一方和穆斯林一方，于是又爆发了血腥的内战。在执行被称为“种族清洗”计划的过程中，波斯尼亚的基督徒方屠杀或驱逐了穆斯林。为了帮助结束流血事件和武装斗争，克林顿在 1995 年派遣美国军队加入到北约维和部队之中。

南斯拉夫的剩余部分力图镇压科索沃的阿尔巴尼亚族为寻求独立而掀起的叛乱。南斯拉夫总统斯洛博丹·米洛舍维奇以暴力的形式对其进行了攻击，于是 1999 年，包含了波兰、匈牙利和捷克斯洛伐克的扩大后的北约开始对南斯拉夫的军事基地进行大规模轰炸，最终结束了双方的战斗。后来，国际法庭因米洛舍维奇犯下的罪行对他进行了审讯，但在法庭的最终裁决结果还未形成之前，米洛舍维奇便在狱中去世了。

克林顿在外交事务中确实展现了一定程度的决心和勇气，比如在 1993 年 11 月宣布支持《北美自由贸易协定》的签订。这个协议规定在包含加拿大、墨西哥和美国的这一范围内建立自由贸易区或共同市场。尽管国会表示反对，克林顿还是向墨西哥提供了数十亿美元的援助，以求让墨西哥渡过经济难关。许多工会也因为惧怕在墨西哥低薪工人的竞争下失去工作而反对美国加入北美自由贸易区。

20 世纪下半叶见证了更多美国人生活和活动的深刻变化。由于战争以及南部州与西部州对廉价劳动力的吸引，这些地区的人口结构发生明显转变，导致了所谓“太阳地带”的产生。大量人口及许多经济活动从北部的“铁锈地带”移动到南部，政治和经济重心也就此在几十年之后移出了东北部。大多数移民的政治观念都偏于保守，于是他们便在很多州建立了共和党为主导的政治基础。

选民们还趋向于加入福音派教会。该教派强调以个人与全能上帝相遇为救赎手段的重要性。到世纪末，福音派教会的教徒数量超过了更为传统的基督教派。他们越来越多地在政治生活中起到关键作用，这其中既包括国家层面也包括各州层面。美国的罗马天主教会也因为1965年第二次梵蒂冈会议的建议做出了一些改变。教廷不再用拉丁语，而转用英语提供服务，教徒也被鼓励遵循自己在日常生活中逐渐形成的良知。尽管如此，教会还是面临着一个严重的丑闻：有人揭露许多神父对小男孩进行性侵犯，而各个主教在被告知神父犯下的罪行之后，居然也参与到掩盖真相的行动之中，并把受到指控的神父转移到不同的教区去。很多主教教区后来遭到起诉，而后又被勒令支付几百万美元的受害赔偿，致使一些主教教区不得不向破产法院寻求保护。

美国人生活的新走向很多都是来源于20世纪70年代的性解放运动。那时，处在社会中的年轻人更频繁地加入到性活动之中。意外性行为变得越发普遍，以至大量未成年人怀孕和单亲家庭的出现。20世纪80年代，一场可怕的流行病在同性恋人群中爆发开来，这种叫作获得性免疫缺陷综合征，或者叫“艾滋病”的疾病，导致了无数人的死亡，其中很多人因注射违禁毒品而感染。

1979年，弗吉尼亚浸礼会牧师杰里·福尔韦尔，建立起一个叫作“道德多数派”的组织。这个保守的宗教团体逐渐在政治上变得十分活跃，除了一些琐事之外，它还通过在国会和政党领袖之间进行游说来立法终止“腐蚀国家”的“不道德行为”，并力图恢复两百年以来作为美国人生活基石的“传统家庭价值”和“自由企业制度”。事实证明，这种极右翼运动在地方和国家选举中都具有巨大的政治力量，而且逐渐把共和党推向了对宗教价值更为执着的坚守之中。

美国社会中的其他改变还包括男女寿命较前代有所延长。这无疑在很大程度上归功于医药科学的进步，比如治疗和预防众多疾病的药物的发现。

20 世纪下半叶，能够活到退休年龄的人口数量翻了一倍。很多能够活到七十甚至八十岁，到了 21 世纪之后，活到一百岁都不再是奇事一桩了。这种情况导致了 21 世纪初发生了一个惊人的转变：前往“太阳地带”的人口越发不及离开南部的人口多。人口普查报告显示，从 2000 年到 2005 年，大约 12 万人离开了南部，而相较之下，前往南部的人口只有约 8.7 万人。而十年之前，大约 5.7 万人离开，9.2 万人前来。很明显，当男性或女性的年龄到达七十岁或八十岁，尤其是配偶已经离世时，他们便会带着子女和孙子孙女搬往北方。不过，到 2007 年中期为止，全国人口最多的大城市中仍有四座位于南方：休斯敦，2,144,491 人；凤凰城，1,512,986 人；圣安东尼奥，1,296,682 人；达拉斯，1,232,940 人。全国所有城市中，也只有纽约、洛杉矶和芝加哥拥有更多人口。

最高法院在“罗诉韦德案”的裁定中允许女性合法堕胎，这种权利于是成为 20 世纪 80 年代逐渐升温的女性解放运动中十分响亮的战斗口号。实际上，女权运动在杰克逊时期甚至更早的时候就已经初现端倪。在漫长艰苦的斗争之后，女性们终于逐渐赢得了很多引人注目的成就。不过，现在的运动已经超越了诸如女性选举权和公民权之类的基本权利。她们想要的，是在就业、教育、文化、体育活动和很多其他领域的活动与机会中获得和男人平等的地位。1972 年 3 月，国会通过并提请各州批准一项宪法的平等权利修正案，规定“权利的平等”将不以性别为由遭到剥夺和限制。在众议院，密歇根州民主党人玛莎·格里菲斯带头争取修正案，坚持认为女性在就业、财产权、离婚诉讼、养老金和遗产继承方面受到了歧视。尽管大约 20 个州在最初几个月批准了平等权利修正案，一个反对该案的和更为保守的团体还是提出了严正抗议，认为如果修正案被批准，传统家庭价值也将渐渐遭到破坏。于是，这场争斗终结了平等权利修正案。1982 年批准时限期满，修正案最终未予实行。

但是，女性却在许多其他领域取得了进展，当然其中不仅仅包括护士、秘书、文书和小学教师等。她们成功地冲出了所谓的“玻璃天花板”，成为企业经理、警察、律师、州长、国会议员和许多其他重要领域的“半边天”。2007年，加利福尼亚州民主党人南希·佩洛西被选为众议院议长，成为众议院历史上第一位女性议长，由此也成为总统之后全国颇有权势的政治家之一。如其所说，通过选举，她这回可是打破了“大理石天花板”。

改变美国人生活方式的最重要事物，无疑还是20世纪60年代国际商用机器公司引入的个人电脑。尽管人们在几十年以前便已经开始使用体积极为庞大的电脑，但1971年微型芯片的发明才真正使人们可以在家中或办公室里甚至在更小的机器上创造、寻找、组织和存储信息的想法成为可能。而当比尔·盖茨领导的微软公司提供了必要的编程软件之后，数据和文字处理也逐渐普及开来。突然之间，电子工业应运而生，尤其是在加利福尼亚州圣何塞和旧金山之间的一片土地上。后来，这片被称为“硅谷”的土地开始向全国供应硬件，开启了一扇沟通世界的大门。微型芯片的速度和容量几乎每隔一个月都会有所改进，电脑也随之在商业活动和私人事务中变得越发轻便和重要。后来，电脑在商业、政府和个人活动中的作用变得越发重要，以至于任何电脑系统的故障和崩溃都会使日常生活受到极大干扰。

互联网使人们在几分钟内便能获取所需信息，无论是在家里还是在工作中。个人和企业间的即时通信通过电子邮件得到实现。1991年产生的万维网更是让人们得以在电脑上点击几次鼠标之后就能获取所能想象的任何事物和活动的信息。网站的数量和重要性与日俱增。整个国家从此进入了要求个人和企业之间进行高速传输的信息时代。个人电脑开始成为日常生活中必不可少的一部分。这样的技术时代既创造出了新的工作，也毁灭了老旧的职业。电脑频繁地代替了原先的中间人，扮演着处在客户和产品之间的那个角色。

无线电话或者手机和蓝莓机的发明大大提高了美国人与他人沟通的速度。美国成为一个既可以提供多种服务也可以将实际产品进行包装后销往世界各地的国家。1947年晶体管的发明开辟了数字化时代。

20世纪下半叶的蔚为壮观的科学进步不仅体现在改良机器的生产和操作方法上，更体现在医药、生物和化学领域的新发现上。人类分子结构的秘密在20世纪50年代便被揭开，克隆活体动物由此成为可能。器官移植，包括心脏的移植，也被证明切实可行。干细胞研究虽然提供了治疗遗传性疾病和致命疾病的可能性，但这些研究同样引起了难以解答的道德和伦理方面的问题。

特别受到关注的是年长一辈的问题。一方面，孩子被异性双亲抚养，其中一个人工作（一般为男性）、另一个人在家照看子女（一般为女性）的家庭有很多都在以惊人的速度瓦解。而另一方面，婚姻年龄又被推迟到男性三十五岁左右、女性将近二十九岁的时期。更坏的是，离婚成了人们司空见惯的事情。人们比上一代人率性得多，每两组婚姻当中似乎就有一个以离婚告终。越来越多的儿童自从出生就只有母亲单身一人抚养。事实上，每4个儿童中间就有1个没有父亲。这样的家庭经常处于或者接近贫困水平。而由此产生的情感和心理创伤简直无法估量。年轻人的犯罪率在这段时间大幅上升，尤其是在城市里。

人们的另一个忧虑，是越来越多的拉丁美洲人来到这个国家。成千上万人非法越过墨西哥边境来到美国做一些低薪的农活。当然，并不是所有越境而来者都是墨西哥人。很多人来自其他拉丁美洲国家，他们为了寻找更好的生活条件从墨美边境鱼贯而入。他们大部分定居在从得克萨斯州到加利福尼亚州的西南地区。从21世纪开始，拉美裔便构成了加利福尼亚、亚利桑那和得克萨斯州的三分之一人口和新墨西哥州将近一半的人口。在东边，波多黎各人源源不断地来到大陆上的美国，古巴难民则选择定居迈阿密及其周边社区，甚至把英语变成了这个地区的第二语言。其实，北边的几座城市也在跟随这种趋势，发布英语和西班牙语两种语言的标志、指示和信息。大量反移民论调逐渐产生，尤其是在太多移民非法进入美国国境之后。国会试图以《1986年移民改革和控制法案》的通过来处理这个问题。该法案对雇用非法移民和给予已经到达移民特赦的行为都做出了明确的处罚规定，然而，由于美墨边境没有足够的力量进行监督和管辖，问题还是变得越发严重起来。在 1000 英里长的沿线修建围栏显然不切实际（更不必说费用问题），正如一位墨西哥领事在芝加哥所表明的那样："每一尺地上的围栏，都要对应着地下。"

亚洲移民的数量在 20 世纪 80 年代也有较大提升。事实上，亚洲人不仅数量增速很快，繁荣程度也很不一般。由于对原来卑微的职业已经不再感到满意，他们开始依靠教育寻求更好的工作。学校里的亚洲儿童最聪明也最专心。毕业之后，他们就会进入科学、医学、商业和工业界。

2000 年美国人口普查显示美国人口已经接近 3 亿，其中过去十年增加的人口就超过 3000 万人。这个数字意义重大：这 3000 万人意味着美国历史上十年之中最大的人口增长。

从就任开始，克林顿就经历了共和党人对白宫运行情况的诸多调查，其中包括对旅游局和对克林顿夫妇涉入阿肯色州白水地区土地方案的调查。这些调查的目的明显就是要找到充足的证据以启动弹劾程序。克林顿的性行为也受到了新一轮的指控，时间范围是自他担任阿肯色州州长时开始。前雇员保拉·琼斯还特别宣称自己受到过性骚扰。更坏的是，他还被指控对白宫实习生莫妮卡·莱温斯基有不正当行为，而且事发地点竟然是总统办公室。司法部长珍妮特·雷诺任命肯尼斯·斯塔尔负责调查这项指控。1998 年 1 月，在大陪审团面前，总统发誓自己与莱温斯基之间绝无不正当关系；后来，他又在国会议员、自己阁员和其他人员面前将此话重复了多次。

然而，事实最终还是浮出水面。定罪证据的不断泄露最终迫使克林顿在 1998 年 8 月 15 日的电视观众面前承认，自己确实与莱温斯基有"不正当"的关系。但是，他继续坚持自己并没有任何违法行为，当然没有任何可以被弹劾的地方。很多人愿意相信他。"我认为美国人民，"来自犹他州的共和党参议员罗伯特·班尼特宣称，"已经做出了结论，他们一定不想因为总统对妻子不忠就把他赶下台，所有剩下的事情他们也不会轻易听信的。"

9 月，肯尼斯·斯塔尔在议员们返回之后不久便向国会递交了 36 盒有关克林顿不正当行为的证据的文件。斯塔尔宣称总统的行为可能确实“构成了弹劾的理由”。毕竟，他确实对大陪审团发了誓，而后却撒了谎。稍好一些的证据在纽特·金里奇的指挥下也被放到了互联网上。众议院共和党领袖鲍勃·利文斯顿称：“我确信，拥有智慧的美国人民一定感觉这其中存在着某种程度的不公。公众的态度从完全反对克林顿转向了反对共和党。”1998 年 10 月 8 日，众议院以 258 票对 176 票采纳了一项决议，指示由来自伊利诺伊州的亨利·海德领导的司法委员会检视所有证据并决定总统是否犯下了可被弹劾的罪过，“或者仅仅是一些私人的、与国家无关的小错误”。

37 人组成的委员会举办了气氛激烈的听证会。对共和党人而言，亨利·海德坚称，这些控告“与性没有任何关系，但与伪证和立誓密不可分”。但是委员会和国会中的民主党人“成功地把这个问题定义为非常个人的事务，而在这种事务上撒谎并不罕见”。性行为不端并不是一项重罪，也不能证明品行不正。他们进一步对共和党人表示强烈抵制。“你如何审判美国总统，”纽约州议员查尔斯·兰格尔警告说，“选民就会在 11 月 3 日用同样的方法审判你。”

确实，选民以减少 5 名共和党众议员的方式表现了他们的不悦。非但没有如其所愿地“得到席位”，拨款委员会主席利文斯顿说，“我们还失去了 5 个。我很愤怒。因为我为竞选不懈努力了一整年，所以筹到了不少钱。虽然它们全都被用到了反对克林顿的地方去，但我显然不是为这个筹的钱。我筹钱是用于支持共和党的宣传。但我们却没告诉别人我们做对了什么。我们一直在说他（克林顿）做错了什么。然后我们就搞砸了”。

接着，利文斯顿便决定挑战金里奇的议长职位。金里奇由于知道自己这次一定会失败（之前有一次罢免其议长职位的努力，但以失败告终），所以早早便辞掉了自己的议长职位并交出了自己的议席。共和党人随后选择利文斯顿为指定议长。讽刺的是，金里奇和利文斯顿后来都承认他们自己就曾经做过通奸的勾当。

在领导人的催促下，司法委员会在12月11日至12日同意认定克林顿实际上“做出了伪证，妨碍了司法正义”。此外，委员会还宣称“如果未能继续弹劾程序或将总统免职，国会就将证明自身的玩忽职守”。尽管以21票对16票同意弹劾，委员会成员意识到起诉总统至多会是一次不大能够成功的尝试，因为若想成功，参议院需要出现三分之二的赞成票。

委员会向全体众议员提交了报告。12月18日和19日的十三个半小时里，议员们开始就调查结果展开激烈辩论。民主党人坚持认为谴责总统才是适当的行为，但这个提议在程序性表决中遭到否决。接着，指定议长鲍勃·利文斯顿的通奸行为也被揭露出来，于是他宣布辞职。多亏共和党党鞭（纪律委员、组织秘书，在政党中负责确保党员出席政府重要辩论并表决）——来自得克萨斯州的汤姆·迪莱的努力，1999年1月6日，来自伊利诺伊州的副党鞭丹尼斯·哈斯特尔特被全体议员选为议长。

众议院接着对弹劾问题进行投票，由于共和党占据多数，结果其实是可以预料的。指控总统伪证的投票结果为228票对206票，而指控其妨碍司法公正的投票结果则为221票对212票。由亨利·海德主持的13人委员会获准成立，负责在参议院进行弹劾审讯。令他们吃惊而且沮丧的是，参议员对他们所做出的努力不抱有任何同情。我们是“游园会上众所周知的臭鼬”。海德说道，“没人想要我们。参议员们想赶快把事情搞定，赶紧投票，然后确认弹劾总统不是世界上最受欢迎的措施。”他们只想尽早摆脱这件事情。“没有人真的热心于我们所做的事情，包括我们自己（参议院共和党人）的领导人们。”

参议院审讯始于1999年1月7日，首席法官威廉·伦奎斯特主持了这次审讯。开始时，海德提醒参议员们作为公正陪审员应尽的职责。其他检察委员会成员辩称，克林顿在发了誓的情况下向联邦法官撒谎，使政府机构蒙受耻辱，应该与其他公民一样受到惩罚。进行辩护的是由白宫顾问查尔斯·鲁夫领导的8个律师组成的强力团队。鲁夫坚持认为此事的管理者们想象力过于丰富，而且愿望也过于黑暗。“我相信人们应该把精力集中到惩罚，”他说，“而不是集中到达到党派目的上。”辩护的目的远不同于此，他继续说道：“我们清楚总统对我们的社会、他的家庭和他的朋友造成了多大伤害，但我们也清楚地知道，总统为这个国家做出了多少努力和贡献。”

只要把公诉人和辩护人所做出的陈述稍加比较，就能发现众议院检察官几乎完全不能让参议员们相信投票弹劾总统是一个正确的选择。而对普通大众来说，弹劾总统也仿佛变成了怀有党派仇恨的人们对有道德缺陷的总统的攻击和惩罚。1999 年 2 月 9 日，在将近五个星期的证供和审议之后，参议员们最终投票反对弹劾，宣布克林顿无罪。10 位共和党人和所有 45 位民主党人投票驳回了伪证指控；55 名参议员投票驳回了妨碍司法公正指控，另外的 50 人则投票表示支持。后来，克林顿为他向国会和美国人民所犯下的错误表达了深切的歉意。

丑闻与审讯中所显示的党派偏见和整个事件所带来的强烈痛楚在 2000 年总统竞选时仍未消除。第一个党派——民主党提名现任副总统、来自田纳西州的阿尔·戈尔参加总统竞选，康涅狄格州参议员约瑟夫·利伯曼则成为第一个犹太裔副总统候选人。第二个党派——共和党选择得克萨斯州州长、前总统的儿子乔治·沃克·布什参选；他的竞选伙伴是乔治·赫伯特·沃克·布什任总统时的国防部长——来自怀俄明州的理查德·切尼。第三个党派——绿党，也在选举时出现，推举消费者权益提倡者拉尔夫·纳德向总统职位发起冲击。

选战中，小布什以一个局外人的身份出现，宣称自己将在克林顿玷污了白宫清誉后恢复其“荣耀和尊严”。他坚持称自己是一个“团结者”，不是“分裂者”和“悲天悯人的保守派”。另一边，戈尔错误地与克林顿划清界限，因此失去了将政府的贡献——在这段繁荣时期里，政府运行的盈余有效减少了国家债务——划归己方的机会。而实际上，他也在这其中发挥了重要作用。尽管如此，戈尔仍然得到了超过半数的选民票，比小布什多出了几十万张。但在选举人票上，二人却平分秋色，以至最后不得不在佛罗里达州上分出胜负。更加有趣的是，违规选举和投票机故障偶尔会造成“悬空票”的情况，由此造成的选票打孔不清给机器和人工计票都造成了不小麻烦。戈尔的支持者要求在某些结果存在争议的郡县重新计票。但是，作为共和党人的国务卿终止了重新计票并宣布小布什赢得了佛罗里达州选票。在这种情况下，戈尔的律师向佛罗里达州高等法院提请裁决，而法院也命令选票重算继续进行。结果，小布什的律师上诉到美国的最高法院。12 月 12 日，裁决结果恰以党派的 5 人对 4 人划分。选票重计再次被终止。现在，由于佛罗里达位于小布什阵营，戈尔以 267 票对 271 票选举失利。当然，拉尔夫·纳德的参选也有可能夺走了很多本可以改变最终结果并把副总统戈尔再度送到白宫之中的选票。全国范围内，纳德夺取了 250 万张选票。他在佛罗里达州也拿到了 95,000 张选票，而这个数字恰好足够让小布什登上宝座。

由于自己在商界的失意和对政府工作经验的不足，小布什挑选了迪克·切尼作为他的竞选伙伴。此人是一个坚定的保守主义者，在自己作为众议员的职业生涯中获得了成功，进入了众议院共和党领导层，并被选为党鞭。如果没有接受小布什首个任期的国防部长，也许他便可以继续升任议长。所以无怪乎在小布什的鼓励之下，切尼很快便成为新政府中决定国家政策的中坚力量。作为美国历史上最具影响力的副总统，他在内政外交事务上的权力近乎与总统相当。二人一起帮助巩固了行政权力和特权。小布什还把顾问卡尔·罗夫带进了白宫，此人被他称为“建筑师”，小布什能够成功竞选得克萨斯州州长和美国总统，都可归功于他所制定的策略。

一定程度上，众议院少数党党鞭，来自得克萨斯州的汤姆·迪莱也有同等重要的地位和作用。此人是另一个坚定的保守派共和党人，政治手段强硬，几乎切断了民主党人对众议院任何事务的参与。他还设计并规划了以华盛顿众多游说集团所在街道命名的“K 街计划”。计划实施后不久，各处开始传言，如果游说者们想对立法产生任何影响，他们的财政捐款就应该交给共和党人，而支持民主党一定会让他们希望推进的任何项目彻底败落。很多退休（或由选民决定其离任）的国会前议员仍然留在华盛顿，他们也加入了各种游说公司，并且有接近国会内政治掮客的绝佳机会。这样，大量游说者的捐助流向了共和党一边。在这种优势下，汤姆·迪莱向共和党众议员严明了党纪。得克萨斯州议会通过重新划分五个新加入的共和党选区加强了他的领导地位，由此也增加了美国众议院中该党的席位。2002年中期选举之后，共和党人又控制了参议院。现在，联邦政府的两个分支——白宫和国会，全部处在一个政党的控制之下，这意味着总统可以，也确实独掌国家政策大权。在整个第一任期之内，小布什没有对任何一项立法进行否决。

年轻时期生活相当混乱的小布什在他的妻子劳拉和牧师比利·格雷厄姆的帮助下成为再生基督徒。作为总统，他开始了所谓“以信仰为基础的行动”，为与教会相关的项目提供联邦资助，其中包括提供使青少年免于怀孕等服务。他还禁止联邦资助干细胞研究。这种研究是当时非常先进的现代技术之一，目的在于探索对抗疾病和推进医疗事业的新途径。卡尔·罗夫认为，一方面，与宗教右派保持交往一定能够巩固总统的保守派选民基础并让共和党在接下来几年支配全国政治；另一方面，小布什也希望通过这种交往使其政府在道德上可以保持完美无缺并恢复政府在运行中所需的品德。

小布什在就职之后所采取的重要行动之一，就是提出了《有教无类法案》。该法案旨在向提高学生数学、科学和英语水平的机构提供联邦款项，从而改进初等和中等教育。通过在这些学术领域（历史学家们感到十分痛苦，因为整个历史学科都被遗漏在外）设立联邦标准，这项立法抽掉了地方和各州教育委员会的权力。批评者认为这项计划并非强调了教学，而是强调了考试和测验。

人们很快就明白，小布什政府支持并且希望推动美国商界获得更多利益。世界领先的石油器材公司哈利伯顿前首席执行官、现任副总统切尼与该公司几名高管进行的秘密会谈便可以证明这点。与会者商定了一项能源政策，允许在阿拉斯加州的国家野生动物保护区钻探石油，并为墨西哥湾的石油开采提供补贴。政府还解释了《清洁空气法》以使电力企业获益，而后又把环境保护局置于懂得企业参与价值的管理人之下。

商业领袖不免从中渔利，大量的企业丑闻由此产生。其中，最为突出的一起涉及休斯敦的能源企业安然公司。价格操纵、财务造假和内线交易都促成了安然公司的最终瓦解。数以千计的员工失去了他们的工作和养老金。公司的高管受到起诉，被判有罪，处以监禁。安然的会计公司，即古老的安达信公司，也因企图掩盖丑闻关门停业。

很多企业受惠于小布什的减税主张。与前任里根一样，小布什认为经济会因减税出现增长，所有公民也都会从预期的繁荣之中获利。于是，这位年轻的总统迅速地实施了他的计划。《2001 年经济增长与减税法案》削减了个人所得税并决定在 2010 年前淘汰房产税，除非国会予以干涉。法案还为低收入家庭和个人扩展了劳动收入税收减免。两年之后，更进一步的减税政策颁布出来。红利税和资产所得税也被降低。尽管中产阶级和低收入家庭在这些减税政策中得到了实惠，富人获利更多。

削减税收导致国家债务水平再创新高。与里根提倡以减税收缩政府不同，小布什在任期间增加了财政支出。克林顿时期留下的盈余迅速消失，国家债务一下暴增到了 9 万亿美元。债务中的很大部分需要偿还给外国投资者，而这些国家还以低于美国国内产品的价格向美国倾销，由此引发了严重的贸易失衡。

二战之后出生的所谓“婴儿潮一代”现在已经接近退休，因此，水涨船高的社会保障和医疗保险义务使债务状况变得更为糟糕。社会保障和医疗保险计划迟早都会引发关注，但无论是国会还是行政部门都没有能够真正解决这种潜在危机的方法。

小布什政府还单方面地在外交事务上采取了行动，放弃了在大气污染问题上设置的强制性限制《京都议定书》和联合国禁止生物武器和核试验的决议。这种表现让人们感觉政府好像可以在不考虑其他国家需求和愿望的情况下随心所欲地处理外交事务。

于是，美国猝不及防地遭受了致命打击。2001 年 9 月 11 日，随身携带美工刀的恐怖分子挟持了四架飞机，其中两架冲向了纽约世界贸易中心，造成将近 3000 人在这场袭击中遇难。第三架飞机撞进了五角大楼，造成近 200 人丧生。第四架飞机本意前往华盛顿国会大厦或者白宫，未料途中勇敢的乘客群起反抗，试图夺回对飞机的控制并与恐怖分子展开激战，结果造成飞机在宾夕法尼亚州坠毁。乘客、机组人员和恐怖分子共计 246 人在坠机事件中丧生。这个精心策划、执行良好的行动是激进组织，即所谓的“基地组织”所为。该组织由奥萨马·本·拉登领导并提供资金，并受到阿富汗塔利班领导人的支持。塔利班在 1996 年推翻了苏联支持的政府之后获得了对阿富汗的控制权。美国曾经在冷战期间帮助塔利班获得独立。基地组织把美国视为恃势骄横的“大撒旦”，试图为中东地区制定政策，而美国对以色列的支持尤其证明了这点。

后来人们知道，事情刚刚发生之时，小布什似乎被整个事件吓得茫然无措了，但不久之后他便回过神来，号召全国终结世界上的恐怖主义，并且承诺要击败基地组织、逮捕奥萨马·本·拉登，“无论其死活”。国会迅速通过了一项决议，授予总统广泛的权力以“运用一切必要和适当的武力对抗那些总统认为在 2001 年 9 月 11 日所发生的事件中计划、授权、委托或援助恐怖分子的国家、组织或者个人”。在与英国和其他国家合作的情况下，他立即向阿富汗发起进攻。在面积广泛的战略轰炸和地面部队的突击之后，美国在六个月之内推翻了塔利班政权并击破了该国基地组织的行动。本·拉登和很多基地组织领导相继逃往阿富汗北部以及巴基斯坦南部和东部的边远地区。直到 2008 年，本·拉登仍然在逃，尽管那时的他已经不再是一个战略上的操纵者，而成为单纯的恐怖力量的象征。基地组织的网络也在那时恢复了原先的运行状态。

阿富汗的临时政府随后建立起来，并以民主的方式选举了总统哈米德·卡尔扎伊。然而，他的权威仍然限于首都喀布尔附近，其他地区则是各路军阀的天下。塔利班仍然是阿富汗境内的一股力量，且到2007年春又为重获政权开始了新的斗争。不幸的是，小布什没等看到阿富汗问题圆满解决，便把注意力转向了另一个中东国家——伊拉克。

有证据显示，小布什最可能打算让萨达姆·侯赛因放弃总统职位，而且他积极支持副总统理查德·切尼和国防部长唐纳德·拉姆斯菲尔德运作此事。他的父亲在海湾战争后没有对侯赛因进行追击这一情况可能在其想法中具有举足轻重的价值，也就是说，小布什很希望能够完成父亲未竟的事业。在一次公开宣告中，小布什谴责伊朗、伊拉克是“邪恶轴心，一直企图威胁世界和平”。他相信，这几个国家正在寻求或者已经开发出了大规模杀伤性化学、生物和核武器。

小布什还坚持认为，对恐怖主义的战争使美国必须“在危险被释放之前对其进行威慑和防御”。换言之，这个新奇而危险的政策意味着美国可以且将要在必要情况下独自行动、先发制人。这于美国外交政策而言无疑是一个巨大变更，而且也会逐渐损害美国在西欧和世界其他地区的影响力。从此，美国就被看作是全球的“恶霸”，企图把自己的意愿、政策和目标强加到其他国家身上。

这场反恐战争以及保护国家安全的需求驱使小布什政府进一步采取行动增加总统特权，这样无论是来自国会还是法院对其行动的监督就都将被轻易回避掉。2001年秋，《爱国者法案》（通过提供必要的阻碍和拦截恐怖主义的手段团结和加强美国）获得通过。该法案给予联邦政府获取公民活动信息并逮捕恐怖分子嫌疑者的空前权力。第二个《爱国者法案》于2003年获得通过，扩展了政府监视和秘密逮捕的权力。让很多美国人深感担忧的是，政府现在可以在获得法院指令之前无限制地对公民进行窃听。在行使日益增加的权力的过程中，政府围捕了超过1000名嫌疑人，其中包括一些美国公民，随后又将他们关押在了古巴的关塔那摩营地里。很少几个受到了审讯。由此，政府开始逐渐认为自己有权以国家安全的名义绕开法庭展开行动。

2002年，美国国土安全部成立；22个不同的机构，包括移民、入籍、海关、情报机关、海岸警卫队和机场运营者均被合并在这个部门之内。联邦应急管理机构（FEMA）也被错误地并入国土安全部。结果，就在其后不久的2005年8月29日，当卡特里娜飓风在墨西哥湾沿岸登陆时，该机构却未能为暴风雨中的受灾群众提供充分援助。国土安全部是雇员人数仅次于美国国防部的联邦机构，许多公民担心公民自由和隐私权利将会受到侵犯。显然，这样的担心并非空穴来风。

由于得到了在政府运行过程中获得更大权力的机会，小布什政府深受鼓舞，于是决定率先向伊拉克发起进攻。在副总统切尼、国防部长唐纳德•拉姆斯菲尔德和副国务卿保罗•沃尔福威茨的鼓动、国家安全顾问康多莉扎•赖斯的积极支持和国务卿科林・鲍威尔的勉强同意下，总统小布什决定向国会提请推翻侯赛因的独裁统治。这些顾问期待伊拉克人民能够欢迎美国的入侵，能够希望美国给他们国家带去民主的福音。不过更麻烦的是，尽管联合国武器专员没有发现伊拉克境内有任何大规模杀伤性武器的踪迹，领袖们还是担心侯赛因已经获得了生化武器并且正在试图从非洲国家尼日尔获取铀矿制造这种具有毁灭性的武器。小布什的顾问们还相信侯赛因和基地组织在全球各地驻扎的人员都有所联系。总之，所有证据似乎都在证明，支持对伊拉克实行军事打击能够使全人类免于灾难性打击。

然而，这些证据的问题在于没有一个是真的。伊拉克没有大规模杀伤性武器，侯赛因和基地组织也没有任何联系。政府内的情报机构虽然试图提醒他们犯下的种种错误，但他们却对这些警告置之不理。乔治•赫伯特•沃克・布什时期的前国家安全顾问布伦特・斯考克罗夫特警告说，侵略伊拉克“可能会把整个地区”，不单单是伊拉克本身，“变成一只大坩埚，从而彻底摧毁这场反恐战争”。

2002年10月10日，国会同意抢先对伊拉克发动进攻。这之中包括两院里很多与占多数的共和党一道投票赞成的民主党人，其中一些后来否定了自己的行为。尽管如此，小布什政府还是因为外国的非难有所迟疑。11

月8日，联合国一致通过了一项决议，要求伊拉克在三个半月时间内允许武器专员入境检查，以确认该国境内是否存在大规模杀伤性武器。虽然侯赛因曾经在1998年驱逐过这样的检查员，但这次他同意他们进入国境，尽管在国内没有任何大规模杀伤性武器情况下，他频繁而愚蠢地阻碍检查员执行任务。在这期间，他还被要求递交该国武器的完整清单。

极度渴望与伊拉克开战的小布什政府确信这位伊拉克统治者的做法证明了他确实藏有武器，而且还违反了联合国决议。2003年2月，国务卿鲍威尔在联合国发表声明，提出了进行战争的几点理由。法国、俄罗斯和德国反对这项行动，联合国也最终拒绝批准美国的请求。失意挫败的小布什仍然决意采取行动。3月19日，总统命令美国和英国军队开始进攻，推翻侯赛因政权。他坚持宣称，美国“拥有使用武力保卫自身安全的至高无上的权力”，并且认为这次行动正是美国持续打击恐怖主义过程中的关键一战。

事实证明，入侵伊拉克这一举动是有史以来美国所犯下的最严重的外交错误。一支相对较小的高科技部队进入了战场，没有任何占领该国的计划被制订出来，也没有任何人指明美军应该何时撤出、怎样撤出。

正面战争进行得十分迅速。许多欧洲国家，包括西班牙、意大利、波兰和其他几个国家组成的联军迅速成立起来。大约15万驻扎在科威特的美国军人与一支规模相对较小的英国军队席卷伊拉克北方，彻底击败并歼灭了伊拉克军队。侯赛因消失了，主要城市被攻陷，本地居民立即开始大肆劫掠。水、电等基础服务近乎完全崩溃，伊拉克陷入了与侯赛因共同统治国家的逊尼派和占全国人口多数的什叶派穆斯林的内战之中。2003年5月1日，小布什飞往“亚伯拉罕·林肯”号航空母舰，站在“任务完成”的标语下，向欢呼的水手和数百万电视机前的观众宣布，对伊作战胜利结束。

没有什么比伊拉克战争离真相更远的了。的确，这场战争与美国以前所经历的战争都不相同。这是一场乱炸汽车、绑架民众、迫击炮进攻和游击队反抗共同组成的乱战，很多伊拉克人都把这些军队看成侵略军，而非解放军。有人警告过小布什政府，如果想要恢复法律和秩序，美国就需要投入比征服该国所需军队更多的力量。但是，在拉姆斯菲尔德部长所谓的“高科技军队也能做好一切”的错误信念下，伊拉克迅速陷入一片混乱。

2003年夏天，由大使保罗·布雷默领导的驻伊联盟临时管理局建立起负责运行伊拉克的管理委员会。为了保护政府官员免受数量不断增加的恐怖主义民兵的侵扰（他们挑出美国军人、工人、官员和他们的同盟行刺），管理森严的“绿色管制区”宣告成立。到2008年春天为止，超过4000名美国士兵在伊拉克牺牲，还有几千名受重伤。数百万伊拉克人因为担心自己的生命安全逃离该国。而这时的美国开始怀疑、后来又证明，什叶派教徒占绝对多数的国家伊朗向叛乱分子提供了武器。

接下来，2003年12月，美军出乎意料且十分戏剧性地逮捕了藏匿于地下的萨达姆·侯赛因，这让美国至少在表面上确实赢得了一次胜利。然而，这个胜利却并没有阻止恐怖分子对美国人和伊拉克本地人发起的日常性袭击。侯赛因后来遭到审讯，被判有罪并被吊死。2004年4月，当摄像机生动地展现了巴格达阿布格莱布监狱中在押囚犯所受到的残酷刑罚时，美国的声誉遭到了进一步破坏。美国军事人员违反《日内瓦公约》，与摆出怪异姿势或被恶狗威胁的赤裸囚犯合影留念。后来，几名美国看守遭到军事法庭审讯并被定罪。更尴尬的事情接踵而至：武器专员得出结论，认为无论侯赛因可能拥有何种生物和化学武器，它们肯定是在该国受到侵略之前就已经被销毁了。美国人慢慢开始意识到，这是一场根本不该发起的战争。

然而战争并未止息。恐怖分子在2003年11月又把英国驻伊斯坦布尔领事馆囊括进了他们的攻击范围，导致几十人死亡。2004年3月，运转协调的马德里地铁爆炸事件造成超过200人丧生。于是，新当选的西班牙政府立即从伊拉克的联军中撤出了自己的军队。

恐怖分子对美国的极端愤恨还来源于美国对以色列持续不断的援助，来源于以色列人在约旦河西岸和加沙地带的定居和以色列对巴勒斯坦要求独立的抵抗。以色列和巴勒斯坦双方的杀戮不断恶化。巴勒斯坦的哈马斯发誓要摧毁以色列，并要在犹太人聚集地组织汽车炸弹袭击。以色列总理阿里尔·沙龙下令组织大规模进攻并消灭哈马斯领导人。起初，小布什政府试图避免涉入这场争端，但后来政府转变了想法，开始加入联合国制定和平协议的努力之中，希望巴勒斯坦国能够成立，以色列也能够作为中东的独立国家被阿拉伯人认可。有时，谈判似乎也有些进展，但有时又濒临失败。后来当阿里尔·沙龙严重中风时，埃胡德·奥尔默特便接替了他的职位，而杀戮便一直进行下去，从未停止。

2004 年总统选举不断临近，民主党人这时发现自己的处境十分困难。他们不能以不爱国的面貌出现来反对战争，但他们又清楚地知道这场战争的计划和执行有多糟糕。此外，他们担心人们会认为战场上的军队缺乏支援。他们所需要的候选人应该能够展现出一种总统应有的领导力，尤其是在战时。初选时节已经来临，佛蒙特州州长霍华德·迪恩博士通过反对战争和利用互联网大量吸引财政捐款在几位可能的民主党候选人中力拔头筹。但是，在缓慢而不安的开始之后，马萨诸塞州参议员约翰·克里因为自己在越南战争中的“英雄事迹”逐渐开始领先。事实上，他在战争中受过两次伤并因“勇敢”受到嘉奖。对于民主党来说，他似乎就是那个能够快速结束伊拉克战争的领导人。克里于是被提名为总统，北卡罗来纳州参议员约翰·爱德华兹则被提名为副总统。

在选战中，克里和爱德华兹坚持认为小布什的减税政策对富人有利，但以中产阶级和穷苦美国人为代价。他们还提供了一项计划保护社会保险制，禁止美国工作外包，改善教育资金，并保证向全体公民提供更好的卫生保健。但是，美国人所回应的唯一真正的问题其实是，到底谁能在这场反对恐怖主义的、正在进行的战争中给出最强的领导力。民主党人赞扬克里的“英勇”的战争记录，质问小布什未能在越南战争中服役，认为他应征进入空军国民警卫队不过就是为了方便逃离出越南丛林中战斗的更加危险的任务。共和党以暗示克里战时记录为假作为回击。一群名为“说出真相的快艇老兵”声称，他那些所谓的英雄主义都是谎言，是克里并未立即否定的假话。更坏的是，他在参议院的投票记录显示，此人总是对一项法案“先投反对，再投赞成”。他被人们授予“墙头草”的称号，因为不能在任何事情上下定决心，总是想着要两者兼得。至于伊拉克战争，小布什在选战中认为国家必须“坚持到底”。退出战争会把胜利拱手让给恐怖主义并把伊拉克置于比现在更糟糕的混乱状态中。

选举当中另一个重要的问题是同性婚姻问题。马萨诸塞州最高法院裁定同性恋婚姻不得遭到否认，而这个看法也为俄勒冈和加利福尼亚州的一些政治家反复提及。小布什本人说他希望宪法修正案能够禁止同性婚姻。这个事件催动了福音派团体的强烈反应，使他们以破纪录的人数投票支持这位“再生的”基督徒——乔治·沃克·布什。这些人在投票中的出现似乎证明了小布什亲密的政治顾问卡尔·罗夫的观点，即获得福音派的支持是成功的关键。不出所料，11 个州通过了禁止同性婚姻的措施。

小布什再次获得了胜利，得到了 51% 的选民票，而克里得到了 48%。不过，两位选举人在选举人团中获得的支持十分接近，小布什获得 279 票，克里则拿到 252 票。假如俄亥俄州加入克里阵营，它的 20 张选举人票就会扭转整个局势。实际上，该州以 62% 的支持率通过的同性恋婚姻禁令无疑也让很多保守派加入了投票，从而让小布什险胜。

小布什把他的成功解释为选民要求战争继续进行，直到恐怖主义者被制伏，民主制度也在伊拉克建立起来。他宣称他已经从这次选举中得到了可观的政治资本，而他也准备利用这些资本进一步减少税收、改善医疗，并通过鼓励私人企业的参与重新组织其他社会保险计划。

所以伊拉克战争毫无减弱的迹象，每过一个月，尤其是伊拉克平民遇害人数不断上升时，公众对小布什的认可就会减少一分。此外，每月军费也飙升至几十亿美元。而在同时，小布什和副总统切尼也在向全国保证战争已经取得了进展，胜利即将到来。2004 年夏天，驻伊联盟临时管理局将其权力移交给了伊拉克临时政府，保罗·布雷默得以返回故乡。美国大使扎勒米·哈利勒扎德接替了他。接着，2005 年 1 月，为选出一个起草新宪法的议会，伊拉克举行全国选举。北方的库尔德人和南方的什叶派教徒热忱地予以回应，于是一起组建了联合政府，中部的逊尼派相比之下冷淡许多。10月，新宪法获得了通过，努里·马利基被选为总理。大使哈利勒扎德制定了一份修宪协议，希望逊尼派能够加入到政府当中，然而并未得到结果。2007年3月，资深外交官莱恩·克罗克接替了哈利勒扎德，成为新一任大使。

此后，2006年2月22日，战争发生逆转，恐怖分子，据推测是逊尼派教徒，摧毁了什叶派最神圣的一处圣地，即位于萨马拉的、金穹顶的阿里·哈迪清真寺，于是伊拉克立即陷入了全面内战。几百具尸体，其中很多带有明显被拷问的痕迹，在小巷和空地上被人发现。据估计，至少1万名平民在2006年最后几个月遇难。

情况变得非常之差，以至美国人开始怀疑是否有必要继续战争。越来越多的人感觉占领伊拉克是个错误。小布什的支持率因此锐减到30%以下。国防部长拉姆斯菲尔德也面对越来越多的批评和指责，有些批评甚至来自军方，所以后来部长也宣布辞职。大量的退休将军都在抱怨战争发动、计划和执行的过程，抱怨国家付出了多么不可接受的生命和金钱代价。到2006年为止，超过3000亿美元被用于伊战。然而此时的小布什还不断要求更多物资。

小布什还在不断犯下错误。政府签署协议，同意阿拉伯联合酋长国所有的一家迪拜公司运营美国港口。此举引发了民众的抗议，甚至共和党的国会议员也表达了自己的愤慨。小布什别无他法，只得在2006年3月10日撤销了这项安排。2005年8月29日，政府又迎接了一个更大的灾难：卡特里娜飓风在墨西哥湾登陆，席卷了整片地区。由于风暴摧毁了密西西比河沿岸防护堤坝，新奥尔良受灾尤其严重，洪水直接泻入城市，毁坏了居民住宅并溺死了几千民众。贫穷黑人居住的低洼地区遭到了最沉重的打击。一连几天，人们只能滞留在自己已经破损的房屋屋顶，打出“求助”的标志。几千人逃往城市。很多没办法逃离的最穷困的居民聚集到超级穹顶下，导致该地设施无法满足需求。政府没能及时做出反应，联邦应急管理机构尤其被指责未能正确评估问题的严重程度和自身处理问题的能力。

丑闻也浮出水面。与共和党领导层联系密切的十分富有的游说人杰克·阿布拉莫夫被控并承认阴谋腐蚀公职官员、邮件欺诈和偷税漏税。他指定资助其计划并收受其贿赂的国会议员前往苏格兰享受免费高尔夫旅行和其他酬劳。来自得克萨斯州的众议院多数党领袖汤姆·迪莱被控为增加共和党在众议院席位涉入该州的非法改划选区计划。他被迫放弃领导职位，随后从众议院辞职。来自加利福尼亚州的共和党众议员兰迪·坎宁安（外号“公爵”）因接受数百万贿赂入狱；佛罗里达州共和党众议员马克·福利向众议院前男侍官提供不正当信息被迫辞职。副总统办公室主任刘易斯·利比也被指控在中央情报局特工的非法披露的案件中，为处罚伊拉克战争的批评者做伪证和阻碍司法公正。2007 年 3 月，他被判四项重罪。后来，民主党人指责共和党人的十二年统治让“腐败文化”充斥于国会。

2006 年 11 月 7 日的中期选举里，民主党人获得了出人意料的成功。人们预计民主党能够得到众议院但得不到参议院。不过让每个人都感到惊讶的是，民主党以一席的优势得到了参议院。毫无疑问，伊拉克战争成为决定选举结果的重要的问题。美国人民想要快速解决这个问题并且撤回自己的军队。由共和党人、乔治·赫伯特·沃克·布什时期的前国务卿詹姆斯·贝克和民主党人、印第安纳州前众议员李·汉密尔顿担任联合主席的两党委员会伊拉克研究小组——小布什政府最初反对建立这个委员会，但最终改变了想法，勉强同意支持——建议政府彻底改变其方向。它还建议政府发起外交攻势并停止“无休止地派遣大量美国军队前往伊拉克”。但是，总统却走上一条不同的道路，决定增加战区美军人数。他将之称为能够带来最终胜利的“大浪”。尽管如此，小布什再也不希求把伊拉克变成民主国家，而是希望结束暴力、建立起一个稳定国家的政府。

六年以来，行政机构相对没有受到国会对宪法允许范围外行为的监督。2007 年 1 月，当民主党获得了立法机构多数席位之时，在没有司法授权的情况下对公民进行窃听、对法律签署法案并规定例外情况和以国会为代价增进总统权力的种种情况戛然而止。此后，他们做出的第一件值得注意的事情，便是选举加利福尼亚州的南希·佩洛西担任众议院议长一职。她是第一位掌握该机构的女性议长，之前也曾经做过少数党领袖。她在民主党控制下前100小时（不是天）便承诺了一长串众议院的立法行为：提高最低工资、支持伊拉克研究小组的建议、允许医疗保险制度下进行协商以争取更低的药物价格、终止向伊拉克派遣更多军队、减少大学贷款利率和其他改革项目。各种委员会主席身份被接管，一系列揭露白宫活动的调查开始，目的就是要证明政府在扩展和保护总统权力之路上已经走出了多远。

最重要的是，2007年3月参众两院为战争通过了追加开支法案，包括一项呼吁美国军队到2008年为止从伊拉克撤退的法案。小布什否决了这项法案，民主党人未能宣布其否决无效。他还威胁要否决任何包含撤退日期的法案。民主党人坚持认为他们的行动与六个月前选民的要求保持一致。批评者现在宣称这场战争是无法获胜的，而且可能不仅会导致中东地区，更有可能引发整个伊斯兰世界的宗派暴力事件。到2007年底，民主党人做出的结束战争的努力全部以失败告终。他们在参议院缺少必要的票数推翻阻挠议事，众议院共和党人又团结一致站在总统身后阻止他的否决遭到驳回。2008年初，民主党人没有任何成就可以媲美他们在2006年所获得的惊人胜利。

在此期间，伊朗继续开发核项目，蔑视联合国要求停止这种活动的决议。美国，作为世界上唯一的超级大国，已经失去了大多数国家对它的敬意和在国际问题上和平解决争端的能力。一些美国人甚至怀疑他们伟大的合众国是否正在全面衰落，其世界领袖地位是否即将被新兴的力量，如中国或印度所取代。他们惊讶地发现自己被世界上很多国家的人民厌恶和批评。由于次级贷款行为引发的不断增加的房屋赎回率、不断增长的失业人口、美元在海外的贬值、不稳定的股市还有持续攀升的汽油和食品价格，2008年开始，全国似乎又一次走向了危机和衰退。

尽管如此，美国巨大的消费型社会、领先世界的技术和创造性的人才仍然占据优势地位。这也给美国带来了希望：有理由相信，它的人民能够重新找回他们的领导地位，整个国家也能够安全地度过这段历史上的低谷时期。